Über kein anderes Thema ist in der Geschichte der Bundesrepublik so viel diskutiert worden wie über den Nationalsozialismus. Kein anderes Thema hat die Gemüter so erhitzt, die Generationen entzweit, das politische Selbstverständnis geprägt. Das gilt von der Schuld-Debatte nach 1945 bis zum Berliner Mahnmal für die ermordeten Juden Europas.

Anfang der 90er Jahre begann sich jedoch die bisherige Bedeutung des Nationalsozialismus fundamental zu verändern. Heftiger denn je wird zwar über die Vergangenheit debattiert, aber mit dem Generationenwechsel wächst mehr und mehr die Distanz: Andere Fragen treten in den Vordergrund. Sichtbar wird dies an drei Phänomenen:

Erstens rückt die Frage des Umgangs mit der DDR-Vergangenheit ins Zentrum der politischen Entscheidungen. Zweitens geht es in den Debatten über die Vergangenheit immer öfter nicht mehr direkt um den Nationalsozialismus, sondern viel stärker um die Frage, wie die Bundesrepublik in ihrer mehr als 50jährigen Geschichte mit dieser vergifteten Erbschaft umgegangen ist. Und drittens verliert die nationalsozialistische Herkunft der Bundesrepublik für die Orientierung im politischen Alltagsgeschäft zunehmend an Bedeutung.

Anläßlich des 70. Jahrestages der Machtübergabe an die Nationalsozialisten reflektiert der Autor unter anderem die Frage, was heute noch wichtig ist, wenn über Nationalsozialismus debattiert wird, und wagt es, die besondere Weise deutscher »Vergangenheitsbewältigung« im vergleichenden Kontext von politischen Systemwechseln und Demokratisierungen zu interpretieren, was zu Diskussionen führen wird.

Helmut König, geboren 1950, studierte Geschichte, Politikwissenschaft und Philosophie in München und Berlin (FU/OSI), 1979 Dr. phil., 1989 Habilitation, lehrt seit 1994 als Professor am Institut für Politikwissenschaft an der Rheinisch-Westfälischen TH Aachen.
Veröffentlichungen u. a.: Zivilisation und Leidenschaften. Die Masse im bürgerlichen Zeitalter (1992); Vertuschte Vergangenheit. Der Fall Schwerte und die NS-Vergangenheit der deutschen Hochschulen (MHg. 1997), Der Fall Schwerte im Kontext (Hg. 1998), Vergangenheitsbewältigung am Ende des 20. Jahrhunderts (MHg. 1998); Orientierung Politikwissenschaft. Was sie kann, was sie will (1999); Mitherausgeber der Zeitschrift »Leviathan«.

Unsere Adresse im Internet: www.fischer-tb.de

Helmut König

Die Zukunft der Vergangenheit

Der Nationalsozialismus
im politischen Bewußtsein
der Bundesrepublik

Fischer Taschenbuch Verlag

Die Zeit des Nationalsozialismus
Eine Buchreihe
Herausgegeben von Walter H. Pehle

Originalausgabe
Veröffentlicht im Fischer Taschenbuch Verlag,
einem Unternehmen der S. Fischer Verlags GmbH,
Frankfurt am Main, Februar 2003

© Fischer Taschenbuch Verlag
in der S. Fischer Verlag GmbH,
Frankfurt am Main 2003
Alle Rechte vorbehalten
Satz: Pinkuin Satz und Datentechnik, Berlin
Druck und Bindung: Clausen & Bosse, Leck
Printed in Germany
ISBN 3-596-15715-3

Inhalt

Fragestellung, Begriffe, Thesen

Dieses Buch ist ein Essay über die Bedeutung, die der Nationalsozialismus im politischen Bewußtsein der Bundesrepublik spielt. Ich vertrete drei Thesen: 1. Für das politische Bewußtsein der Bundesrepublik ist der Bezug auf den Nationalsozialismus zentral (Teil I). 2. Seit Beginn der 90er Jahre ist die Bundesrepublik in eine neue Phase ihrer Beziehung zur NS-Vergangenheit eingetreten, die sich deutlich von den früheren Phasen unterscheidet (Teil II). 3. Es ist an der Zeit, Vergangenheitsbewältigung nicht mehr nur als zeitgeschichtliches Problem der Bundesrepublik zu begreifen, sondern sie für die Zwecke international vergleichend angelegter Analysen in den systematischen Kontext von politischen Systemwechseln und Demokratisierungen zu stellen (Teil III).

Vorweg sollen zwei zentrale Begriffe, mit denen ich im Buch arbeite, erläutert werden: »Vergangenheitsbewältigung« und »politisches Bewußtsein«.

Der Terminus Vergangenheitsbewältigung kam in der Bundesrepublik etwa Mitte der 50er Jahre in Umlauf und stand damals im Kontext eines theologisch und moralisch geprägten Politikverständnisses, zielte also auf die individuelle Selbst- und Gewissensprüfung. Er weitete sich dann rasch über diese Begrenzungen hinweg aus und avancierte zum Zentralbegriff, mit dem generell die Auseinandersetzung der Bundesrepublik mit den Hinterlassenschaften des NS-Regimes bezeichnet wurde.[1]

Der Terminus ist immer wieder kritisiert worden: weil er unterstelle, daß man die Vergangenheit nachträglich verändern oder ein für allemal zu Ende bringen könne und weil im »Bewältigen« etwas Gewalttätiges stecke. Viele haben andere Begriffe vorgeschlagen. »Aufarbeitung der Vergangenheit« ist die berühmteste Alternative. Sie entstammt dem

---

1 Vgl. ausführlicher und mit Nachweisen: Helmut König/Michael Kohlstruck/Andreas Wöll, Einleitung, in: Dies. (Hg.), Vergangenheitsbewältigung am Ende des zwanzigsten Jahrhunderts, Opladen/Wiesbaden 1998.

Titel eines Vortrags, den Adorno im Jahre 1959 gehalten hat. Peter Reichel hat Mitte der 90er Jahre »Erinnerungskultur« ins Spiel gebracht. Beide Begriffe sind im wesentlichen auf den Bildungs- und Erziehungsbereich bzw. auf die politische Kultur und die hier stattfindenden Selbstverständigungsdebatten gemünzt. Norbert Frei hat in einer wichtigen zeitgeschichtlichen Studie mit dem Terminus »Vergangenheitspolitik« gearbeitet und damit auf jenes Bündel von politischen Maßnahmen in den ersten fünf Jahren der Bundesrepublik gezielt, mit denen das Heer der NS-Täter und ehemaligen Parteigenossen in den Genuß von Amnestiemaßnahmen kam und in die junge Demokratie integriert wurde. Edgar Wolfrum dagegen zog es vor, von »Geschichtspolitik« zu sprechen.[2] Dieser Begriff tauchte 1986 zum erstenmal auf.[3] Die erwähnten Bezeichnungen haben den Vorteil, daß mit ihnen jeweils ein begrenzter, klar benennbarer Aspekt der Sache ins Zentrum gerückt wird. Vor allem für die Zwecke empirischer Untersuchung ist das sinnvoll. Dieser Vorteil hat jedoch den Nachteil, daß dabei die Gesamtheit der Phänomene, um die es geht, aus dem Blick gerät. Deswegen bleibe ich bei dem Begriff Vergangenheitsbewältigung. Er ist umfassender und hält das gesamte Spektrum der politischen, kulturellen, juristischen, wissenschaftlichen, pädagogischen, ästhetischen und religiösen Dimensionen des Themas offen. Den Blick auf die Gesamtheit der Aspekte sollte man sich nicht durch Begriffe, die zu schnelle Grenzziehungen vornehmen, verstellen lassen. Dafür ist die Sache zu wichtig: Daß die Bundesrepublik nach der Katastrophe des Holocaust entstanden ist und sich aus der Hinterlassenschaft des sogenannten Dritten Reiches entwickelt hat, ist nicht auf das ein oder andere Politikfeld begrenzbar. Die NS-Vergangenheit hat alle Bereiche der gesellschaftlichen und politischen Existenz der Bundesrepublik zutiefst geprägt. Daß der Terminus Vergangenheitsbewältigung gleichwohl kein »catch-all«-Wort ist, daß man mit ihm ausreichend präzise eine Reihe

2 Theodor W. Adorno, Was bedeutet: Aufarbeitung der Vergangenheit, in: Ders., Eingriffe. Neun kritische Modelle, Frankfurt a. M. 1963; Peter Reichel, Politik mit der Erinnerung, München/Wien 1995, S. 331. In diesem Buch lehnt Reichel den Terminus Vergangenheitsbewältigung ab, in einem späteren Buch benutzt er ihn sogar im Titel: Peter Reichel, Vergangenheitsbewältigung in Deutschland, München 2001; Norbert Frei, Vergangenheitspolitik, München 1996; Edgar Wolfrum, Geschichtspolitik in der Bundesrepublik Deutschland. Der Weg zur bundesrepublikanischen Erinnerung 1948–1990, Darmstadt 1999.
3 Vgl. Heinrich August Winkler, Der lange Weg nach Westen, zweiter Band, München 2001, S. 446.

von politischen und gesellschaftlichen Aufgaben, Wegen und Zielen beschreiben kann, werde ich im letzten Kapitel des Buches genauer ausführen.

Über die mit dem Terminus Vergangenheitsbewältigung verbundenen Punkte wird man sich leicht verständigen können. Sie betreffen keine grundlegenden inhaltlichen Fragen, sondern nur solche der Zweckmäßigkeit. Anders verhält es sich mit dem Begriff »politisches Bewußtsein«. Die Schwierigkeiten, die er aufwirft, sind gravierender und substantieller, weil mit ihm Probleme tangiert werden, die ins Inhaltliche und Prinzipielle gehen. Vergleichsweise harmlos sind die folgenden Fragen (obwohl auch sie nicht leicht zu beantworten sind): Was ist politisches Bewußtsein? Wie kann man es feststellen? Wo äußert es sich? Wie ist es der Wahrnehmung und Beobachtung zugänglich? Äußert es sich in Wahlen oder in den Reden der Politiker, an den Stammtischen der Nation oder in den Äußerungen von Wissenschaftlern und Intellektuellen, in der Literatur oder in den demoskopisch abfragbaren Meinungen, in den Programmen der politischen Parteien oder in den Urteilen der Gerichte, im Freizeitverhalten oder im Städtebau? Im Privaten oder im Öffentlichen? Nur im Reden oder auch im Schweigen?

Schwieriger wird die Sache, wenn man nach der Bezugsgröße des politischen Bewußtseins fragt: Können Staaten, kann die Bundesrepublik ein politisches Bewußtsein haben? Ist Bewußtsein nicht etwas, das man jeweils nur Individuen zurechnen kann, nicht aber Gruppen, Kollektiven und Nationen? Hinzu kommt, daß das Verhältnis zwischen Bewußtsein und Verhalten nur sehr schwer zu klären ist: Determiniert das individuelle Bewußtsein das Verhalten, oder sind nicht ganz andere Faktoren viel wichtiger? Und last but not least muß man eine Antwort auf die allgemeine Frage finden, welche Bedeutung dem Bewußtsein in der Politik zuzumessen ist: Welche Rolle spielt das Bewußtsein bei politischen Entwicklungen, welche Rolle spielt es in Diktaturen und Demokratien, bei politischen Zusammenbrüchen und Systemwechseln? Ist es die unabhängige Variable, von der alles weitere abhängt, oder ist es die abhängige Variable, die in sich selber nur die anderswo ausgelösten Entwicklungen nachholt?

Vom politischen Bewußtsein der Bundesrepublik zu sprechen scheint mithin so viele komplizierte Probleme aufzuwerfen, daß die Konsequenz naheliegt, diese Formulierung zu vermeiden. Trotz der gewiß nicht geringen Schwierigkeiten halte ich jedoch an ihr fest. Es ist zwar richtig, daß sich Bewußtsein immer nur individuell äußert, genauso richtig ist jedoch die Feststellung, daß das individuelle Bewußtsein nicht monadologisch verfaßt, sondern durch vielfältige Bezüge mit überindividuellen Gegebenheiten verbunden ist. Diese Verbindungen mögen im einzelnen nur schwer feststellbar sein, aber es kann kaum bezweifelt werden, daß die Gesellschaft es ist, die den Horizont der Themen, Begriffe, Denk- und Erzählformen vorgibt, in dem sich das individuelle Bewußtsein bewegt. Die Anzahl der Varianten des politischen Bewußtseins ist nicht unendlich, weil dem individuellen Bewußtsein immer nur ein beschränkter Satz denkbarer Alternativen zur Verfügung steht. Es gibt angebbare Begriffe, Kategorien und moralische Regeln, die die soziale Kommunikation steuern und darüber auch das individuelle Bewußtsein, das Vergessen und Erinnern, die Formen des Wahrnehmens und Redens prägen.[4] (Daß damit die kritischen Anfragen an den Begriff »politisches Bewußtsein« beileibe nicht beendet sind, werde ich im fünften Kapitel am Beispiel der Position von Daniel Goldhagen ausführlicher deutlich machen.)

So wie sich das individuelle Bewußtsein im Horizont von transzendentalen Begriffen und Normen entwickelt, so lassen sich spezifische Themen feststellen, die für das politische Bewußtsein einer Gesellschaft von zentraler Bedeutung sind. In ihnen kristallisiert und verdichtet sich das, was das Selbstbild einer Gesellschaft und einer Epoche beschäftigt und prägt. Es spricht viel für die Vermutung, daß im Falle der Bundesrepublik die NS-Vergangenheit dieses zentrale Thema ist. Das impliziert zugleich die Behauptung, daß Defizite und Formveränderungen in der Auseinandersetzung mit der NS-Vergangenheit zugleich Defizite und Formveränderungen des politischen Bewußtseins sind. Und es impliziert ferner die Behauptung, daß alles, was in der Bundesrepublik über den Nationalsozialismus gesagt wurde und gesagt wird, einen eminent politischen Charakter hat. Zugespitzt formuliert: Jede Äußerung über die NS-Vergangenheit, sobald sie den rein wissenschaftlich-akademischen Raum verläßt, muß sich der Tatsache bewußt sein, daß sie auf die Konsequenzen hin durchmustert wird, die mit die-

---

4 Vgl. Erhard Stölting, Nachwort zu Michael Schornstheimer, Bombenstimmung und Katzenjammer. Vergangenheitsbewältigung, Quick und Stern in den 50er Jahren, Köln 1989, S. 345 ff.

ser so gedeuteten Vergangenheit verbunden sind. Damit ergreift sie automatisch Partei in einem hoch konfliktträchtigen Themenfeld.

Das sollte freilich nicht so verstanden werden, daß es ein monolitisch abgedichtetes Verhältnis der Bundesrepublik zu diesem Zentralthema gibt. Wir haben es vielmehr mit einer beachtlichen Vielfalt an Reaktionen darauf zu tun. In dieser Gemengelage an Perspektiven, Einstellungen und Verhaltensweisen lassen sich dominante und weniger dominante Bewußtseinsformen unterscheiden. Zugleich heißt das, daß dieses Kräfteverhältnis nicht ein für allemal festgelegt ist, sondern vielfältigen Verschiebungen und Wandlungen unterliegt, die sich zu angebbaren Phasen verdichten.

Damit sind die Konturen benannt, in denen sich das vorliegende Buch bewegt. Zugrunde liegt die Behauptung, daß das politische Bewußtsein der Bundesrepublik von Anfang an zentral durch den negativen Bezug auf die NS-Vergangenheit bestimmt ist. Es lassen sich jedoch in der Geschichte der Bundesrepublik ganz unterschiedliche Varianten und Formen dieses Bezugs ausmachen. Diese Varianten und Formen, die sich zu vier Phasen verdichten, werde ich im ersten Teil des Buches kursorisch vorstellen und charakterisieren. Zu Beginn argumentiere ich also chronologisch und historisch. Damit verbinde ich die These, daß die Auseinandersetzung mit der NS-Vergangenheit in den 90er Jahren in der Bundesrepublik in eine neue Phase eingetreten ist, die sich deutlich von den vorangegangenen Phasen unterscheidet und einen tiefen Einschnitt markiert.

Diese neue Epoche der Vergangenheitsbewältigung in den 90er Jahren ist das Thema, das mich im zweiten, ausführlichsten Teil des Buches beschäftigen wird. Ich greife darin eine Reihe von Ereignissen auf, die zeigen, daß sich die Bedeutung der NS-Vergangenheit im politischen Bewußtsein der Bundesrepublik ein halbes Jahrhundert nach Ende des Zweiten Weltkriegs fundamental verändert hat.

Der erste Indikator für meine Diagnose ist die Rolle, die die NS-Vergangenheit in den Argumenten der 68er Linken gegen die deutsche Einheit gespielt hat. Ich werde zeigen, daß diese Haltung auf eine identifikatorische Schuldübernahme zurückzuführen ist, die das Verhältnis der 68er Generation zu ihren Eltern bestimmte, und daß diese Haltung die politische Urteilskraft zu Beginn der 90er Jahre getrübt und in Sackgassen hineingeführt hat (2. Kapitel).

Der zweite Beleg für meine Diagnose bezieht sich auf die Veränderungen, die durch das Hinzutreten der DDR-Vergangenheit bewirkt worden sind. An diesem Faktum wird deutlich, daß sich die Geschichte der Bewältigung der NS-Vergangenheit mehr und mehr vor den Bezug auf die NS-Vergangenheit selber geschoben hat. Die Frage nach der angemessenen Auseinandersetzung mit der NS-Vergangenheit hat sich um eine selbstreflexive Schicht angereichert.[5] Die Bewältigung der NS-Vergangenheit wird zur Folie, vor der die Auseinandersetzung mit der DDR-Vergangenheit stattfindet. Diesen Zusammenhang erörtere ich am Problem der strafrechtlichen Vergangenheitsbewältigung und an der Rolle, die das sogenannte Rückwirkungsverbot dabei spielt (3. Kapitel).

Die dritte Beobachtung besteht darin, daß selbst dort noch, wo es so scheint, als ob in den 90er Jahren die gleichen Skandale das Feld der Vergangenheitsbewältigung beherrschen wie in den 50er und 60er Jahren, in Wirklichkeit etwas anderes stattfindet. Die Personalskandale der 90er Jahre ergänzen die Dramen aus den früheren Jahrzehnten nicht um weitere Szenen, sondern spielen sie nach und zitieren sie. So gibt der Fall Schneider/Schwerte in meinen Augen eher Anlaß zur systematischen Reflexion auf die generellen Belastungen, die mit der Herkunft der Bundesrepublik aus dem Nationalsozialismus verbunden waren, als daß er sich dazu eignen würde, aktuelle und erneuerte Zweifel an der demokratischen Substanz der Bundesrepublik zu nähren (4. Kapitel).

Die vierte Beobachtung bezieht sich auf das Buch von Daniel Goldhagen über »Hitlers willige Vollstrecker«. Irritierend genug ist schon die Tatsache, daß bei der Debatte über das Buch in der Bundesrepublik nirgendwo der Frontverlauf zwischen Verdrängern und Aufklärern zu finden war, der die früheren Phasen der Vergangenheitsbewältigung maßgeblich bestimmt hat. Die Antipoden von Goldhagen waren nicht Fürsprecher des Schlußstrichs unter die NS-Vergangenheit, sondern Wissenschaftler und Publizisten, die sich ihrerseits intensiv und aktiv um die Aufklärung der Bedingungen, der Funktionslogik und der Folgen der NS-Herrschaft bemüht haben. Aber es ist nicht dieser Aspekt,

---

5 Das ist zuerst von Michael Kohlstruck so benannt worden. Siehe seinen Aufsatz: Zwischen Geschichte und Mythologisierung. Zum Strukturwandel der Vergangenheitsbewältigung, in: König et al. (Hg.), Vergangenheitsbewältigung am Ende des 20. Jahrhunderts, a.a.O. Vgl. ferner Michael Kohlstruck, Zwischen Erinnerung und Geschichte. Der Nationalsozialismus und die jungen Deutschen, Berlin 1997.

auf dem der Schwerpunkt meiner Analyse liegt. Ich arbeite vielmehr heraus, daß es bei Goldhagen einen Widerspruch zwischen der Erklärung des Holocaust und seinem Loblied auf die Entwicklung der Bundesrepublik gibt. Wenn Goldhagens Behauptungen über die erfolgreiche Vergangenheitsbewältigung der Bundesrepublik zutreffen, lassen sich seine Erklärungen des Holocaust nicht halten und umgekehrt. Das Beispiel zeigt, daß die Geschichte der Vergangenheitsbewältigung in der Bundesrepublik sogar für die wissenschaftliche Analyse des Holocaust von Bedeutung ist (5. Kapitel).

Fünftens schließlich argumentiere ich, daß wir es seit Beginn der 90er Jahre deswegen mit einer neuen Phase der Vergangenheitsbewältigung in der Bundesrepublik zu tun haben, weil im Zentrum der Auseinandersetzungen nun fast ausschließlich Fragen der Kommunikation über die NS-Vergangenheit stehen und politische Entscheidungen in materialen Politikfeldern nicht länger die politische Tagesordnung bestimmen. Meine Vermutung ist, daß es dieser Gesichtspunkt ist, der die Vergangenheitsbewältigung seit den 90er Jahren in allen ihren Erscheinungsformen prägt. In einer abkürzenden Formel gesagt, läßt sich das Neue der Vergangenheitsbewältigung in den 90er Jahren darauf zurückführen, daß wir es mit dem Übergang von der Entscheidung zur Kommunikation zu tun haben (6. Kapitel).

Im letzten Teil des Buches stehen systematische Interessen im Vordergrund. Von den Erfahrungen der Bundesrepublik ausgehend, skizziere ich einen konzeptionellen Rahmen der Vergangenheitsbewältigung, der auch für international vergleichende Analysen einen angemessenen Rahmen bieten könnte. Ich plädiere für ein umfassendes Verständnis des Themas und ordne es in den Kontext ein, der in der nüchternen Terminologie der Sozialwissenschaft als »Systemwechsel« oder »Transformation« bezeichnet wird und früher einmal »Revolution« hieß.

Das Buch ist auf der Basis von Aufsätzen geschrieben, die unabhängig voneinander an verschiedenen Orten erschienen sind. Für Teil I verwende ich Abschnitte aus Ausführungen, die erstmals publiziert wurden in dem von Wolfgang Kuhlmann, Klaus Schwabe und mir herausgegebenen Band »Vertuschte Vergangenheit. Der Fall Schwerte und die NS-Vergangenheit der deutschen Hochschulen« (München 1997). In Teil II gehen folgende Aufsätze ein: »Die deutsche Einheit im

Schatten der NS-Vergangenheit« (in: Leviathan 3/1992); »Anti-Anti-kommunismus und NS-Vergangenheit in Deutschland« (in: Leviathan 4/1992); »Juristische Feinheiten auf politischem Glatteis« (in: Leviathan 4/1997); »Von der Diktatur zur Demokratie« (in: Helmut König (Hg.), Der Fall Schwerte im Kontext, Opladen/Wiesbaden 1998); »Über die Differenz zwischen Bewußtsein und Verhalten in Deutschland« (in: Leviathan 1/1998); »Vergangenheitsbewältigung in der Demokratie« (in: Roland Czada/Hellmut Wollmann (Hg.), Von der Bonner zur Berliner Republik, Wiesbaden 2000). Für Teil III verwende ich den Aufsatz »Was ist Vergangenheitsbewältigung?« (in: Helmut König et al. (Hg.), Vergangenheitsbewältigung am Ende des 20. Jahrhunderts, Opladen 1998). Alle seinerzeit publizierten Fassungen habe ich für die Zwecke dieses Buches durchgearbeitet und verändert. Dies war schon deswegen erforderlich, weil die zusammengeführten Texte hier zur Erörterung von Thesen dienen, die ursprünglich nicht mit ihnen verbunden waren.

I. Bundesrepublik und NS-Vergangenheit

1. Entwicklungslinien

Der negative Bezug auf die NS-Vergangenheit ist für das politische Bewußtsein der Bundesrepublik von Anfang an bestimmend gewesen. Die Varianten und Formen dieses negativen Bezugs sind deutlich voneinander unterschieden. Die Behauptung, daß wir seit den 90er Jahren in eine neue Phase der Auseinandersetzung mit der NS-Vergangenheit eingetreten sind, läßt sich nur plausibel machen, wenn die vorhergehenden Phasen mindestens in ihren Grundzügen vorgestellt worden sind.

Vier Phasen

Die Geschichte der Vergangenheitsbewältigung in der Bundesrepublik läßt sich in vier Phasen unterteilen:

1. Die Nachkriegszeit. Damit ist die Zeit zwischen dem Ende des Krieges und der Gründung der Bundesrepublik gemeint. Charakteristisch für diese Phase ist die sogenannte Schuld-Debatte, in der Nationalsozialismus, Krieg und Vernichtung unter stark moralischen und abstrakten Vorzeichen erörtert wurden.

2. Die 50er Jahre. Das ist die wesentliche Zeit der Adenauer-Ära. Die Vergangenheitsbewältigung in dieser Phase ist durch eine Doppelstrategie gekennzeichnet. Täter und Parteigänger der NS-Herrschaft werden auf dem Wege von Amnestie und Amnesie in die neue Demokratie integriert, aber zugleich zieht die junge Demokratie der Bundesrepublik in ihrer Politik und in ihrem Selbstbild gegenüber dem Nationalsozialismus einen klaren Trennungsstrich.

3. Die »lange Welle« zwischen 1960 und 1990. In dieser Phase wird der negative Bezug auf die NS-Vergangenheit und insbesondere auf den Holocaust zum zentralen Deutungsmuster der politischen Kultur in der Bundesrepublik.

4. Die neue Bundesrepublik. Auch nach der Herstellung der deutschen

Einheit nimmt die Erinnerung an Nationalsozialismus und Holocaust breiten Raum ein, zugleich aber sind die Koordinaten der Erinnerung grundlegenden Veränderungen unterworfen. Aus einem Phänomen der Zeitgeschichte wird der Nationalsozialismus mehr und mehr zu einem Ereignis der Geschichte.

Diese Einteilung dient nur der groben Orientierung. Irritierend wirkt sicherlich die sehr unterschiedliche Dauer der verschiedenen Phasen. Natürlich kann man auch andere Einschnitte und Periodisierungen vornehmen, und man kann weitere Unterteilungen und Differenzierungen ins Auge fassen. Es versteht sich ferner, daß die jeweiligen Phasen nicht vom Himmel fallen, sondern sich vor ihrem Beginn ankündigen und nach ihrem Ende weiterwirken.

Konsens dürfte sich am leichtesten über die Festlegung der ersten und der zweiten Phase herstellen lassen. Umstrittener ist die »lange Welle« von 1960 bis 1990. Der Einwand wird lauten, diese dreißig Jahre umfaßten so viel Uneinheitliches, daß sie nicht gut in einer einzigen Phase zusammengezogen werden können. Sie beginnt mit der Zementierung der Spaltung Deutschlands durch den Mauerbau und endet mit der Herstellung der deutschen Einheit; sie umfaßt die Spätphase der Regierung Adenauer, die Zeit der Großen Koalition, die sozialdemokratischen Bundeskanzler Brandt und Schmidt und die Regierungszeit Helmut Kohls; in diese Zeit fallen die spektakuläre Revolte der Außerparlamentarischen Opposition, der linke Terrorismus, der Historikerstreit, die Ausstrahlung des Holocaust-Films und die Rede von Richard von Weizsäcker im Jahre 1985.

Bei aller politischen Uneinheitlichkeit und bei allem Spannungsreichtum dieser Phase erscheint sie aber im Blick auf das Verhältnis zur NS-Vergangenheit doch als eine große Einheit. So zentral wie in dieser langen 30jährigen Welle nach 1960 ist die NS-Vergangenheit nie zuvor im politischen Bewußtsein der Bundesrepublik gewesen. Vor allem war das Thema in dieser Zeit das wichtigste Element im Konflikt zwischen den Generationen. Der Elterngeneration wurden nicht nur die Untaten des NS-Regimes zur Last gelegt, sondern ihr wurde auch noch der Vorwurf gemacht, daß sie diese Taten verleugnet und verdrängt hatte. In dieser »langen Welle« wurde der Bezug auf die NS-Vergangenheit und den Holocaust nach und nach das Thema, das konkurrenzlos das Feld der politischen Kultur in der Bundesrepublik beherrschte.

In der ersten Phase vor der Gründung der Bundesrepublik stand die Beschäftigung mit der NS-Vergangenheit unter den Vorzeichen nebulöser moralischer und religiöser Kategorien. Die Zeit zwischen 1933 und 1945 wurde in eine politik- und geschichtsjenseitige Welt verlegt. Für die zweite Phase, die 50er Jahre, war die Integration der Täter, Mitläufer und Nutznießer in das politische System der neuen Bundesrepublik bezeichnend bei gleichzeitigem vollständigen Bruch mit Ideologie und Praxis des NS-Regimes im offiziellen Selbstverständnis der Bundesrepublik. In der dritten Phase wurde die Erinnerung an Nationalsozialismus und Judenvernichtung zum Zentrum des politischen Bewußtseins in der Bundesrepublik. Mit dem Ende der sozialistischen Systeme in Osteuropa und der Herstellung der deutschen Einheit hat die vierte Phase in der Auseinandersetzung mit der NS-Vergangenheit begonnen. Für sie ist der Zusammenbruch der realsozialistischen Systeme und das dadurch bewirkte Hinzutreten einer zweiten diktatorischen Vergangenheit, die zur Bewältigung ansteht, nicht die einzige Ursache. Hinzu kommt vor allem, daß die Auseinandersetzung mit der NS-Vergangenheit seitdem nicht mehr in den Koordinaten eines familiären oder intergenerationellen Dramas stattfinden kann. Mit dem Altern der 68er Generation, von der die »lange Welle« am nachdrücklichsten geprägt wurde, veraltet zugleich die psychoanalytische Verdrängungstheorie, die dreißig Jahre lang das vorherrschende Narrativ für den Umgang der Bundesrepublik mit der NS-Vergangenheit gewesen ist. Sie wird in den 90er Jahren von einer funktionalistischen Gedächtnistheorie abgelöst, die auf den französischen Soziologen Maurice Halbwachs zurückgeht. – Sehen wir uns die einzelnen Phasen genauer an.

Nachkriegszeit: Moral statt Revolution

In der nüchternen Sprache der Sozialwissenschaften ist das Problem, um das es 1945 ging, leicht zu beschreiben. Wir haben es in Deutschland mit einem extremen Fall politischen Wandels unter den Bedingungen eines gerade von den Alliierten siegreich zu Ende gebrachten Krieges gegen das größte Mordregime der Geschichte zu tun. In einem Wort zusammengezogen: Es geht um Systemwechsel, um den Übergang von der Diktatur zur Demokratie. Das Problem ist, wie nach der politischen und moralischen Katastrophe ein neuer Anfang gemacht werden kann.

Mit Hilfe von drei einfachen Fragen läßt sich die Aufgabe modellhaft näher charakterisieren. Erstens geht es um den *Umfang* der notwendigen Änderungen, also um die Frage, was alles geändert werden muß, damit wirklich der Übergang von der Diktatur zur Demokratie zustande kommt. Was gehört dazu, einen neuen Anfang zu machen? Reicht die Neubegründung der politischen Institutionen, also die Neueinrichtung von Parteien, Parlamenten, Wahlen, Gewaltenteilung, freier Presse, demokratischem Bildungssystem usw? Oder muß der Neuanfang z. B. auch die Produktion grundlegend anders und neu organisieren? Und welche Bedeutung kommt dem politischen Bewußtsein für diesen Neubeginn zu?

Zweitens geht es um die Frage nach dem *Handlungssubjekt*. Wer soll und kann ändern, was geändert werden muß? Wer bestimmt, was zu ändern und wie es zu ändern ist? Wer also sind die Handelnden, die Akteure und Träger der Veränderung? Wer macht sich oder wird (von wem?) mit welcher Legitimation zu diesem Subjekt gemacht?

Drittens schließlich geht es um die Frage nach dem *Modus*, in dem die Änderungen herbeigeführt werden. Wie, mit Hilfe welcher Mittel und Wege soll geändert werden, was zur Änderung ansteht? Mit revolutionärer Gewalt oder mit den zivilen Mitteln der Politik, also mit dem Einsatz von Gesetzen, Programmen und Geld? Und insbesondere: Wie verfährt man mit den Tätern, Anhängern, Nutznießern und Mitläufern des alten Regimes?

Die Antwort auf die zweite Frage ist die leichteste und folgenreichste: Ein deutsches politisches Handlungssubjekt gab es 1945 nicht. Es waren die alliierten Besatzungsmächte, die den Umfang der Änderungen festlegten und bestimmten, wie diese Änderungen herbeigeführt werden sollten.

Für die Beantwortung der Frage nach dem Umfang und den Dimensionen der Änderungen ist die Auffassung über die Ursachen des Nationalsozialismus entscheidend. Je nach der Faschismustheorie, die man favorisiert, fallen die Änderungsvorschläge aus. Im Jahre 1945 gab es mindestens eine marxistisch-sozialistische und eine bürgerlich-demokratische Version. Jene beruhte darauf, daß eine sozialistische Gesellschaftsordnung mit Sicherheit den Aufstieg des Faschismus unmöglich gemacht hätte, diese hingegen behauptete, daß eine funktional effektive und wertbezogene parlamentarische Demokratie nach westlichem Vorbild trotz Wirtschaftskrise den Nationalsozialismus nicht zur Macht hätte gelangen lassen.

In diesem Sinn knüpfte das Grundgesetz der Bundesrepublik an die negativen Erfahrungen der zusammenbrechenden Republik an, vor allem in der Beseitigung der Präsidialkompetenzen des Präsidenten der Weimarer Republik, der Einrichtung des konstruktiven Mißtrauensvotums, der Absicherung der Bestimmungen gegen antidemokratische Strömungen, insbesondere dagegen, daß demokratische Prozeduren in Instrumente antidemokratischer politischer Bewegungen verwandelt werden können. Die DDR dagegen knüpfte in ihrem Selbstverständnis nicht an das Ende, sondern an den Beginn der Weimarer Republik an. Sie verstand sich als die Vollendung der damals auf halbem Wege unterbrochenen Revolution der Jahre 1918/19. Sie sozialisierte die Produktionsmittel, entmachtete die bürgerliche Klasse und die Großagrarier, um die Herrschaft der Arbeiter und Bauern zu errichten.

Die Frage nach den Mitteln und Wegen der notwendigen Änderungen stellte sich besonders gravierend im Blick auf die personelle Hinterlassenschaft des NS-Regimes. Sollte es eine wilde, heiße Abrechnung mit ihr geben oder eine geregelte, womöglich gerichtliche Form der Verurteilung oder eine Amnestie? Die Antwort, die die Alliierten unmittelbar nach Ende des Krieges gaben, ist bekannt: Strafprozesse und komplizierte Entnazifizierungsprozeduren. Aber diese Antwort stand beileibe nicht von Anfang an fest. Überraschenderweise wurde sie zuerst von der Sowjetunion vertreten. Churchill dagegen spielte längere Zeit noch ganz ernsthaft mit dem Gedanken, die Nazi-Verbrecher umstandslos an die Wand zu stellen und zu erschießen.[6] Viele Emigranten dachten ähnlich. Thomas Mann schrieb am 4. Mai 1945 in sein Tagebuch, es seien »rund eine Million, die ausgemerzt werden müßten«, fügte aber gleich hinzu, daß es wohl unmöglich sei, »eine Million Menschen hinzurichten, ohne die Methoden der Nazis nachzuahmen«.[7]

Hinter diesem radikalen Säuberungsgedanken stand die Vorstellung, daß es für einen wirklichen Neuanfang keinen anderen Weg geben konnte, als mit dem für die NS-Diktatur verantwortlichen Personal ra-

6 Vgl. Telford Taylor, Die Nürnberger Prozesse. Hintergründe, Analysen und Erkenntnisse aus heutiger Sicht, München 1994, S. 45 ff.
7 Thomas Mann, Tagebücher 1944 – 1.4.1946, Frankfurt a. M. 1986, S. 199.

dikal und blutig abzurechnen. Für diese Version radikaler Veränderung steht in der politischen Sprache der Begriff der Revolution. Dazu kam es im Deutschland der Nachkriegszeit weder im Osten noch im Westen. Von den Skeptikern und Kritikern wurde der Bundesrepublik über lange Zeit hinweg dieser ausgebliebene revolutionäre Neubeginn als ihr zentrales Defizit vorgehalten. Nur eine blutige Revolution, nicht die ›künstliche Revolution‹[8] aus Entnazifizierung und Re-Education, hätte nach dieser Auffassung den Neubeginn wirklich ermöglichen und das Einsetzen der Restauration verhindern können. In diesem Urteil stimmten viele kritische Beobachter überein, auch wenn sie ansonsten wenig miteinander verband.[9]

Lassen wir die sehr reizvolle Frage hier beiseite, ob wir es bei diesen Vorstellungen nicht mit einer Version politischer Mythologie zu tun haben, ob dahinter nicht der archaische Glaube an die reinigende Kraft eines Blutbades, mithin ein politischer Opferkult steckt. (Mit einigen Bemerkungen komme ich darauf in Teil III des Buches zurück.) Halten wir lediglich fest, warum es zu dieser von vielen herbeigesehnten und für unersetzlich gehaltenen blutigen Revolution nicht kam, warum es bei dem Versuch der künstlichen Revolution durch die alliierten Sieger blieb: Es mangelte an der zentralen Voraussetzung für Revolutionen, am revolutionären Handlungssubjekt. Und von der stellvertretenden Übernahme der Rolle des Revolutionärs durch die Alliierten hätte wohl nicht einmal in der Sicht der zitierten Autoren jene reinigende Wirkung ausgehen können, von der sie in schöner Einmütigkeit überzeugt sind.

Daß die intellektuell tonangebenden deutschen Eliten der Nachkriegszeit alles andere als revolutionär eingestellt waren, davon kann man sich leicht ein Bild machen, wenn man die sogenannte Schuld-Debatte in den Blick nimmt. Sie fand vor allem in den politisch-kulturellen Zeitschriften statt, die in großer Zahl und mit sehr hohen Auflagen kurz nach dem Krieg in Erscheinung traten. Die Titel dieser Zeitschriften klingen durchaus radikal. Sie hießen »Der Ruf«, »Die Wandlung«,

---

8 Vgl. John D. Montgomery, Forced to Be Free. The Articificial Revolution in Germany and Japan, Chicago 1957.
9 Vgl. z. B. Hannah Arendt, Besuch in Deutschland (1950), Berlin 1993, S. 49; Alexander Mitscherlich, Ein Leben für die Psychoanalyse, Frankfurt a. M. 1980, S. 139; Joseph Rovan, Das Erbe der Tyrannei. Kurzer oder langer Prozeß? Wie nach dem Ende eines Unrechtsregimes mit den Verantwortlichen zu verfahren ist, in: FAZ, 8. 8. 1992.

»Anfang und Ende«, »Das Abendland« usf. Aber die Radikalität, die hier zum Ausdruck kam, war nicht offensiv, sondern defensiv; sie richtete sich nicht nach außen, sondern nach innen.[10] Vorherrschend war das Bemühen, aus der politischen und moralischen Katastrophe wenigstens noch kleine unbeschädigte Restbestände zu retten. Diese Restbestände hatten ihr Gemeinsames darin, daß sie von aller Politik meilenweit entfernt waren. Politik galt als die Sphäre des Äußerlichen und Oberflächlichen. Für viele schien der Nationalsozialismus kein politisches, sondern ein religiöses und psychisches Phänomen zu sein. Auffällig ist vor allem, daß es an konkreten Bezeichnungen und an genau beschriebener historischer Realität mangelte. Statt dessen gab es viele mythisierende und vage Deutungen voller spätexpressionistischer O-Mensch-Klagen. Viel und sehr zu Recht war in dieser Debatte von Schuld die Rede – aber doch nur in einer vagen und abstrakten Form. Um so weniger wurden Verantwortlichkeiten, Tatbestände und Fakten benannt. Der Massenmord an den Juden kam so gut wie überhaupt nicht vor.

Stärken und Schwächen dieser Debatte lassen sich gut an der »Schuldfrage« von Karl Jaspers erkennen.[11] Dieses Buch, hervorgegangen aus Vorlesungen des Autors, war sicherlich der wichtigste Beitrag zu den Diskussionen der Nachkriegszeit. Jaspers wandte sich mit überzeugenden Gründen gegen die Vorstellung einer kollektiven Schuld und ließ zugleich an der politischen Haftung der Deutschen für die Untaten des Nazi-Regimes keinen Zweifel. Seine Überlegungen sind nach wie vor von großem Wert, und bis in die jüngste Vergangenheit hinein ist immer wieder mit Gewinn auf die Differenzierungen, die Jaspers im Begriff der Schuld vornahm, zurückgegriffen worden. Fragwürdiger ist, daß nach Jaspers die wirkliche und allein ausschlaggebende »Reinigung« vom Nationalsozialismus nur auf moralischem Wege vonstatten gehen konnte, daß er sie zu einer Angelegenheit erklärte, die jeder einzelne mit sich und seinem Innern allein und vor Gott auszumachen hatte. Von noch viel größerer Ratlosigkeit zeugt eine Schrift Friedrich Meineckes, die kurz nach Ende des Krieges geschrieben wurde und in der der Nestor der deutschen Geschichtswissenschaft als Antwort auf

---

10 Die Schuld-Debatte ist ausführlich dargestellt bei: Barbro Eberan, Die Debatte um die Schuldfrage 1945–1949, München 1983; Ingrid Laurien, Politisch-kulturelle Zeitschriften in den Westzonen 1945–1949, Frankfurt a. M. 1991.
11 Karl Jaspers, Die Schuldfrage (1946), München 1987.

die »deutsche Katastrophe« die Gründung von Goethe-Gemeinden vorschlug.[12]

Alles in allem haben wir es in dieser Debatte noch einmal mit einer späten Gestalt des deutschen antiwestlichen und antimodernen Sonderbewußtseins zu tun. Irritierend und typisch für das politische Bewußtsein der Zeit sind auch die heftigen Ressentiments gegen die Emigranten. Frank Thiess warf ihnen in seiner Kontroverse mit Thomas Mann vor, daß sie die Heimat nur verlassen hätten, um bequem »von den Logen und Parterreplätzen des Auslands der deutschen Tragödie« zuschauen zu können.[13]

Diese erste Debatte nach dem Ende des ›Dritten Reiches‹ über das NS-Regime und den Krieg brach 1948/49 mit der Währungsreform bzw. der Gründung der Bundesrepublik abrupt ab. Die Entwicklung nahm einen ganz anderen Weg, als die meisten Diskussionsbeiträge erwartet und gewünscht hatten. Die Erneuerung geschah nicht aus dem Geist der moralischen Einkehr und Erneuerung, sondern dann doch auf dem Wege, der von den meisten Protagonisten, die sich hier zu Wort gemeldet hatten, noch als ganz unzulänglich abgewertet worden war – auf dem Wege der Politik.

50er Jahre: Doppelstrategien

Zu den ersten Amtshandlungen der gerade etablierten Regierung Adenauer gehörte es, mit dem Straffreiheitsgesetz von 1949 die Integration der Täter und Parteigänger des Nationalsozialismus auf den Weg zu bringen. Für diese Lösung war die Entstehung des Kalten Krieges ausschlaggebend. Ohne den Ost-West-Konflikt hätte sie nie und nimmer so schnell die Zustimmung der westlichen Siegermächte gefunden. Seit der Berlin-Krise im Juni 1948 verwandelte sich die alte Reichshauptstadt wie über Nacht aus der Zentrale des Schreckens in ein Symbol der Freiheit, und die Barbaren und Feinde von einst wurden zu unverzichtbaren Bündnispartnern im Kampf gegen den kommunistischen Osten.

---

12 Friedrich Meinecke, Die deutsche Katastrophe (1946), Wiesbaden 1949.
13 Frank Thiess, Die innere Emigration. Offener Brief an Thomas Mann (1945), in: J. F. G. Grosser: Die große Kontroverse. Ein Briefwechsel um Deutschland, Hamburg/Genf/Paris 1963, S. 24.

Die alten Eliten kehrten nun fast vollständig in ihre Positionen in der staatlichen Administration, in der Justiz, in Wissenschaft und Wirtschaft zurück. Die strafrechtliche Verfolgung der NS-Verbrecher kam beinahe gänzlich zum Erliegen, die noch einsitzenden, von den Besatzungsmächten verurteilten NS-Verbrecher wurden auf erheblichen deutschen Druck hin in einer Art »Gnadenfieber« (Robert W. Kempner) nach und nach bis Ende der 50er Jahre freigelassen. Die Entnazifizierungsprozeduren erschienen angesichts der neuen Fronten des Kalten Krieges, die die alte Front gegen den Osten legitimierte, völlig unsinnig und wurden abgebrochen. Der Kampf gegen den Kommunismus löste die Auseinandersetzung mit der NS-Vergangenheit ab. In der Wendung gegen die alliierten Straf- und Entnazifizierungsmaßnahmen und in der Wendung gegen den Kommunismus bildete sich das politische Bewußtsein der frühen Bundesrepublik heraus.[14]

Diese Integration der Täter, Parteigänger und Mitläufer ist später oft beschrieben und noch öfter kritisiert worden.[15] Man muß aber zur Charakterisierung der Vergangenheitsbewältigung in den 50er Jahren immer hinzunehmen, daß zur gleichen Zeit der offizielle politische Bruch der Bundesrepublik mit dem Herrschaftssystem des Nationalsozialismus und seiner Ideologie nie in Frage stand. Beide Aspekte gehören zusammen. Die 50er Jahre brachten das Kunststück zustande, die ehemaligen Nazis zu integrieren und zugleich die politische und ökonomische Verfassung der Bundesrepublik zur Negation des Nationalsozialismus zu erklären. Sosehr also das alte Personal wieder in seine Stellungen einrückte und seine Vergangenheit für unwichtig erklärt wurde, so sehr galt, daß die Bundesrepublik sich in ihrer offiziellen Selbstdarstellung klar und deutlich von der NS-Vergangenheit in allen Facetten distanzierte. Darin bestand die Doppelstrategie der frühen Bundesrepublik: Einerseits gab es das großzügige Vergeben und Verschweigen der politischen Mitverantwortung in der NS-Zeit, anderer-

---

14 Der Umgang mit der NS-Vergangenheit in den 50er Jahren ist in letzter Zeit zum Gegenstand einiger wissenschaftlicher Arbeiten geworden. Vgl. die zwar materialreiche, aber in den Hauptaussagen unzulängliche Studie von Manfred Kittel, Die Legende von der »Zweiten Schuld«. Vergangenheitsbewältigung in der Ära Adenauer, Berlin/Frankfurt a. M. 1993. Ferner die im Urteil zurückhaltende Arbeit von Ulrich Brochhagen, Nach Nürnberg. Vergangenheitsbewältigung und Westintegration in der Ära Adenauer, Hamburg 1994. Vgl. ferner die differenzierte und kritische Einschätzung der 50er Jahre bei Norbert Frei, Vergangenheitspolitik. Die Anfänge der Bundesrepublik und die NS-Vergangenheit, München 1996.
15 Vgl. z. B. Jörg Friedrich, Die kalte Amnestie, Frankfurt a. M. 1984.

seits galt ausnahmslos das Regulativ der grundsätzlichen und selbstverständlichen Distanzierung und Ablehnung des Nationalsozialismus. Wer sich offen zur nationalsozialistischen Ideologie bekannte, hatte mit scharfen Sanktionen zu rechnen.[16]

Die einhellige politische Verurteilung des NS-Regimes bedeutete nicht, daß in den 50er Jahren nirgendwo von Nationalsozialismus und Krieg die Rede gewesen wäre. Eher ist das Gegenteil richtig. Viele Broschüren, Magazine und Zeitschriften druckten regelmäßig Erlebnisberichte von Beteiligten ab. Sie bezogen sich vor allem auf den Krieg und unterschieden sich wenig von dem auch sonst nach überstandenen militärischen Auseinandersetzungen üblichen Schwelgen in Erinnerungen.[17] Und die Gespräche an den Stammtischen der Nation dürften dem in nichts nachgestanden haben.

Insofern ist es unangemessen, im landläufigen Sinn von einer Verdrängung der NS-Zeit zu sprechen. Typisch für die 50er Jahre ist nicht das Verleugnen, Beschweigen und Tabuisieren der Vergangenheit, sondern die weitgehende Abwesenheit des Gefühls der Schuld, der Scham und des schlechten Gewissens. Es muß allerdings betont werden, daß wir uns hier auf unsicherem Grund bewegen und genaues Wissen über diesen Punkt auch in Zukunft kaum zu erhalten sein wird. Aber man darf vermuten, daß nach 1945 in privaten Zusammenhängen, in Vereinen, unter Freunden und Vertrauten, also überall dort, wo man unter sich war, viele Geschichten aus den vergangenen zwölf Jahren erzählt wurden. Hier noch mehr als in der Öffentlichkeit der Landserberichte und Wochenmagazine konnten die Parteigänger und Täter, die Offiziere und einfachen Soldaten der Wehrmacht das berechtigte Gefühl haben, auf Wohlwollen und Verständnis zu stoßen. Wehrmacht und Kriegführung galten generell als sauber und unbelastet. Mindestens in diesen Bereichen gab es eine »allgemeine Exkulpationssolidarität, die die Deutschen miteinander verband«[18], die Solidarität einer Gemeinschaft, die auf den Gleichklang ihrer Erinnerungen und Wahrnehmungen bauen konnte. Und es gab in den 50er Jahren weit und breit nieman-

16 Vgl. Martin Broszat, Plädoyer für eine Historisierung des Nationalsozialismus, in: Ders., Nach Hitler. Der schwierige Umgang mit unserer Geschichte, München 1988, S. 269.
17 Vgl. Michael Schornstheimer, Bombenstimmung und Katzenjammer. Vergangenheitsbewältigung, Quick und Stern in den 50er Jahren, Köln 1989.
18 Peter Graf Kielmansegg, Lange Schatten. Vom Umgang der Deutschen mit der nationalsozialistischen Vergangenheit, Berlin 1989, S. 35.

den, der wirkungsvoll gegen dieses Fortwirken der Volksgemeinschaft noch nach ihrem Ende hätte angehen können.

Die allgemeine Großzügigkeit gegenüber der persönlichen Vergangenheit unter der NS-Diktatur unterlag jedoch der klar gezogenen Grenze, daß sie nicht auf die offizielle Politik und Selbstdarstellung der Bundesrepublik übergreifen durfte. Die individuellen Vergangenheiten wurden strikt von der Gegenwart der Bundesrepublik getrennt. Sie wurden entpolitisiert, sie galten als Teil einer privaten Gesinnung und Lebensgeschichte, die mit der Gegenwart der Bundesrepublik nichts zu tun hatte. Das ist der Kern des Umgangs mit der personellen Hinterlassenschaft des ›Dritten Reiches‹ in den 50er Jahren: Es zählte nicht, was jemand in der Zeit des Nationalsozialismus getan hatte und wie er sich nun zu dieser Vergangenheit verhielt, sondern es zählte nur, was er für die neue Ordnung zu leisten imstande und bereit war und wofür er in seiner Berufsrolle und in der Öffentlichkeit einstand.[19]

Eine weitere Grenze kam hinzu. Nicht nur im Bereich der offiziellen Politik hatte die soldatische und heroische Vergangenheit als Modell für die Zukunft ausgedient, sondern auch im Lebensweltlichen und Habituellen. Trotz der Wiederbewaffnung und der früh einsetzenden Rehabilitation des Militärs hatte das Soldatische als Ideal- und Leitbild in der Bundesrepublik keine Chance. Die alten Frontkämpfer fanden vielleicht Zuhörer unter ihresgleichen, blieben aber ansonsten ohne Resonanz. Ein neu aufgelegtes Lied von 1918, von Versailler Martyrium und Dolchstoß wollten die jungen Kriegsheimkehrer des Zweiten Weltkriegs nicht hören. Dafür waren sie, was Heinrich Böll immer wieder in seinen Geschichten und Romanen dargestellt hat, viel zu müde und ausgelaugt.

Alles in allem ist die Vergangenheitsbewältigung in den 50er Jahren von einer deutlichen Divergenz zwischen individuellen Bewußtseinsformen und öffentlicher Kommunikation geprägt. Zwischen dem privaten und dem öffentlichen Diskurs der Deutschen über die NS-Vergangenheit, zwischen spontan-persönlichen Stellungnahmen und strategisch-offiziellen bestand ein großer Unterschied.[20] Was das für das

19 So die Beobachtung von Richard Löwenthal. Auf sie bezieht sich Hermann Lübbe in seinem Aufsatz: Der Nationalsozialismus im deutschen Nachkriegsbewußtsein, in: Historische Zeitschrift, Bd. 236, 1983.
20 Es gibt zu dieser Divergenz ein Pendant auf seiten der Opfer. Bei den in Amerika lebenden Juden führten die Zwänge des Kalten Krieges dazu, daß zwar privat der Holocaust die

politische Bewußtsein der Bundesrepublik bedeutet, kann man gut am Beispiel des Antisemitismus erkennen. Antisemitische Haltungen waren in der Bundesrepublik öffentlich stets geächtet. Aber sie lösten sich 1945 natürlich keineswegs in Luft auf, sondern waren in der Sphäre des Privaten und in den vorpolitischen Räumen der Geselligkeit weiterhin bedeutsam. In der öffentlichen und politischen Kommunikation war der Antisemitismus dagegen tabu. Er blieb im Zustand kommunikativer Latenz. In weiten Teilen der Bevölkerung nach wie vor verbreitet, durfte man sich aber öffentlich nicht zu ihm bekennen. Mit anderen Worten: Es gab eine Schere zwischen der öffentlichen antiantisemitischen Meinung und der antisemitischen Bevölkerungsmeinung, eine Differenz zwischen Kommunikation und Bewußtsein.[21]

Die eigentümliche Doppelstrategie der frühen Bundesrepublik bei der Bewältigung der NS-Vergangenheit läßt sich in allen gesellschaftlichen Bereichen wiederfinden: an den Universitäten, in der Justiz, in der Medizin, in den Schulen. Überall herrschte die Mischung aus (personeller) Kontinuität und Beschweigen der NS-Vergangenheit der beteiligten Personen einerseits und – auf der institutionellen und öffentlichen Ebene – die klare Distanzierung von der Zeit des Nationalsozialismus und die Neuorientierung andererseits. Die gleiche Spannung charakterisiert auch die Politik der Westintegration. Trotz der politischen Integration der Bundesrepublik in das westliche Politik- und Bündnissystem waren in der Alltagskultur viele antimoderne und antiwestliche Vorbehalte vorherrschend. Die Orientierung am Vorbild USA wurde im Westen kaum weniger widerwillig akzeptiert als im Osten die Orientierung an der Sowjetunion. Auf dem Weg nach Westen kamen in der Bundesrepublik der 50er Jahre die Institutionen schneller voran als die Bevölkerung.

Auf die Dauer konnte es bei den offiziellen Schwüren der Bündnistreue zu Amerika auf der einen Seite und der strengen Hand im häuslichen Konflikt mit den kaugummikauenden Söhnen und petticoattragenden Töchtern auf der anderen Seite kaum bleiben. Die Ame-

---

Gefühle, Gedanken und Gespräche der Juden beherrschte, aber in der öffentlichen Haltung der Judenvertreter nicht der Holocaust und die NS-Vergangenheit die zentrale Rolle spielte, sondern die Wendung gegen die Sowjetunion. Vgl. Peter Novick, Nach dem Holocaust. Der Umgang mit dem Massenmord, Stuttgart/München 2001, S. 134.

21 Auf diese Frage gehe ich im 5. Kapitel noch einmal ein. Vgl. die ausgezeichnete Studie von Werner Bergmann/Rainer Erb, Antisemitismus in der Bundesrepublik Deutschland. Ergebnisse der empirischen Forschung von 1946–1989, Opladen 1991.

rikanisierung der Protest- und Jugendkultur erwies sich als irreversibel, und sie hatte in den 50er Jahren durchaus etwas mit der NS-Vergangenheit zu tun. Der modisch extrovertierte, verweiblichte, erotische Mann aus Amerika, der wie z. B. Elvis Presley zum Jugendidol wurde, läßt sich leicht als das Gegenstück zum Ideal des soldatischen Mannes lesen, das nach dem Krieg in der Vätergeneration noch stark verbreitet war.[22] In den 60er Jahren setzte sich das in der betont ungesunden, unsportlichen und undisziplinierten Lebensweise der 68er Generation fort.

Aus der zeitlichen Distanz von vierzig bis fünfzig Jahren läßt sich das alles gelassen beurteilen. Man muß sich aber vielleicht doch einen Augenblick lang vor Augen führen, wie unwahrscheinlich es in den 50er Jahren war, daß die Doppelstrategie aus großzügiger Integration der ehemaligen Nazis bei gleichzeitiger öffentlich-politischer Distanz zum Nationalsozialismus gutgehen konnte. Es gab viele Zeitgenossen, die von Anfang an davon überzeugt waren, daß diese Lösung falsch war. In der Tat mußten hohe Preise für diese Art des Umgangs mit der NS-Vergangenheit gezahlt werden. Vor allem war mit ihr die Zumutung für die freilich zahlenmäßig nicht sehr bedeutsame Gruppe der Gegner und Opfer des NS-Regimes verbunden, an fast allen Stellen der Gesellschaft mit eben jenen Personen konfrontiert zu werden, die gestern noch an ihrer Unterdrückung und Entrechtung beteiligt gewesen waren.

Hermann Lübbe hat für diese Zumutung die Formel von der nichtsymmetrischen Diskretion[23] geprägt: Man weiß in der Interaktion mehr voneinander, als man sagt, und es gilt die unausgesprochene Übereinkunft, daß die Anti-Nazis von ihrem Wissen über das Verhalten der ehemaligen Nazis zur NS-Zeit keinen Gebrauch machen und sich umgekehrt die ehemaligen Nazis ihrerseits politisch in der Öffentlichkeit zurückhalten. Wie das im einzelnen funktionierte, ist meines Wissens bislang noch nicht beschrieben worden. Es wäre aber wert, einmal genauer untersucht zu werden.

Diese nirgendwo schriftlich niedergelegte Übereinkunft wurde gelegentlich auf harte Proben gestellt und außer Kraft gesetzt, z. B. als Carl

---

22 Vgl. zur Alltagswelt in der Ära Adenauer: Kaspar Maase, BRAVO Amerika. Erkundungen zur Jugendkultur in der Bundesrepublik in den fünfziger Jahren, Hamburg 1992; Axel Schildt, Moderne Zeiten. Freizeit, Massenmedien und ›Zeitgeist‹ in der Bundesrepublik der fünfziger Jahre, Hamburg 1995.

23 Vgl. Lübbe, Der Nationalsozialismus im deutschen Nachkriegsbewußtsein, a.a.O., S. 587.

Schmitt, der zu Recht sogenannte Kronjurist des Dritten Reiches, 1953 in die deutsche Staatsrechtslehrervereinigung wiederaufgenommen werden sollte. Das wurde von dem erklärten Anti-Nazi und Neo-Marxisten Wolfgang Abendroth dadurch verhindert, daß er einigen Kollegen privat mitteilte, er werde von jetzt an ihre Veröffentlichungen vor 1945 genau lesen und sie auch in seinen Aufsätzen ausführlich zitieren.[24]

In den ständigen Personalskandalen, die die 50er Jahre begleiteten, wurden die Labilität, das Riskante, die hohe Störanfälligkeit der Doppelstrategie und der mit ihr verbundenen asymmetrischen Diskretion immer wieder deutlich. So alternativlos die Lösung in der frühen Bundesrepublik wahrscheinlich auch gewesen ist – auf die Dauer war sie zum Scheitern verurteilt. Daß Lübbe, der die Vergangenheitsbewältigung der 50er Jahre vehement verteidigt und daraus ein allgemein gültiges Vorbild gemacht hat, diese Grenze nicht erkennt, bezeichnet einen Mangel seiner Analyse. Den vielen und allzu schnellen Kritikern der skizzierten Doppelstrategie muß man allerdings die Frage stellen, mit welchen anderen Mitteln man denn in der Bundesrepublik die Demokratie gegen die Mehrheit der Bevölkerung hätte durchsetzen können.

»Lange Welle«: Erinnerungskultur

Die beschriebene Doppelstrategie bestimmte etwa zehn Jahre lang den Umgang der Bundesrepublik mit der NS-Vergangenheit. Man kann ihr Ende mit einem genauen Datum in Verbindung bringen. Am 24. Dezember 1959 wurde in Köln die erst wenige Monate zuvor im Beisein von Bundeskanzler Adenauer eingeweihte neue Synagoge geschändet.

---

24 So jedenfalls die Darstellung bei Diemut Majer, Die Verführbarkeit der Juristen. Zur Restauration der Rechtswissenschaft nach 1945, in: Walter H. Pehle/Peter Sillem (Hg.), Wissenschaft im geteilten Deutschland. Restauration oder Neubeginn nach 1945? Frankfurt a. M. 1992, S. 234. Diese Version wird durch die Darstellung von Abendroth selber nicht ganz gedeckt: »Der Antrag auf Aufnahme (von Carl Schmitt, d. Verf.) war gestellt, wurde aber zurückgezogen, nachdem die Kollegen in Einzelgesprächen vorsichtig darauf hingewiesen worden waren, daß, wenn sie für den Antrag stimmten, man möglicherweise ihre eigenen Schriften aus der Zeit des Dritten Reiches nachlesen und zitieren würde. Dieses Argument reichte aus, um die Kollegen zu überzeugen.« Wolfgang Abendroth, Ein Leben in der Arbeiterbewegung, Frankfurt a. M. 1976, S. 213.

An den Wänden stand neben Hakenkreuzen die Parole »Deutsche fordern Juden raus«. Das war der Beginn einer antisemitischen Schmierwelle großen Ausmaßes, die auch ins Ausland überschwappte. Bis Ende Januar 1960 wurden allein in der Bundesrepublik 470 antisemitische Vorfälle registriert.

Es spricht einiges für die Vermutung, daß viele Täter von der Stasi angeheuert worden waren.[25] Aber damit kann man die Sache nicht ad acta legen. Die Schmierwelle markierte das Ende des 50er-Jahre-Modells und den Beginn einer neuen Phase im Umgang mit der NS-Vergangenheit, und dieses Ende ist nicht durch die Destabilisierungsstrategie der DDR gegen die Bundesrepublik künstlich herbeigeführt worden. Es hatte sich in einer Reihe mehr oder weniger spektakulärer Affären angekündigt und vorbereitet. Eine davon war, daß der rechtsradikale FDP-Minister des Landes Niedersachsen, Leonhard Schlüter, im Jahre 1955 nach nur wenigen Wochen Amtszeit aufgrund massiver Proteste, die von Professoren und Studenten der Universität Göttingen ausgingen, von seinem Amt zurücktreten mußte.[26]

Die Art, wie die Bundesrepublik mit ihrer Herkunft umgegangen war, geriet nun ins Kreuzfeuer der Kritik. Die antisemitischen Schmiereien wurden weithin als klares Indiz dafür genommen, daß die 50er-Jahre-Antwort auf die NS-Vergangenheit gescheitert war und etwas Neues an ihre Stelle zu treten hatte. Die Wahrnehmungsperspektive verschob sich. Im Vordergrund der Aufmerksamkeit stand nun nicht mehr die Negation des NS-Regimes auf der offiziellen politischen und moralischen Ebene, sondern die Kontinuität des politischen, administrativen und wissenschaftlichen Personals und die Integration der Mitläufer, Nutznießer und Täter. Ein wirklicher Neuanfang, so schien es jetzt, war 1945 verpaßt worden. Im In- und Ausland mehrten sich die Stimmen, die eine Wiederaufnahme der Entnazifizierungsbemühungen für dringend geboten hielten. Im Verlauf der Diskussion bekamen diejenigen erstmals Oberwasser, die die öffentliche Auseinandersetzung mit der NS-Vergangenheit und ihren Folgewirkungen forderten. Die Erklärung, die der damalige Bundestagspräsident Carlo

---

25 Vgl. Michael Wolffsohn, Die Deutschland Akte. Juden und Deutsche in Ost und West. Tatsachen und Legenden, München 1995, S. 18 ff.

26 Vgl. Heinz-Georg Marten, Der niedersächsische Ministersturz. Protest und Widerstand der Georg-August-Universität Göttingen gegen den Kultusminister Schlüter im Jahre 1955, Göttingen 1987.

Schmid im Namen aller Fraktionen am 20. 1. 1960 im Deutschen Bundestag abgab, brachte das deutlich zum Ausdruck: »Es gibt Lagen, in denen man die schlafenden Höllenhunde wecken muß, um an ihrem Gebell innezuwerden, wie nahe wir der Hölle noch sind. Nur indem wir dieses Finstere, das da und dort in unserem Volke noch sein Unwesen treibt, auflösen, werden wir es bannen.«[27]

Trotz unüberhörbarer Dunkelheitsmetaphern, die an das Vokabular aus der Schuld-Debatte der unmittelbaren Nachkriegszeit erinnern, hier wurde das Gegenmodell formuliert: Nicht Privatisierung der NS-Vergangenheit und großzügige Exkulpation können den Bann lösen, sondern nur die öffentliche und umfassende Auseinandersetzung. Die Verwandlung der Volksgenossen in die Staatsbürgerschaft der demokratisch verfaßten Bundesrepublik wurde nicht mehr im Medium des kommunikativen Beschweigens gesehen, sondern im Medium des kritischen Redens. Einige Monate zuvor hatte Adorno bereits in einem berühmt gewordenen Vortrag »Was bedeutet: Aufarbeitung der Vergangenheit« entschieden für die öffentliche Debatte über die NS-Vergangenheit plädiert.[28]

Die kritische Auseinandersetzung mit der NS-Vergangenheit kam nun stärker in Gang. Das Ausmaß der nationalsozialistischen Verbrechen und die Verwicklung der Eliten in diese Verbrechen wurden erstmals in größerem Umfang der Wahrnehmung und dem Bewußtsein zugänglich. Es begannen die in deutscher Verantwortung liegenden Prozesse gegen NS-Verbrecher, vor allem der Frankfurter Auschwitz-Prozeß. Die Ergreifung Eichmanns und der Prozeß in Jerusalem wurden in der Bundesrepublik aufmerksam verfolgt. Die Literatur nahm sich des Themas an: Peter Weiss' »Die Ermittlung« wurde am 19. Oktober 1965 in 15 Theatern der Bundesrepublik und der DDR gleichzeitig uraufgeführt. Hochhuths »Stellvertreter«, zwischen 1959 und 1961 geschrieben, war im Februar 1963 uraufgeführt worden und hatte heftige Diskussionen über die Rolle der katholischen Kirche im Nationalsozialismus ausgelöst. Der Bundestag beschäftigte sich in einer Reihe von Debatten mit dem Thema der Verjährung. Sternstunden des Parlaments, wie oft behauptet wird, waren das nicht unbedingt. Aber nach anfänglichen und fortgesetzten faulen Kompromissen rang sich das

---

27 Verhandlungen des Deutschen Bundestages 1960, S. 5231.
28 Adorno, Was bedeutet: Aufarbeitung der Vergangenheit, a.a.O.

Parlament dann doch 1979 zu dem Beschluß durch, die Verjährung für Mord gänzlich aufzuheben. An den Universitäten kam auf Druck der Studenten seit Mitte der 60er Jahre die Diskussion über die NS-Vergangenheit der Wissenschaften und der Wissenschaftler in Gang.

Das alles geschah gegen zum Teil erhebliche Widerstände, und es war in vielem unzulänglich und stümperhaft. Eine Aufzählung der Ungereimtheiten etwa der Strafprozesse gegen NS-Verbrecher würde gar kein Ende nehmen. Karl Jaspers sah sich nach der ersten großen Verjährungsdebatte 1965 zu einer vernichtenden Kritik der Bundesrepublik veranlaßt, der Philosoph Wolfgang Fritz Haug etikettierte 1967 die vorsichtigen Versuche einiger universitärer Disziplinen, ihre eigene Geschichte kritisch unter die Lupe zu nehmen, durchaus zutreffend als »hilflosen Antifaschismus«. Die Psychoanalytiker Alexander und Margarete Mitscherlich sprachen im gleichen Jahr von der nach wie vor vorherrschenden »Unfähigkeit zu trauern« und formulierten damit das weithin akzeptierte Narrativ, mit dessen Hilfe die Unzulänglichkeit der Auseinandersetzung mit der NS-Vergangenheit nun charakterisiert wurde.[29] Die Bundesrepublik habe es bislang nicht geschafft, so lautete die Diagnose dieses Buches, sich von der Vergangenheit wirklich loszusagen. Der Grund dafür liege in der Tatsache, daß die Deutschen den Untergang ihres ›Dritten Reiches‹ gefühlsmäßig noch gar nicht akzeptiert und nachvollzogen hätten. Statt sich ungeschönt mit ihren eigenen Anteilen an den Größenphantasien und katastrophalen Konsequenzen der nationalsozialistischen Volksgemeinschaft auseinanderzusetzen und sie durchzuarbeiten, hätten die Deutschen in den 50er Jahren zu den ganz und gar untauglichen Mitteln der Verleugnung, des manischen Ungeschehenmachens und der Derealisierung gegriffen. Auf diese Weise aber habe die Bundesrepublik ihre Vergangenheit gerade nicht wirklich negiert, sondern sei in ihrem Bann verblieben.

Die Konflikte um den Umgang mit der NS-Vergangenheit kulminierten und explodierten in der außerparlamentarischen Oppositionsbewegung seit Mitte der 60er Jahre. Die Frage nach dem individuellen Verhalten unter dem Nazi-Regime wurde politisiert und aktualisiert, und zwar in dem genauen Sinn einer Attacke gegen die Entpolitisierung des faschistischen Verhaltens und Bewußtseins zur Privatsache, wie es

---

29 Siehe Karl Jaspers, Wohin treibt die Bundesrepublik? München 1966; Wolfgang Fritz Haug, Der hilflose Antifaschismus, Frankfurt a. M. 1967; Alexander und Margarete Mitscherlich, Die Unfähigkeit zu trauern, München 1967.

für die 50er Jahre typisch gewesen war. Die individuelle Lebensgeschichte, der autoritäre Charakter der Eltern, der Väter vor allem, wurde jetzt politisch verstanden und politischen Kriterien der Beurteilung unterworfen. Das machte die tiefen Gräben sichtbar, die die Generationen in der Bundesrepublik voneinander trennten.

Zugleich wurde in den 60er Jahren der Versuch, das tausendjährige Reich einzukapseln und aus der Vorgeschichte der Bundesrepublik zu entfernen, einer grundlegenden Kritik unterzogen. Man entdeckte die Kontinuitäten und Verbindungslinien zwischen der Bundesrepublik und dem Nationalsozialismus; man entdeckte, daß es keine Stunde Null, keinen Bruch, keinen wirklichen Neuanfang gegeben hatte. Die Bundesrepublik sei vor allem deswegen nicht frei von der Gefahr eines neuen Nationalsozialismus, so meinte die 68er Bewegung, weil sie die ökonomische Struktur der Gesellschaft, die die Voraussetzung des Faschismus war, nicht beseitigt hatte. Oder mit den Worten einer damals geläufigen Parole: Kapitalismus führt zum Faschismus, Kapitalismus muß weg.

Mit dieser Behauptung übernahm die Studentenbewegung die marxistische Faschismustheorie und rüttelte entschieden an jener Festung des Ökonomischen, auf die sich das beschädigte Selbstwertgefühl in der Bundesrepublik nach 1945 zurückgezogen hatte, weil sie fernab aller Ideologie schien und weil sie wie nichts anderes dafür geeignet war, es trotz des halbierten Staates und der halbierten Souveränität wieder zu etwas zu bringen. Indem die Studentenbewegung die *politische* Ökonomie entdeckte, wurde dem Wirtschaftswunder die Unschuld geraubt. Die Folgerungen lagen auf der Hand: Der Nationalsozialismus gehörte noch nicht der Geschichte an, er war nicht überwunden, kein abgeschlossenes Kapitel, sondern erschien als eine der bundesrepublikanischen Gesellschaft inhärente Gefahr. Er war kein Problem der Vergangenheit, sondern der Gegenwart. Die ›formale Demokratie‹ erschien als raffiniertere Variante der Herrschaftsform des Faschismus, der Parlamentarismus als bloße Hülle einer im Kern menschenverachtenden Gesellschaft. Demokratie und Freiheit wurden zum unwesentlichen Gegenwartsschein einer viel wesentlicheren Vergangenheit. Die Gegenwart stand im Bann der Vergangenheit. Auch das Private erschien nun als eminent politisch, die Sekundärtugenden Ordnung, Fleiß, Sparsamkeit und Pünktlichkeit wurden verdächtigt, Konsum war Ablenkung, das Normale der Anfang des Schrecklichen, die Kleinfamilie die Keimzelle des Faschismus. Alles Gegebene, alle Traditionen und alle Harmlosigkeiten der Gegenwart wurden durch die Monströsität der Vergangenheit grundsätzlich in Frage gestellt.

Zweifellos war in diesem angestrengt nachgeholten Widerstand gegen Hitler sehr viel Selbstgerechtigkeit und zeitweilig auch Hysterie im Spiel. Es braucht nicht allzu viel psychologischen Scharfsinn, im Aktionismus der 68er Generation den Versuch zu erkennen, der eigenen Abstammung zu entkommen und auf dem Weg der Identifikation mit den Opfern im Namen des Kampfes gegen das neue Auschwitz – Vietnam – die eigene Herkunft vom Orte Auschwitz auszulöschen.[30] Und so überzeugend es zum Teil gelang, die Hilflosigkeit des Antifaschismus im politischen Bewußtsein der 50er Jahre zu demonstrieren, so sehr ambivalent, abstrakt und den Fallstricken des guten Gewissens und der Moral verhaftet blieb der in Anspruch genommene eigene Antifaschismus. Ein Indiz dafür ist, daß es im 68er Umfeld keine subjektiven Geschichten über den Nationalsozialismus gab. Die 68er Generation neigte dazu, sich hinter Empörung und Anklage zu verschanzen. Im Grunde wollte sie nicht hören, was die Alten zu sagen hatten, sondern wollte verhören und verurteilen. Das war nicht frei von den Zügen einer »inquisitorischen Verstockung«[31]. Da man angetreten war, die Lehren aus der Geschichte zu ziehen, wollte man in den Sog der Erinnerungen der Zeitgenossen nicht hineingezogen werden. So wurde der Kontakt gemieden, und der Verurteilungstrieb wurde zur Kehrseite der kollektiven Exkulpation und des kommunikativen Beschweigens.

Es drängt sich der Eindruck auf, daß wir es tatsächlich mit zwei Seiten der gleichen Medaille zu tun haben: So auffällig die moralische Rigorosität der Nachgeborenen war (deren Widerstand gegen Hitler täglich wuchs, wie Ernst Jünger sarkastisch bemerkte), so auffällig war auf der anderen Seite die abwehrende Verstocktheit der Attackierten. Niemand von den Intellektuellen und Wissenschaftlern beispielsweise, die sich auf die Seite der Nazis schlugen, hat nach 1945 wirklich über die Motive, die Mechanismen der Unterwerfung und Anpassung, die Eu-

---

30 Vgl. Klaus Hartung, Erinnyen in Deutschland, in: Niemandsland, 1. Jg., 1987, Heft 2, S. 98 f. Auf diesen Aspekt gehe ich im 2. Kapitel ausführlich ein.
31 Tilman Moser, Die Unfähigkeit zu trauern: Hält die Diagnose einer Überprüfung stand? Zur psychischen Verarbeitung des Holocaust in der Bundesrepublik, in: Psyche, 46. Jg., 1992, S. 401.

phorie des Aufbruchs und die Lust oder die Banalität der Macht berichtet. Weder – um nur die berühmtesten Namen zu nennen – Carl Schmitt noch Martin Heidegger. Wenn sie sich zur Sache äußerten, verbreiteten sie Legenden und Lügen, beschönigten und verharmlosten sie. Vergebens erwartete der Heidegger-Schüler Herbert Marcuse eine klärende Stellungnahme seines Lehrers, vergeblich hoffte Paul Celan, der Dichter der »Todesfuge«, der nach 1945 einige Male persönlichen Kontakt mit dem berühmten Freiburger Philosophen hatte, auf ein ›kommendes Wort‹ von Heidegger.

Trotz aller heute offen zutage liegenden Begrenzungen ist festzuhalten, daß in den 60er und 70er Jahren die Bundesrepublik zum erstenmal von innen her, durch die eigene Kindergeneration gezwungen wurde, sich politisch und moralisch und konkret mit ihrer Herkunft aus dem Nationalsozialismus auseinanderzusetzen. Daß die Freilegung der Herkunft der Bundesrepublik und der eigenen individuellen Biographie aus dem nationalsozialistischen Deutschland nicht ohne emotionale Stürme über die Bühne ging, war nach Lage der Dinge unvermeidlich. Das Thema setzte verständlicherweise Empörung und Erschütterung, Enttäuschung und Wut, Klage und Anklage frei. Zum Problem wurden diese emotionalen Turbulenzen erst dann, als sie sich auf seiten der jüngeren Generation im Abrechnungsfuror erschöpften und nicht mehr in Erkenntnis, Erfahrungsbildung und politisch-historische Urteilskraft übersetzt werden konnten.

Das Bestreben der öffentlichen Aufarbeitung der NS-Vergangenheit, das die Studentenbewegung antrieb, war von Anfang an heftig umkämpft und umstritten. Die Kontroverse kulminierte im Historiker-Streit 1986/87, der im Grunde eine Debatte über die Frage nach dem Nutzen und Nachteil einer öffentlichen Auseinandersetzung mit der NS-Vergangenheit und eines reflexiven Umgangs mit der eigenen Geschichte war. Die Gegenposition in dieser Debatte befürchtete die destabilisierende Wirkung einer solchen Thematisierung der eigenen Geschichte und aktualisierte damit die Position der 50er Jahre. Es bestand damals und es besteht zum Teil bis heute die Sorge, daß dadurch Traditionen, Gewißheiten und Üblichkeiten in Frage gestellt werden, die für die Stabilität der Bundesrepublik unverzichtbar und unersetzlich sind.

Trotz der Revitalisierungsversuche eines vorpolitischen Geschichtsbewußtseins in den 70er und 80er Jahren setzte sich aber schließlich das

Gegenteil durch. Die großen Kontroversen über Vorteile und Gefahren einer ständigen Erinnerung an den Nationalsozialismus und vor allem an den Holocaust gingen sämtlichst zugunsten derjenigen aus, die in dieser Erinnerung das zentrale Element der politischen Kultur der Bundesrepublik sahen. Das Bewußtsein von der kriminellen Vergangenheit der eigenen Gesellschaft war in der öffentlichen Diskussion nie zuvor so präsent wie in den 80er Jahren. An dieser Entwicklung waren eine ganze Reihe von Faktoren beteiligt; zu nennen wäre z. B. auch die 1977 begründete »schwarze Reihe«, in der dieses Buch erscheint. Mit der berühmten Rede des Bundespräsidenten Richard von Weizsäcker am 8. Mai 1985 im Bundestag wurde das Aufrücken der Erinnerung an die NS-Vergangenheit ins Zentrum der politischen Kultur gleichsam mit den höchsten institutionellen Weihen versehen, dazu aus dem Munde eines Mannes, der der CDU angehörte. Was Anfang der 60er Jahre mit den Aktivitäten von wenigen begonnen hatte, war nun zum wichtigsten Element der Bundesrepublik geworden.

Die NS-Vergangenheit in den 90er Jahren

Daß die »lange Welle« Anfang der 90er zu Ende gegangen ist, soll hier zunächst mit dem Hinweis auf drei Phänomene belegt werden: (1) Durch die Auflösung des zweiten deutschen Staates rückte die Frage des Umgangs mit der DDR-Vergangenheit ins Zentrum der politischen Entscheidungen. (2) Das psychoanalytische Verdrängungsnarrativ wurde in den (kultur-)wissenschaftlichen Diskussionen durch die funktionalistische Gedächtnistheorie von Maurice Halbwachs ersetzt. (3) Der Bezug auf die NS-Vergangenheit verlor seine politische Orientierungskraft.

(1) Als zeitgeschichtliches Zentralphänomen löste die DDR-Vergangenheit Anfang der 90er Jahre die NS-Vergangenheit ab. Ein starker Indikator dafür ist die Frage der strafrechtlichen Verfolgung der sogenannten Systemverbrechen. Spektakuläre Strafprozesse um Verbrechen des NS-Regimes sind nicht mehr zu erwarten. Mit der Aufdeckung bislang unbekannter oder ungesühnter Handlungen kann man schon aus Altersgründen bis auf ganz wenige Ausnahmen niemanden mehr hinter Gitter bringen. Anders im Fall der DDR-Vergangenheit.

Die Strafverfolgung von DDR-Regierungskriminalität beschäftigte nach dem Ende der DDR viele deutsche Gerichte (und sogar den europäischen Gerichtshof für Menschenrechte in Straßburg) und führte zu einer Serie von Verurteilungen. Die Prozesse wurden von teilweise intensiven Diskussionen und Meinungsverschiedenheiten über Sinn und Möglichkeiten der strafrechtlichen Vergangenheitsbewältigung begleitet. Dabei spielte die Bewältigung der NS-Vergangenheit nur als Kontrastfolie eine Rolle. Die NS-Vergangenheit wurde in diesen Diskussionen nicht mehr deswegen ins Spiel gebracht, weil daraus aktuelle politische Konsequenzen abgeleitet werden sollten, weil man Anklage gegen Täter erheben oder ihre Disqualifizierung begründen wollte, sondern deswegen, weil man in der Bewältigung der NS-Vergangenheit eine Art Erfahrungsfundus sah, der bei der Bewältigung der aktuellen Probleme mit der DDR-Vergangenheit nützlich sein konnte.

Das gilt nicht nur für den Bereich der Strafjustiz, sondern auch für die anderen Aufgaben, die bei der Vergangenheitsbewältigung von Bedeutung sind, also für die Abschaffung belasteter Institutionen und Organisationen, für die Disqualifizierung belasteter Personen, für die Rehabilitierung und Entschädigung der Opfer. Die Bewältigung der Lasten aus der NS-Vergangenheit gehört ihrerseits mehr und mehr zur Vergangenheit. Alle Entscheidungen, die nun noch bleiben, richten sich auf die Art der Erinnerung an den Nationalsozialismus und auf die Art der öffentlichen Kommunikation über ihn.[32]

Daß die NS-Vergangenheit aus einem Ereignis der Zeitgeschichte in ein Stück Geschichte verwandelt wird, ist durch das Hinzutreten der DDR-Vergangenheit nur deutlicher sichtbar geworden, aber im Kern davon unabhängig. Die Ursache der Verwandlung liegt darin, daß der Zeitraum von vier Jahrzehnten in der Politikgeschichte der Erinnerung und der Bewältigung einen tiefen Einschnitt markiert. Dieses Faktum wurde durch das Ende der DDR nur überdeckt.

(2) Daß vierzig Jahre für das Gedächtnis ein entscheidender Einschnitt sind, gilt für die Bundesrepublik in besonderem Maße. Zum Zeitpunkt ihrer Gründung war die Bevölkerung der zweiten deutschen Demokratie im wesentlichen von solchen politischen Systemen und Auffassun-

---

32 Diese Argumente führe ich im 6. Kapitel genauer aus.

gen geprägt, gegen die sich die Demokratie der Bundesrepublik gerade absetzen mußte. Das änderte sich erst nach ungefähr vier Jahrzehnten. »Bis Mitte der achtziger Jahre war die Bundesrepublik die Republik derer, die älter waren als sie selbst. Von da an wurde sie die Republik zweier Generationen. Neben die, die älter waren als die Republik, traten die Kinder der Republik.«[33] Anfang des 21. Jahrhunderts sind diejenigen, die um 1940 dem Kindesalter entwachsen waren, fast 80 Jahre alt und damit nicht mehr in Berufsrollen aktiv. Erst jetzt haben »Kinder der Republik« in allen Bereichen das Sagen. Die Spannung, mit der in den 60er und 70er Jahren die Generationen beim Thema NS-Vergangenheit aufeinandergeprallt sind, ist seit den 90er Jahren nicht mehr aktuell. Die Konflikte um die Erinnerung an die NS-Vergangenheit können deswegen nicht mehr in den Bezugsfiguren einer ödipalen Dramatik von Verdrängung und Wiederkehr des Verdrängten verstanden und interpretiert werden.[34] Das ist der Hintergrund für das langsame Verschwinden des pychoanalytischen Verdrängungsnarrativs aus den Debatten über die NS-Vergangenheit in der Bundesrepublik. An seine Stelle ist eine funktionalistische Gedächtnistheorie getreten, nach der die Inhalte des Gedächtnisses nicht durch Verdrängung und Wiederkehr des Verdrängten determiniert sind, sondern durch die Bedürfnisse und Interessen der Gegenwart.[35] In den Bezugsgrößen dieser Gedächtnistheorie erscheint der Kampf um die Erinnerung an die Zeit des Nationalsozialismus nicht mehr als ödipales Drama, sondern als Übergang vom kommunikativen zum kulturellen Gedächtnis: Weil die Zahl derjenigen unaufhaltsam abnimmt, die den Nationalsozialismus selber erfahren und getragen haben und ihn deswegen aus erster Hand kommunizieren können, muß eine Vielzahl von Anstrengungen zur Ausbildung von Gedächtnis- und Erinnerungsinstitutionen unternommen werden.

33 Peter Graf Kielmansegg, Nach der Katastrophe. Eine Geschichte des geteilten Deutschland, Berlin 2000, S. 358.
34 Diesen Wandel kann man beispielsweise sehr genau an den beiden Versionen der Wehrmachtsausstellung des Hamburger Instituts für Sozialforschung ablesen. Vgl. Stefan Reinecke, Ende eines deutschen Dramas, in: taz, 3. 12. 2001.
35 Die funktionalistische Gedächtnistheorie geht zurück auf den französischen Soziologen Maurice Halbwachs: Das Gedächtnis und seine sozialen Bedingungen, Berlin/Neuwied 1966; Das kollektive Gedächtnis, Frankfurt a. M. 1989. Für die Bedeutung des Gedächtnisthemas in der jüngeren kulturwissenschaftlichen Diskussion siehe Jan Assmann, Das kulturelle Gedächtnis, München ²1997.

(3) Der Bezug auf die NS-Vergangenheit hat schließlich in der Bundesrepublik seit Anfang der 90er Jahre auch deswegen eine andere Qualität angenommen, weil die politischen Konsequenzen und Lehren, die sich für die politische Orientierung der Bundesrepublik aus dem Nationalsozialismus ziehen lassen, an Eindeutigkeit verlieren. In diesem Sinne wird die Erinnerung an die NS-Vergangenheit mehr und mehr unpolitisch.

Das ist vor allem an der Außenpolitik der 90er Jahre und den sie begleitenden Diskussionen deutlich geworden. Mit dem Hinweis auf die NS-Vergangenheit wurden Argumente sowohl für die Beteiligung deutscher Soldaten an einer Intervention im früheren Jugoslawien und besonders an der Kosovo-Intervention im Frühjahr 1999 geschmiedet wie Argumente dagegen. Es war unmöglich, im Rekurs auf die NS-Vergangenheit die eine Haltung gegen die andere in besonderer Weise auszuzeichnen. Selbst eine betonte Identifikation mit den Opfern half nicht weiter. Denn auch aus dieser Perspektive konnte sowohl abgeleitet werden, daß sich die Bundesrepublik als Nachfolgestaat des ›Dritten Reiches‹ äußerste internationale Zurückhaltung auferlegen soll, als auch umgekehrt, daß es eine besondere Verpflichtung auf seiten der Deutschen gibt, mit allen Mitteln gegen Völkermord und Vertreibung vorzugehen. Für die erforderliche Neuorientierung der deutschen Außenpolitik nach dem Ende des realen Sozialismus konnte mithin der Blick auf die NS-Vergangenheit kein eindeutiger Kompaß mehr sein. Bis zu diesem Zeitpunkt hatten die politischen Konsequenzen, die nach 1945 mit dem Nationalsozialismus verbunden waren, die Koordinaten der deutschen Politik bestimmt: Teilung des Landes, halbierte Souveränität, Minimalisierung der internationalen politischen Bedeutung. Das galt im übrigen für die Bundesrepublik und die DDR gleichermaßen. Diese Koordinaten sind mit Beginn der 90er Jahre hinfällig geworden.

Daß die Menge der politischen Fragen, für die es mit dem Hinweis auf die NS-Vergangenheit ein klares Ja oder Nein gibt, abnimmt, läßt sich auch an anderen Phänomenen beobachten. Man kann beispielsweise die Aufnahme der Bundesrepublik in den Sicherheitsrat der Vereinten Nationen gerade wegen der NS-Vergangenheit für notwendig halten: Eine potentiell so gefährliche Macht wie die neue Bundesrepublik wird auf diesem Wege eingebunden und gezähmt. Man kann aber auch umgekehrt sagen, daß angesichts der barbarischen Vergangenheit die

Aufnahme der Bundesrepublik in den Sicherheitsrat eine Beleidigung für die Opfer des Nationalsozialismus und deswegen unverantwortlich ist. Beim französischen Referendum über die Maastricht-Verträge Anfang der 90er Jahre gab es in der innerfranzösischen Diskussion ganz ähnliche Fronten. Befürworter wie Gegner bedienten sich der NS-Vergangenheit der Deutschen, um ihre Argumentation zu untermauern. Die Befürworter sahen in der europäischen Integration das Mittel, die Deutschen einzubinden, die Gegner hielten Europa nur für die Fortsetzung deutscher Großmachtpolitik mit anderen Mitteln.

Daß auch für viele innenpolitische Streitfragen der Bundesrepublik die konsensstiftende Macht des negativen Bezugs auf die NS-Vergangenheit vorüber ist, zeigen immer wieder die Auseinandersetzungen über das Asylrecht, das ja wie kaum ein anderes direkt auf die Erfahrung des Nationalsozialismus antwortet. Es war in diesen Debatten zunehmend weniger möglich, mit dem puren Hinweis auf den antifaschistischen Stellenwert des Asylrechts bereits dessen konkrete Ausgestaltung festzulegen. Hans Magnus Enzensberger hat das sehr klar formuliert: »Wer seine Landsleute auffordert, allen Mühseligen und Beladenen der Welt eine Zuflucht zu bieten, womöglich unter Berufung auf kollektive Verbrechen, die von der Eroberung Amerikas bis zum Holocaust reichen, ohne Folgekalkül, ohne politische und ökonomische Vermittlung, ohne Rücksicht auf Realisierbarkeit eines solchen Vorhabens, macht sich unglaubwürdig und handlungsunfähig. Tiefgreifende gesellschaftliche Konflikte können nicht durch Predigten abgeschafft werden.«[36] Dieses Argument ist keineswegs ein Plädoyer für die Abschaffung von Artikel 16 des Grundgesetzes. Wohl aber bedeutet es, daß der Hinweis auf die barbarische deutsche Vergangenheit keine Wunderformel ist, aus der man die Rezepte für die Bewältigung der Probleme der Gegenwart gewinnen kann.

Das politische Bewußtsein der Bundesrepublik muß sich neu orientieren. Die entscheidende Divergenz im Vergleich zur alten Bundesrepublik liegt darin, daß sie ihre liberale Haltung und ihre demokratische Konstitution nun aus sich selbst beweisen muß. Die einstmals so sichere Verankerung in den Zeitbezügen ist hinfällig geworden. Die NS-Vergangenheit als Kontrastfolie ist verblaßt, die DDR als zentraler Antipode der Gegenwart ist untergegangen, der optimistische Blick in

---

36 Hans Magnus Enzensberger, Die Große Wanderung, Frankfurt a. M. 1992, S. 53 f.

eine Zukunft von Wohlfahrt und Sicherheit ist empfindlich getrübt. Die 68er Bewegung hegte den Generalverdacht, daß der Liberalismus im politischen Bewußtsein der Bundesrepublik nur ein Appendix des Antikommunismus war und nur in dieser Kombination gedeihen konnte. In der »langen Welle« wurde der Antikommunismus nach und nach durch den negativen Bezug der Bundesrepublik auf die NS-Vergangenheit ersetzt. Das war in den 80er Jahren weithin akzeptiert. Die neue Qualität der 90er Jahre besteht nicht darin, daß ein Roll-back begonnen hätte oder beginnen könnte. Die Erinnerung an den Nationalsozialismus hat in der Bundesrepublik nach wie vor einen gesicherten und beherrschenden Platz. Aber ihr Status im politischen Bewußtsein und politischen Handeln der Bundesrepublik unterliegt unübersehbar einer Bedeutungsveränderung.[37]

Lehren aus der Vergangenheit

Ziehen wir aus der Geschichte der Vergangenheitsbewältigung in der Bundesrepublik einige allgemeine Schlußfolgerungen und Lehren. Die wichtigste Lehre ist, daß die oft und vor allem von konservativer Seite aus vorgetragene Sorge, über der vielen Vergangenheitsbewältigung in der Bundesrepublik werde die Zukunft verspielt, falsch ist. An keiner Stelle hat die Aufarbeitung der Vergangenheit dazu geführt, die Aufgaben der Gegenwart zu vernachlässigen und die Zukunft aus den Augen zu verlieren. Eher stimmt das Gegenteil. Die offensive Auseinandersetzung mit der Vergangenheit und das Bekenntnis der Bundesrepublik zur Schuldübernahme haben die Denk-, Bewußtseins- und Handlungsräume erweitert. Und umgekehrt diente die Ausblendung der beschämenden Taten und Überzeugungen von gestern nicht der Stabilisierung des Selbstbildes, sondern machte es unsicher und labil.

Diese Lehre wird durch die Psychoanalyse Freuds theoretisch gestützt.

---

37 Ganz ähnliche Beobachtungen machen auch Michael Jeismann, Auf Wiedersehen Gestern. Die deutsche Vergangenheit und die Politik von morgen, München 2001; Daniel Levy/Natan Sznaider, Erinnerung im globalen Zeitalter: Der Holocaust, Frankfurt a. M. 2001. Jeismann führt die Veränderungen auf die europäische Integration und die neue weltweite Interventionspolitik zurück, Levy/Sznaider sehen darin eine Folge und Begleiterscheinung der Globalisierung. Mir scheint, daß in beiden Büchern die nach wie vor sehr stark divergierenden Erinnerungslandschaften etwa in Frankreich, der Bundesrepublik, den USA und Israel zu schnell eingeebnet werden.

Unangenehme Wahrheiten wuchern, solange sie unbearbeitet bleiben, unkontrollierbar fort und sind gleichsam immer auf dem Sprung, das mühsam gegen die Vergangenheit abgedichtete Selbstverständnis zu destruieren.[38] Eine Person ist nicht nur in der Wahrnehmung ihrer Umgebung, sondern auch für sich selbst erst dann zu Selbstsicherheit und Stabilität fähig, wenn sie um ihre Vergangenheit und die aktuellen Folgen früheren Handelns weiß.[39] Diese elementare Verbindung von Vergangenheitsverleugnung und Autonomieverlust bzw. umgekehrt von Schuldübernahme und Zugewinn an Selbstbewußtsein ist auch empirisch evident. Die Geschichte der Bundesrepublik lehrt, daß alle Institutionen, die der Konfrontation mit ihrer Vergangenheit nicht ausgewichen sind, an moralischer Souveränität gewonnen haben. Das gilt für das Parlament, für die Justiz, für die Industrie, für die Kirchen, für die Wissenschaften, für die Universitäten. Es kann im übrigen kein Zweifel sein, daß in diesen Bereichen noch immer viele Mängel bestehen. Auch die Behauptung, daß die Defizite im politischen Bewußtsein eng mit der spezifischen Art des Umgangs mit der NS-Vergangenheit zusammenhängen, läßt sich an der Geschichte der Bundesrepublik vielfach belegen. Die Zeit zwischen 1945 und 1949, also die gleichsam pränatale Phase der Bundesrepublik, war durch die Mischung aus antiwestlichem Sonderbewußtsein und einem eigentümlichen Präzisionsmangel bei der Benennung der Ursachen, Verantwortlichkeiten und Funktionsweisen des nationalsozialistischen Terrorregimes geprägt. Die Doppelstrategie der 50er Jahre führte dazu, daß es unmöglich war, in der öffentlichen Diskussion mit den alten Nazi-Parolen und Auffassungen zu reüssieren. Der Ungeist des Nationalsozialismus war nicht kommunizierbar. Das war die eine, die erfreuliche Seite. Die andere, weniger erfreuliche Seite war, daß es eine ernsthafte und breite öffentliche Auseinandersetzung über die NS-Vergangenheit nicht gab. Eine solche Auseinandersetzung aber ist die einzige Möglichkeit, sich mit dieser Vergangenheit, ihren Ursachen, Voraussetzungen und Resultaten wirklich auseinanderzusetzen und darüber die politisch-morali-

---

38 Ein anschauliches Beispiel dafür liefert Heinrich Böll, Ansichten eines Clowns (1963) Böll beschreibt dort, wie um den Tod eines Familienmitglieds, der Tochter Henriette, die von ihrer Mutter in den letzten Kriegstagen in eine Flakstellung geschickt wurde und dort starb, ein Hohlraum des Schweigens und der Verdrängung entsteht. Jede unbedachte Erinnerung an Henriette aber führt sofort zu überdeterminierten nervösen Ausbrüchen.

39 Vgl. Helmut Dubiel, Über moralische Souveränität, Erinnerung und Nation, in: Merkur, 48. Jg., 1994, Heft 546/547, S. 887.

schen Standards geltend zu machen und auszubilden, die eine Demokratie zu ihrem Funktionieren benötigt. Aus der Perspektive der »langen Welle« betrachtet liegt es auf der Hand, daß das politische Bewußtsein einer Gesellschaft, die sich in dem gerade zurückliegenden Stück ihrer Geschichte überhaupt nicht versteht, von hoher Instabilität gekennzeichnet ist, moralische Souveränität kaum beanspruchen kann und nach außen nicht sehr vertrauenserweckend wirkt.

Was schließlich das politische Bewußtsein seit den 60er Jahren betrifft, so zeigen die Bürger der Bundesrepublik in Umfragen durchschnittlich Werthaltungen und politische Orientierungen, die sich nicht mehr von denen der vergleichbaren Gesellschaften des Westens unterscheiden. Freilich kann man mit diesem Meßinstrument der quantitativen empirischen Sozialforschung nicht die Tatsache ermitteln, daß es nach wie vor eine Reihe von Ungewöhnlichkeiten und empfindlichen Stellen im politischen Bewußtsein der Bundesrepublik gibt, die man nur mit dem Blick auf die Belastungen durch die NS-Vergangenheit erklären kann, die also als Reaktionsbildungen auf diese Vergangenheit charakterisiert werden müssen. Beispiele dafür sind etwa das Gesetz über die Auschwitz-Lüge, die Diskussion über Nation und Staatsbürgerrecht in den 80er und 90er Jahren oder die Auseinandersetzungen über das Tucholsky-Zitat »Soldaten sind Mörder« Mitte der 90er Jahre.

Daß sich in der Bundesrepublik in der »langen Welle« seit 1960, vor allem in den 70er und 80er Jahren eine Kultur der Erinnerung an Nationalsozialismus und Holocaust durchgesetzt hat, ist unbestreitbar. Sie ist – sehr vereinfacht ausgedrückt – das Resultat eines Zusammenspiels von alliierten Aufklärungsbemühungen, anhaltendem ausländischem Druck, theoretischem Einfluß jüdischer Intellektueller (der Frankfurter Schule und der Tradition der Psychoanalyse) und einem besonders hart ausgetragenen Generationenkonflikt Ende der 60er Jahre.

Durch den spektakulären und nicht wenig überraschenden Erfolg dieser Erinnerungskultur, der auch in den 90er Jahren anhielt, werden gegenwärtig die strukturellen Verschiebungen überblendet, die seit einem Jahrzehnt die Auseinandersetzung mit der NS-Vergangenheit einschneidend verändert haben. Diese strukturellen Veränderungen hängen in erster Linie mit der Generationenabfolge zusammen. Für die jüngere Generation der seit 1970 Geborenen löst sich die Frage nach dem Nationalsozialismus vollständig von der Frage nach persönlicher Schuld ab. Die Frage nach dem Nationalsozialismus ist von nun an immer weniger eine Frage, die sich mit einem anklagenden Vorwurf an die eigenen Eltern und deren Generation vorbringen ließe.

Zwar ist Schuld keine nur juristische oder pragmatische Kategorie. Im christlichen Verständnis zumal reicht sie weit über das rein Tatsächliche hinaus. Aber für die modernen säkularisierten Gesellschaften gibt es nur persönliche Schuld, keine kollektive, keine Sippenhaft. Nur für eigene Verfehlungen kann ich schuldig sein und schuldig gesprochen werden, nur für die Verfehlungen von Vorbildern, Eltern und Geschwistern kann ich Scham empfinden, ich kann von ihrem Verhalten getäuscht sein und mich von ihnen entsetzt und verletzt abwenden. Allgemein gesagt: Nur für die Tätergeneration und für ihre Kinder hat die Frage der Schuld im Blick auf den Nationalsozialismus eine unmittelbare Bedeutung. Heute verwandelt sich die NS-Vergangenheit aus einem Thema der Erinnerung, der Zeit- und der Familiengeschichte in einen Gegenstand der Geschichte. Die lebensgeschichtliche Erinnerung an den Nationalsozialismus nimmt ab und wird bald ganz verschwinden. Damit wird Erinnerung an die Zeit zwischen 1933 und 1945 zu einer Sache des künstlich erarbeiteten und weitergegebenen Wissens. Es sind nicht mehr Erinnerungen persönlicher Art, verbunden mit Menschen, die man kennt und mit denen man sprechen kann. Es ist ein Wissen, mit dem man nur noch in Ausnahmefällen jemanden in Verlegenheit oder vor Gericht bringen kann, eher ein Wissen, mit dem man, wenn man genug davon hat, Prüfungen besteht und Karriereleitern erklimmt.

Was folgt daraus? Keineswegs muß es bedeuten, daß die Zeit des Nationalsozialismus vergessen wird. Dem Vergessen kann man mit den typischen Mitteln der Politik gegensteuern: mit Gesetzesmaßnahmen, mit Geld und mit der Produktion von Symbolen – das geschieht gegenwärtig auf breiter Front. Über die Instanzen der politischen Bildung kann man dafür sorgen, daß das Faktenwissen zunimmt. Die wissenschaftlichen Experten werden weiteres Material zutage fördern und interpretieren und sich über diese Interpretation streiten. Aber all das wird mehr und mehr ausschließlich von Personen betrieben, die mit ihrem Thema nicht mehr die Frage nach ihrem eigenen Verhalten oder nach dem Verhalten ihrer Eltern verbinden müssen. Damit wird sich das Wissen über diese Zeit strukturell immer weniger von der Art des

Wissens über das Kaiserreich oder die Weimarer Republik oder den Ersten Weltkrieg unterscheiden.

Ferner muß es keineswegs heißen, daß die öffentlichen Konflikte um die Bedeutung des Nationalsozialismus für die Gegenwart abnehmen. Dem Thema wird auf mittlere Sicht eine gesteigerte Aufmerksamkeit sicher sein. Aber es werden sich die Fälle häufen, in denen der Nationalsozialismus lediglich das Mittel für die Austragung von politischen und sozialen Konflikten ist, die anderswo ihren Ursprung haben und nachträglich erst mit dem NS-Regime in Verbindung gebracht werden. Immer öfter wird es so sein, daß der Nationalsozialismus nur noch nominell das Thema ist, während es in Wirklichkeit um ganz andere Dinge geht. Bestimmte Konflikte in den Deutungshorizont dieses Themas einzutragen bietet sich an, weil man sich auf diesem Wege des Gewinns öffentlicher Aufmerksamkeit immer noch sicher sein kann. Das wird jedoch zugleich dazu führen, daß Erörterungen über den Nationalsozialismus in der Öffentlichkeit zunehmend auf die gleiche Skepsis stoßen werden, die der öffentlichen Kommunikation generell entgegengebracht wird. Sie werden sich dann z. B. die folgenden Fragen gefallen lassen müssen: Wer erhält hier warum das Rederecht, wie integer sind die Redner, wem nützen die Forderungen, welche Interessen stecken dahinter? Es sind Fragen dieser Art, die z. B. in den Büchern von Peter Novick und Norman Finkelstein aufgeworfen wurden und für viel Aufregung gesorgt haben.[40]

Schließlich muß die Transformation der NS-Vergangenheit in Geschichte durchaus nicht heißen, daß der Nationalsozialismus und seine Bewertung für das Selbstverständnis der Bundesrepublik unwichtig geworden sind. Aber es heißt doch, daß sich die Gewichte verschoben haben und weiter verschieben werden. Für die alte Bundesrepublik ergaben sich durch die Distanzierung von ihrem verbrecherischen Vorgängerstaat viele Dinge gleichsam von selbst, so z. B. – trotz Gründung der Bundeswehr – die militärische Abstinenz und die Entmilitarisierung der Gesellschaft insgesamt, ferner die klare politische und dann auch kulturelle Hinwendung zum Westen, die Absage an jede Form von nationaler Großmachtpolitik, die Absage an alle Mitteleuropa-Konzepte, der Abschied vom deutschen Sonderbewußtsein.

---

40 Novick, Nach dem Holocaust, a.a.O.; Norman Finkelstein, Die Holocaust-Industrie. Wie das Leiden der Juden ausgebeutet wird, München 2001.

Das alles ist zwar seit den 90er Jahren keineswegs einfach überholt. Aber unübersehbar ist doch auch, daß auf die Frage nach Deutschlands neuer Rolle in der Welt die Antworten nicht mehr automatisch aus der NS-Vergangenheit vorgegeben sind. Die heutige Situation ist nicht mehr durch den Zweiten Weltkrieg und seine unmittelbaren Folgen bestimmt. Die Nachkriegszeit ist definitiv zu Ende. Die abnehmende Bedeutung des Nationalsozialismus und des Zweiten Weltkriegs für das Selbstbild, das Selbstverständnis und die politische Orientierung der Gegenwart gilt im übrigen keineswegs nur für die Bundesrepublik. In Frankreich und Italien hat die einheitstiftende Rolle der résistance bzw. resistenza rapide an Kraft verloren. Für die Niederlande, in deren Selbstbild die Leiden der Besatzung und die Aktivitäten des Widerstandes eine große Rolle spielten, gilt das gleiche. Bis vor kurzem durfte aus Gründen der Staatsräson in diesen Ländern an die Kehrseiten der zum Teil mythischen Heldenerzählungen aus der Zeit der Okkupation nicht gerührt werden. Das hat sich gründlich geändert. Sogar in Israel wird gegenwärtig die Bedeutung des Holocaust für den Bestand, die Politik und die Identität des Landes in einer bislang nicht gekannten Offenheit in Frage gestellt und diskutiert. Überall gilt: Die integrative, einheitstiftende Kraft, die vom Widerstand gegen den Nationalsozialismus, vom Leiden unter seiner Okkupation und von der Verantwortungsübernahme für seine Folgen ausging, nimmt ab. An ihre Stelle muß etwas anderes treten, und noch ist nirgendwo so ganz sichtbar, was das sein könnte.

II. Die 90er Jahre

2. Deutsche Einheit und deutsche Vergangenheit

Der zentrale kollektive Akteur der »langen Welle«, in deren Verlauf die NS-Vergangenheit ins Zentrum der politischen Kultur der Bundesrepublik aufrückte, war die 68er Generation. Mit provozierender Hartnäckigkeit hielt sie der Bundesrepublik entgegen, daß die Herkunft aus dem Nationalsozialismus nicht mit den einfachen Mitteln allgemein gehaltener Erklärungen des Abscheus und der Empörung abgeschüttelt werden konnte. Aufs ganze gesehen war das eine nicht nur provokative, sondern auch produktive Haltung. Die Grenzen und Ambivalenzen dieser Haltung zeigten sich Anfang der 90er Jahre in der pauschal ablehnenden Reaktion der 68er Linken auf die Herstellung der deutschen Einheit. Den Mangel an politischer Urteilskraft, der hier zutage trat, führe ich zurück auf das spezifische Verhältnis der 68er Generation zur NS-Vergangenheit.

Normalisierung und Normalisierungskritik

Anfang der 90er Jahre debattierte man in der Bundesrepublik viel darüber, wodurch das neu vereinigte Deutschland daran gehindert wurde, jene große weltpolitische Rolle zu spielen, die ihm nach Meinung der Konservativen zustand und die nach Meinung ihrer linken Kritiker ins Verderben eines Vierten Reiches führen würde. In der Antwort auf diese Frage waren sich die rechte und die linke Seite des politischen Spektrums einig: Den Grund sah man in der Tatsache, daß die Bundesrepublik der Nachfolgestaat eines Verbrecher- und Mörderregimes ist. Natürlich wurde die Barriere ganz unterschiedlich bewertet. Für die einen, die *Normalisierer*, war mit der Konstitution der neuen Bundesrepublik endlich der Zeitpunkt erreicht, an dem sie den Vergangenheitshemmschuh ablegen, die Barriere beiseite räumen und ein Staat wie alle anderen Staaten werden konnte. Die *Normalisierungskritiker* sahen ihre Aufgabe umgekehrt darin, die Bundesrepublik an dieser Normalisierung zu hindern, die Barrieren gegen sie auszubauen und zu stabilisieren.

So wurde die Diskussion über den deutschen Sonderweg in einer weiteren Schleife fortgesetzt.[41] Für die *Normalisierer* bestand der deutsche Sonderweg, mit dem es ein Ende haben sollte, in der politischen Vorsichtigkeit und Zurückhaltung der alten Bundesrepublik sowie in der dazugehörigen eigentümlichen Geschichts-, Konturen- und Harmlosigkeit sowohl der politischen Klasse wie des kollektiven Bewußtseins. Für die *Normalisierungskritiker* war umgekehrt das Verlassen des vierzig Jahre lang bewährten bundesrepublikanischen Weges der Absage an große Politik und große Gefühle die Rückkehr zu einem Sonderweg, der mit der Halbierung der Doppelrevolution im 19. Jahrhundert begonnen hatte und erst nach der Katastrophe des Nationalsozialismus überwunden werden konnte. Die *Normalisierer* sahen im vielzitierten ›Ende der Nachkriegszeit‹ das Ende der von den Siegermächten des Zweiten Weltkriegs auferlegten und dann mehr oder weniger von der Bundesrepublik akzeptierten Einschränkungen der Souveränität, die *Normalisierungskritiker* befürchteten, daß ein so verstandenes Ende der Nachkriegszeit in den Beginn einer neuen Vorkriegszeit überleiten würde. Sie plädierten dafür, daß die Bundesrepublik die Grenzen und Einschränkungen verinnerlichte, die nach dem Zweiten Weltkrieg der deutschen Politik und Nation von außen auferlegt worden waren, und daß sie nach Beendigung der alliierten Oberaufsicht nicht in das alte Fahrwasser fröhlicher und kaltschnäuziger Machtpolitik zurückgleitet.

Die Kontroverse war nicht akademischer Natur, sondern bestimmte das politische Alltagsgeschäft, besonders in der Außenpolitik. Das zeigte sich etwa an der Diskussion über die Frage deutscher Beteiligung an militärischen Aktionen der WEU in Jugoslawien. Der damalige Außenminister Hans-Dietrich Genscher lehnte eine deutsche Beteiligung ab: »Aus verfassungsrechtlichen Gründen und aus historischen Gründen können sich deutsche Streitkräfte bei einer WEU-Friedensmission in Jugoslawien nicht beteiligen.« Aus den gleichen Gründen war auch für den damaligen SPD-Vorsitzenden Hans-Jochen Vogel eine Beteiligung deutscher Soldaten nicht vorstellbar. Dagegen fanden

---

41 Vgl. Peter Glotz, Normalisierung – Sonderweg, in: Die Neue Gesellschaft/Frankfurter Hefte, Sept. 1991, S. 823 ff.

beispielsweise die Abgeordneten Volkmar Köhler und Rupert Scholz die Zurückhaltung der Bundesrepublik wegen der NS-Vergangenheit unverständlich.[42] – Um die Bedeutung dieser Diskussion zu verstehen, muß man sie auf dem Hintergrund sehen, daß sich z. B. für Polen und die Tschechoslowakei die Bereitschaft zur Teilnahme an einer WEU-Friedenstruppe von selbst verstand.

Anfang der 90er Jahre wurde es zu einer Schlüsselfrage der neuen Bundesrepublik, ob und wie sie in ihrer Außenpolitik der NS-Vergangenheit gerecht werden konnte. Die Frage wurde zum Prüfstein, der den Entscheidungen und Konflikten der Bundesrepublik ihre im Vergleich mit anderen Ländern spezifische Schärfe gab. Bis dahin hatten es die *Normalisierungsskeptiker* relativ einfach gehabt. Den Schlußstrich-Forderungen, die von Anfang an die Geschichte der Bundesrepublik begleitet haben, hatten sie gelassen zuhören können, zumindest was die internationale politische Bedeutung der Bundesrepublik betraf. Es war tief in der europäischen und weltpolitischen Nachkriegsordnung verankert und entzog sich dem bundesrepublikanischen Einfluß, etwas an den territorialen Ergebnissen des Zweiten Weltkriegs zu ändern und die weltpolitische Verteilung der Rollen zu revidieren. Die Teilung Deutschlands und die Zugehörigkeit der Teile zu den feindlichen Weltmächten hatten das Land aus der vielbeschworenen Mittellage an die jeweiligen Peripherien der neuen Weltmächte gerückt und ihm die Bedrohlichkeit genommen. Beide Teile waren politisch abhängig von ihren jeweiligen Blöcken und konnten im Grunde keinerlei eigenständige Politik betreiben. Das verhinderte freilich nicht, vielleicht war es sogar förderlich dafür, daß sowohl die Bundesrepublik wie die DDR in ihren jeweiligen Blöcken ökonomisch eine herausragende Rolle spielten.

Nun wurden die Deutschen aber doch Anfang der 90er Jahre wider alle Erwartungen auf die Bühne der Politik zurückgestoßen. Durchaus gegen den Willen der Bundesrepublik und sicherlich ohne ihr direktes und aktives Zutun hat die historische Entwicklung die Konsequenz, die durch den Kalten Krieg zustande kam und mit der die Bundesrepublik sich nach und nach angefreundet hatte – die Teilung der Nation und die weltpolitische Abstinenz –, obsolet gemacht. Die dadurch notwen-

---

42 Vgl. Deutscher Bundestag, Stenographischer Bericht, 42. Sitzung der 12. Wahlperiode, S. 3488 ff.

dig gewordene Neubestimmung der deutschen Politik und des Orts der deutschen Nation war höchst aufschlußreich, weil in ihr, besonders auf der linken Seite des politischen Spektrums, die Frage nach den Lehren aus der NS-Vergangenheit die entscheidende Rolle spielte.

Identifikatorische Schuldübernahme

Wenn man die Haltung der 68er Linken zur deutschen Einheit verstehen will, muß man ihre Haltung zur NS-Vergangenheit betrachten. Dazu ist einiges bereits im 1. Kapitel ausgeführt worden, aber weitere Differenzierungen und Präzisierungen müssen hier folgen. Daß das Interesse und die Kritik der 68er an der Lebensgeschichte der Elterngeneration politischen Kriterien folgten, wie ich dort behauptet habe, ist nur die halbe Wahrheit. Zugleich war die Politisierung, die mitunter die Form undifferenzierter Totalkritik annahm, der Ausdruck eines sehr spezifischen, zeitgebundenen Konflikts zwischen den Generationen, der genauer bestimmt werden muß.

Ein wichtiger Fingerzeig für die Dynamik dieses Generationenkonflikts ist die Beobachtung, daß offensive, heftige, selbstgerechte Vorwürfe an die Adresse der Elterngeneration und Gefühle der Ohnmacht, der Lähmung, des Selbstmitleids und der Vergeblichkeit oft ganz unvermittelt einander ablösten. Dieser jähe Wandel von Anklage und Orientierungslosigkeit spricht dafür, daß die ›zweite Generation‹ den in die NS-Zeit vielfältig verstrickten Eltern nicht einfach den Rücken gekehrt hatte, sondern immer noch tief mit ihr verwoben war. Zugespitzt gesagt: Statt den Abschied von den Eltern herbeizuführen, mündete die Auseinandersetzung der 68er Generation in eine neue Form der Abhängigkeit von ihnen. Um diese These zu belegen, muß ich noch einmal zu den 50er Jahren zurückkehren.

Doch zuvor zwei begriffliche Klärungen: Was ist eine ›Generation‹, und was ist ›die Linke‹? Der Generationsbegriff, wie Karl Mannheim ihn in die Sozialwissenschaft eingeführt hat,[43] betont, daß neben der Klassenlage die Generationszugehörigkeit auf Denken und Verhalten der Individuen Einfluß nimmt. Benachbarte Geburtsjahrgänge werden dadurch

---

43 Karl Mannheim, Das Problem der Generationen (1928), in: Ders., Wissenssoziologie, Berlin/Neuwied 1964.

zu einer Generation, z. B. zur Generation der Jugendbewegung, zur Flakhelfer-Generation oder zur 68er Generation, daß sie bedeutungsvolle gesellschaftliche und politische Ereignisse in einer bestimmten Lebensphase miteinander teilen und sich mit ihren Selbstbildern signifikant von anderen Generationen unterscheiden. Das bedeutet nicht, daß alle Angehörigen einer Generation die gleiche politische Auffassung vertreten oder einen identischen Lebensplan verfolgen, sondern nur, daß es eine gemeinsame prägende Erfahrung gibt, zu der sich alle gleichsam gezwungenermaßen verhalten müssen.

Zur 68er Generation bzw. zur Generation der Studentenbewegung rechne ich hier die Jahrgänge 1938–1948. Das ist gewiß nicht frei von Willkür, und die Grenzen sind nach oben und unten offen. Die Gemeinsamkeit dieser Generation liegt in ihrer Abstammung von Vätern, die nach 1945, als wäre nichts gewesen, sich daran machten, den Wiederaufstieg der Bundesrepublik zu organisieren, und von Schuld und Scham nichts wissen wollten. Im Unterschied zur Flakhelfer-Generation der Jahrgänge 1926–1930, die sich defensiv, pragmatisch und illusionslos mit den Nachkriegsverhältnissen arrangierte und zu ihren Trägern avancierte,[44] praktizierten die 68er den lautstarken Aufstand.

Die Rede von ›der Linken‹ setzt sich wie alle Kollektivsingulare dem Einwand aus, daß Heterogenes zu Unrecht auf einen Nenner bezogen wird. Es fehlt dem Begriff die klare soziale, organisatorische und institutionelle Referenz. Der Einwand ist gewiß nicht falsch. Vor allem die Vertreter der linken Intelligenz legten immer großen Wert darauf, daß sie einmalig und unverwechselbare Individuen sind, die man nicht in irgendwelche Schubladen packen kann. Aber wer so argumentiert, redet sich auch heraus. Denn als der Wind der Geschichte geistig vor allem von links blies, war man bei der Selbstbeschreibung nicht so skrupulös wie heute. Ich gebe aber zu, daß es schwierig ist, ›die Linke‹ positiv zu bestimmen. Ich benutze den Begriff deswegen hier nur als groben Sammelnamen einer politischen Richtung, die von Schriftstellern wie Grass und Heym über das grün-alternative Spektrum bis in die SPD hinein reicht.

Niemand wird bestreiten, daß die politische Kerngruppe der 68er Generation mit dem Etikett ›links‹ angemessen charakterisiert ist. Daran

44 Vgl. Heinz Bude, Deutsche Karrieren, Frankfurt a. M. 1987.

ändert die Tatsache nichts, daß es innerhalb des linken 68er Spektrums viele Grüppchen gab, die unter ›Sozialismus‹ alle etwas anderes verstanden und sich erbittert bekämpften. Vor allem aber scheint mir unbestreitbar, daß für ›die Linke‹ in der Bundesrepublik die Frage nach den Voraussetzungen und Konsequenzen des Nationalsozialismus immer von entscheidender Bedeutung gewesen ist. Und genau an diesem Punkt verband sich die linke Kapitalismuskritik mit dem spezifischen Lebensthema der 68er Generation in der Bundesrepublik.

Zurück zu den 50er Jahren. Die eine Seite der Doppelstrategie, die für die Vergangenheitsbewältigung dieser Zeit typisch war – das im wörtlichen Sinne gewissenlose Herunterspielen der eigenen Beteiligung am Nationalsozialismus, das Dämonisieren der Nazi-Herrschaft und die auf komplizenhaftes Einverständnis zählende Redseligkeit –, betraf nicht nur das Verhältnis der in die Nazi-Zeit verwickelten Generation zu ihrer eigenen Vergangenheit, sondern war zugleich die Beziehungsform, in der diese Generation ihr Verhältnis zu ihren eigenen Kindern organisierte.[45] Wie beides ineinandergriff, kann man sich in einer kurzen Erinnerung an die »Unfähigkeit zu trauern« von Alexander und Margarete Mitscherlich klarmachen. Die These des Buches lautet: Durch den Zusammenbruch wurde der Führer, der vorher den Narzißmus der Volksgenossen in grandiose Höhen hatte steigen lassen, dramatisch entwertet. Die damit auf seiten der ehemaligen Nazi-Anhänger verbundenen Gefühle der inneren Verarmung, der Erniedrigung und der Melancholie wurden durch die Derealisierung der Geschehnisse während der NS-Zeit abgewehrt, die kognitiven und affektiven Brücken zur Vergangenheit wurden abgebrochen. Die psychologischen Techniken, die dabei eine Rolle spielten, waren von aufmerksamen Zeitgenossen, meist Emigranten, schon lange vor den Mitscherlichs im Gemütszustand des unmittelbaren Nachkriegsdeutschland beobachtet worden. Die Derealisierung betraf nicht nur pauschal die NS-Zeit und ihre Verbrechen, sondern vor allem die eigene Biographie. Diese »Unfähigkeit zu trauern« hatte handfeste Folgen. Sie war für den politischen Immobilismus und die politische Phantasielosigkeit der 50er Jahre verantwortlich und verhinderte eine wirkliche Ablösung von der Nazi-Ideologie, die in vielfäl-

---

45 Vgl. zum folgenden Werner Bohleber, Das Fortwirken des Nationalsozialismus in der zweiten und dritten Generation nach Auschwitz, in: Babylon. Beiträge zur jüdischen Gegenwart, Heft 7, 1990.

tiger Weise subkutan, etwa im gleichsam überdeterminierten Antikommunismus, weiterlebte.

Genauso wichtig wie diese direkten politischen Wirkungen waren die privaten und familiären Konsequenzen der Derealisierung. Sie prägten die Bedingungen, unter denen die ›zweite Generation‹ aufwuchs. Alles drehte sich für die in ihrem Narzißmus zutiefst verletzte Elterngeneration in den 50er Jahren darum, sich vor dem offenen Eingeständnis zu drücken, daß man mehr oder weniger freiwillig mitgemacht hatte. Die Familien waren der Ort par excellence, an dem sich Verleugnen, Verschweigen und Lügen ausbreiteten. Zugleich ahnten die Kinder, daß in der Vergangenheit der Eltern nicht alles mit rechten Dingen zugegangen war, zumal, wenn ihre Fragen danach bei den Erwachsenen unerwartete Erregung, Wutausbrüche und Beschimpfungen auslösten.

Grundsätzlich waren in dieser Situation zwei Reaktionen denkbar. Die Kinder konnten die geschönte Sichtweise der Eltern übernehmen und zugleich damit die Weigerung, den NS-Verstrickungen wirklich nachzugehen. Auf diese Weise entstanden Phantom-Väter oder Phantom-Eltern, verschönerte Wunschbilder, die die Existenz des Vaters auf seine Erscheinung in der Familie reduzierten.

Die Kinder konnten aber auch umgekehrt die Heucheleien, die Verlogenheiten und Scheinsicherheiten offensiv attackieren und hinter der schönen Fassade aus familiärer Eintracht und Wohlanständigkeit die böse Fratze nichteingestandener Verbrechen, verleugneter Komplizenschaft und träger Mitläuferschaft sichtbar machen. Das war der Weg, der für die 68er Generation bestimmend geworden ist. Das Problem besteht jedoch darin, daß Opposition und Abwendung keine Garantie dafür sind, daß sich nicht latent Kontinuitäten von Denk- und Verhaltensweisen über den Generationenkonflikt hinweg fortsetzen. Es findet dann keine Identifizierung mit dem geschönten Selbstbild statt, das auf der manifesten Ebene die Welt der Elterngeneration prägte, sondern eine Identifizierung teils mit den latent weiter wirksam gebliebenen Teilen der Destruktivität, Arroganz und Überheblichkeit, teils aber auch mit Schuld und Melancholie, die jenes geschönte Selbstbild gerade abwehren sollte.

Michael Schneider, der diesen Zusammenhang eingehend untersucht hat, kommt zu dem Schluß, »daß die Nachkriegsgeneration sich weniger mit dem offiziellen Wert- und Normensystem, mit dem manifesten Hurra-Patriotismus und ›Wir-sind-wieder-wer‹-Pathos der Wiederaufbau-Generation identifiziert hat als vielmehr mit deren emotionaler Latenz, d. h. mit den verdeckten, unausgesprochenen, unausgelebten, apokryphen Seiten ihres Lebensgefühls; daß sie, in einer Art unbewußter Stellvertretung, gerade in den melancholischen, resignativen und depressiven Stimmungen heimisch geworden ist, die jene aus Selbstschutz von sich abgespalten und in einer heroischen Wiederaufbau-Aktion verdrängt hat.«[46]

Mittlerweile können Psychoanalytiker über viele Krankengeschichten berichten, die deutlich machen, daß man eine ganze Reihe von individuellen Symptomen bei den Angehörigen der zweiten Generation auf ihre Identifikation mit der in den Nationalsozialismus verstrickten Elterngeneration zurückführen kann. Die vielen Einzelbeobachtungen verallgemeinernd, spricht Haydée Faimberg vom »Ineinanderrücken der Generationen«: Die Geschichte der Elterngeneration sei auf dem Wege der Identifikation sprachlos in die psychosoziale Realität der Kindergeneration eingedrungen und habe dort ihre destruktiven Wirkungen entfaltet.[47]

Den individuellen Folgen für die zweite Generation kann hier nicht weiter nachgegangen werden.[48] Ich möchte im folgenden einerseits zeigen, daß eine Identifikation, und zwar die Identifikation mit der Schuld der Eltern, das Politikverständnis der 68er Generation entscheidend beeinflußt und seine Stärken und Schwächen geprägt hat, und andererseits, daß diese identifikatorische Schuldübernahme für die ablehnende Haltung der 68er Linken zur deutschen Einheit verantwortlich ist.

Die Linken und die deutsche Einheit

Die bei großen Teilen der linken Intelligenz vorherrschende Einstellung zum Ende der DDR und des realen Sozialismus lautete Anfang der 90er Jahre ungefähr folgendermaßen: Daß die Mauer beseitigt ist,

---

46 Michael Schneider, Den Kopf verkehrt aufgesetzt oder Die melancholische Linke, Darmstadt/Neuwied 1981, S. 49.
47 Haydée Faimberg, Die Ineinanderrückung (Telescoping) der Generationen – Zur Genealogie gewisser Identifizierungen, in: Jahrbuch der Psychoanalyse 20, 1987, S. 114.
48 Vgl. dazu Anita Eckstaedt, Nationalsozialismus in der ›zweiten Generation‹. Psychoanalyse von Hörigkeitsverhältnissen, Frankfurt a. M. 1989.

ist gut und schön, aber dadurch wird nicht »auch nur eines unserer systemspezifisch erzeugten Probleme« gelöst.[49] Eher werde die Lösung dieser Probleme schwieriger, weil die Entwertung der fortschrittlichen Ideen durch die Ex-DDR und den Osten »ruinöser sein wird als das geballte Ressentiment von fünf, sechs Generationen gegenaufklärerischer, antisemitischer, falsch romantischer, deutschtümelnder Obskurantisten«.[50] Die Umwälzungen, so erschien es einem großen Teil der Linken, waren nur negativer Natur. Die Gewerkschafts- und Bürgerrechtsbewegungen hatten den Staatssozialismus zum Einsturz gebracht, aber zu mehr hatten sie weder die praktische Kraft noch das theoretische Konzept. Die wirklich modernen und wichtigen Probleme hatten sie nicht im Visier.

Die bundesrepublikanische Linke hatte nicht nur mit der deutschen Nation nichts im Sinn, sondern stand den Bürger- und Oppositionsbewegungen des Ostens, die nicht weniger als sie selbst die nationale Frage für antiquiert hielten, auch aus anderen Gründen skeptisch gegenüber. Die Charta-Anhänger galten eher als Spinner, und bei der Solidarność war man sich nicht sicher, ob sie nicht doch die fünfte Kolonne des Papstes war. Die Unwilligkeit, sich mit der neuen Situation zu beschäftigen und aus ihr für das eigene politische Weltbild Folgerungen zu ziehen, war Anfang der 90er Jahre unübersehbar. Sie äußerte sich in handfesten Vorwürfen in Richtung Osten, meist versteckt hinter der Kritik an der politischen Elite der Bundesrepublik, die sich vom Osten habe erpressen lassen.[51] Die neue weltpolitische, europäische und deutsche Lage wurde von vielen Linken als Zumutung empfunden, als Belästigung, die man sich vom Halse halten wollte. Nur selten kam der Gedanke auf, daß die Umwälzung keine Katastrophe, sondern eine Befreiung war und neue Chancen und Möglichkeiten eröffnete.

Das Mißbehagen dauerte lange an. Es drückte sich vornehmlich in der Terminologie und in den Assoziationen aus, die die deutsche Einheit beim größten Teil der Linken in Gang brachte. Die Vereinigung, so hieß es, sei eine »Kolonisierung« und laufe auf die Errichtung einer

49 Jürgen Habermas, Nachholende Revolution und linker Revisionsbedarf, in: Ders., Die nachholende Revolution, Frankfurt a. M. 1990, S. 197.
50 Jürgen Habermas, Über die Defizite der deutschen Vereinigung und über die Rolle der intellektuellen Kritik, in: Die Zeit, 10. Mai 1991, S. 63.
51 Vgl. z. B. Thomas Schmid, Staatsbegräbnis, Berlin 1990, S. 71, 100.

»Großbundesrepublik Deutschland«[52] hinaus, sie komme »einem kalten Staatsstreich gleich«, und erneut werde »den Menschen … Gewalt von oben angetan«. Sie sei Resultat einer »Annexionspolitik«, eine ›verborgene Okkupation‹, trage die »Züge einer staatlichen Zwangsvereinigung«[53] und sei am Ende nichts anderes als eine »späte nachholende Realisierung der Kriegsziele«[54]. Andere sahen sich zu »Erinnerungen an die Eroberung Amerikas durch die Spanier«[55] gedrängt, und die Mitgliederversammlung der GAL in Hamburg beschloß am 17. 2. 1990 eine Resolution mit dem Titel »Deutschland erwache? – Lieber nicht!«, in der sie die DDRler, die für die Einheit votierten, zu »gefährlichen Gegnern jeder fortschrittlichen Politik«[56] erklärte.

Diese pauschalen Beurteilungen und Verurteilungen waren alles andere als wohlbegründet. Sie brachten kaum mehr als das Ressentiment und das Mißbehagen derjenigen zum Ausdruck, die sie äußerten, und sie indizierten den gravierenden Verfall der politischen Analyse- und Urteilskraft, auf die sich die linke Intelligenz einmal so viel zugute gehalten hatte. Daher wiederhole ich meine Behauptung, daß dies mit der für die 68er Generation typischen identifikatorischen Schuldübernahme zu tun hat. Wie geht das zu?

Identifikatorische Opferrolle

Aus identifikatorischer Schuldübernahme wurde dadurch Politik, daß sich die Angehörigen der zweiten Generation aus Opfern der Eltern in den Status eines NS-Opfers emporhoben. Mit der Stilisierung zum Opfer des Nationalsozialismus war der hohe moralische archimedi-

---

52 Michael Schneider, Über verdrängte Motive und ausgeblendete Aspekte des deutschen Einigungsprozesses – Das ›einig‹ Vaterland und seine unsichtbaren Mauern, in: Wilhelm von Sternburg (Hg.), Geteilte Ansichten über eine vereinigte Nation. Ein Buch über Deutschland, Frankfurt a. M. 1990, S. 224.

53 So das Komitee für Grundrechte und Demokratie in einer Reihe von Stellungnahmen, die in seinem Jahrbuch 1990, Sensbachthal 1991, abgedruckt sind. Die Zitate finden sich dort auf S. 333 und 338.

54 Wolfgang Dreßen/Eckhart Gillen, Editorial, in: Niemandsland 8/9, 1989, S. 3.

55 Stefan Flade, Die W-Ende – Inthronisation der alten Welt im Osten, in: Komitee für Grundrechte und Demokratie (Hg.), Jahrbuch 1990, a.a.O., S. 76.

56 Vgl. links Nr. 6/1990, S. 14 f. – Anfang des 21. Jahrhunderts ist diese Haltung noch einmal aktualisiert worden in den Beiträgen des Sammelbandes Johannes Klotz/Gerd Wiegel (Hg.), Geistige Brandstiftung. Die neue Sprache der Berliner Republik, Berlin 2001.

sche Gipfelpunkt erreicht, von dem aus sich der Lauf der Welt leicht in einer Art Übermoralisierung in gut und böse unterteilen ließ.

Ein Beispiel: In der Zeitschrift *konkret* vom Juli 1990 wurde die Frage gestellt »Was machen wir jetzt?« Die Antwort lautete:

»Trotz solcher Anstrengungen (der Distanzierung von der Gesellschaft der Bundesrepublik, d. Verf.) bleiben westdeutsche Linke auch Produkt der Täter-, Komplizen- und Verdränger-Gesellschaft BRD. ... Das zielt nicht auf den Faschisten in uns allen. Zu bedenken ist aber, ob wir von dieser Gesellschaft nicht so viel abgekriegt haben, daß wir, wenn wir kritisch sind, eine gewisse Kompetenz bei der Erkennung und Beurteilung von Täterpersönlichkeiten erwerben können.«[57]

Daß man mit diesen Nazi-Eltern geschlagen ist, ist hier also keine negative Stigmatisierung, sondern führt zu einer besonderen politischen Sensibilität. Es ist eine Auszeichnung. Weiter hieß es im Text:

»Wir müssen durch eine Ausstellung wie jene über das Ghetto von Lodz, die zur Zeit im Frankfurter Jüdischen Museum gezeigt wird, hindurchgehen und die Bilder auf ihren Wiedererkennungswert hin prüfen: Dieser tretende Wachmann – ähnelt er nicht dem Sportlehrer, den ich einmal hatte? Jener Gestapo-Agent, der ein Kind abführt – hat man ihn nicht gestern als Kaufhausdetektiv erlebt? Oder die NS-Verwalter des Ghettos, mit gierigen Blicken beim Zählen geraubten Geldes – sind das nicht unsere hochanständigen Bürgerfamilien mit ihrem durch Arisierung gewonnenen Vermögen? Und was unterscheidet dann den ›BILD‹-Bericht über des Kanzlers ersten Auftritt in Dresden von den Jubelchören über des Führers Ankunft in Wien?«[58]

Die Autoren sind so identifiziert mit ihrer Opfer-Rolle, daß sie die »vergleichende Verharmlosung«, von der Peter Gay im Blick auf die Behauptungen Ernst Noltes gesprochen hatte,[59] in ihren Überlegungen nicht bemerken. Wenn der Sportlehrer dem Wachmann ähnelt, der Kaufhausdetektiv dem Gestapo-Agenten, die Bürgerfamilien den Ghetto-Verwaltern, der Bericht über Helmut Kohl dem Bericht über den Führer, dann – dieser Umkehrschluß liegt auf der Hand – ist das mit den Nazis nicht so schlimm gewesen.

Die Stelle markiert neben den gedankenlosen Analogien, die sie herstellt, auch einen bedeutsamen begrifflichen und theoretischen Man-

---

57 Detlef zum Winkel/Thomas Kieseritzky, Was machen wir jetzt? In: konkret, Juli 1990, S. 21.
58 Ebda.
59 Vgl. Peter Gay, Freud, Juden und andere Deutsche, München 1989, S. 14.

gel dieser Art von Aufarbeitung der Vergangenheit. Der Gesellschaftsbegriff, mit dem die Autoren operieren, ist frei von jedem Gedanken
ans Institutionelle, er reduziert das Gesellschaftliche auf das Persönliche und macht Personen zu gesellschaftslosen Wesen. Er kann sich den
Nationalsozialismus nur als das Werk autoritärer Charaktere und die
Welt insgesamt nur als Summe von atomisierten Individuen vorstellen.
Dieser Gesellschaftsbegriff kennt keine Gesellschaft, keine Institutionen, keinen Kapitalismus, keine Bürokratie, sondern nur Menschen
bzw. das »perfide Terrain des Subjektiven« (Gehlen).

Es ist der unangreifbare moralische Ort des Opfers, der den Autoren in
ihren Augen eine besondere Autorität zur Beurteilung der deutschen
Politik verleiht. Schon die Pietät gegenüber den Opfern, als deren Fürsprecher man sich versteht, gebiete das Festhalten an der Zweistaatlichkeit. »Denn ihr Urteil über dieses Land und seine Population ist
das relevanteste.«[60] Von dieser moralischen Warte aus wird die deutsche Einheit automatisch und ohne weitere Überlegung zum Sakrileg.
Aus der Übernahme der Schuld, die die Deutschen auf sich geladen
haben, folgt, daß die Zweistaatlichkeit mehr ist als etwas, das nur hin-
genommen werden muß. Sie ist die Sühne für die Untaten der Elterngeneration. Auschwitz, so sagte Günter Grass in einem Vortrag in Tut-
zing, »schließt einen zukünftigen deutschen Einheitsstaat aus«.[61]

Damit sprach er aus, was auf seiten der Linken das vorherrschende
Motiv für die Ablehnung der deutschen Einheit war. Die Teilung der
Nation wurde als gerechte Strafe für die Verbrechen der NS-Genera-
tion und als Garantie dafür verstanden, daß sie sich nicht wiederholen
können. Unter diesen Vorzeichen betrachtet, ist die deutsche Einheit
kein politisch und historisch zu bewertendes Ereignis, sondern eine
moralische und religiöse Untat. Sie ist ein Frevel, die unmoralische
Revision der Ergebnisse des Zweiten Weltkriegs und das Ende der Gerechtigkeit.

Der moralische Blick möchte die Weltgeschichte als Weltgericht verstehen und die Gesellschaft unter dem Gesichtspunkt von Schuld und Sühne betrachten. Das größte Problem dieser Sichtweise liegt in ihrer politischen Unbestimmtheit, darin, daß sie kriterien- und maßlos ist. Wie
will man erklären, daß die Einheit der Nation aus Gründen der Vergan-

---

60 zum Winkel/Kieseritzky, Was machen wir jetzt? a.a.O., S. 21.
61 Rudolf Augstein/Günter Grass, Deutschland, einig Vaterland? Ein Streitgespräch, Göttingen 1990, S. 59.

genheitsbewältigung unmoralisch ist, nicht aber die Tatsache, daß die Bundesrepublik, der Nachfahre der Verbrecher und Mörder und der Besiegten des Weltkriegs, zu den reichsten Ländern der Erde gehört? Wenn dieser Reichtum ebenfalls unmoralisch ist, wodurch überhaupt wären die Untaten der Väter zu sühnen, und wann wären sie abgegolten?

Linker Antifaschismus

Die Teilung der Nation als noch längst nicht abgegoltene moralische Sühne zu begreifen war jedoch bereits die Schwundstufe eines ehemals politischen Arguments der 68er Linken im Blick auf die DDR. Danach war die DDR nicht deswegen erhaltenswert, weil die Zweistaatlichkeit als gerechte Sühne verstanden wurde, sondern weil die DDR als das andere, das bessere, das antifaschistische Deutschland galt. Die Politisierung der Vergangenheitsbewältigung, die für die 68er Generation typisch war, verband sich häufig mit diesem freundlichen und idealisierenden Blick auf die DDR. In der DDR, so meinten viele, hatte es diesen Bruch, nach dem man in der Bundesrepublik vergeblich suchte, wirklich gegeben.

Tatsächlich war der Antifaschismus die zentrale Basislegitimation der DDR von Anfang bis Ende,[62] und man kann ihn nicht einfach als Ideologie abtun. Mit Konkurrenz-Kapitalismus und Privateigentum an Produktionsmitteln hatte die DDR gebrochen, das NS-Personal war wirklich, trotz gelegentlicher Ausnahmen wie Willy Stoph z. B., aus der Politik, aus dem Lehrer- und Beamtenapparat, aus Justiz und Verwaltung, aus der Ärzteschaft entfernt worden – auch um den Preis, daß die freiwerdenden Positionen von fachlich nicht so geeigneten Personen eingenommen wurden. Zwar hat auch die Sowjetunion die Entnazifizierung 1947/48 aus Gründen der Opportunität abgebrochen und die ›nur nominellen‹ ehemaligen Parteigenossen eingeladen, am Aufbau des neuen Staates mitzuwirken. Aber – und das ist der entscheidende Unterschied zur Bundesrepublik – eine Rückkehr der ›Ehemaligen‹ in öffentliche Ämter, die in der Bundesrepublik durch das Gesetz zu Art. 131 GG im April 1951 in großem Stil in die Wege geleitet wurde, hat es in der DDR nicht gegeben.

62 Vgl. Heinz Bude, Das Ende einer tragischen Gesellschaft, in: Leviathan, 2/1991.

Die im Vergleich mit den Konzepten der westlichen Alliierten gezielter angelegte und vor allem nicht rückgängig gemachte Entnazifizierung wurde zum zentralen Glaubwürdigkeitsbeweis für die historische Würde der DDR. Sie brachte ihr einen fast endlosen Kredit ein, sowohl bei den eigenen Intellektuellen wie bei den Linken im Westen. Die DDR-Intellektuellen konnten sich dem Loyalitätsdruck, der vom antifaschistischen Selbstbild des Arbeiter- und Bauernstaates ausging, nie entziehen. Und vermutlich ist das der wesentliche Grund dafür, daß es in der DDR nichts der Charta 77 oder der Solidarność Vergleichbares gab und daß die Intellektuellen bei der Umwälzung im Jahre 1989 keine wichtige Rolle spielten. Auf seiten der westlichen Intellektuellen galt die DDR häufig auch noch bei denen als die »moralisch anspruchsvollere Alternative«[63], die sie in ihrem sozialistischen Selbstverständnis schon längst nicht mehr ernst nahmen. Auch die, die die DDR als stalinistisch kritisierten und am realen Sozialismus unter dem Gesichtspunkt des idealen Sozialismus kein gutes Haar ließen, gestanden ihr fast immer mildernde Umstände zu. Da sie antifaschistisch war, konnte sie so schlimm nicht sein. Der Bonus, den Honecker dafür erhielt, daß er unter den Nazis im Gefängnis gesessen hatte, war grenzenlos. Und oft genug galt auch der Friedensbewegung die DDR als Friedensmacht, die man nicht etwa dadurch provozieren dürfe, daß man mit den DDR-Oppositionellen gemeinsame Sache machte.[64]

Auf dieser Linie lag, was einige bundesrepublikanische Linke für die Erhaltung der DDR ins Feld führten: Wer die DDR aufgebe, verrate den Antifaschismus. »›Unser Land wurde aus dem Antifaschismus geboren‹ – diese knappe historische Erinnerung im Demonstrationsaufruf (zur Treptower Demonstration vom 3. Januar 1990, d. Verf.) und nicht etwa die zumindest ein paar Jahre lang hoffnungsfroh stimmende, ›Sozialismus‹ genannte Gesellschaftsform begründet, warum die DDR nicht nur das Recht, sondern die Pflicht hat, ein eigener Staat zu bleiben.«[65] Das ist ziemlich genau die Begründung, die auch Walter Ulbricht im Jahre 1960 gegeben hatte: »Wer die Rechtmäßigkeit der DDR in Zweifel zieht, der bezweifelt auch die Rechtmäßigkeit des

63 Thomas Blanke, Einleitung, in: Ders./Rainer Erd (Hg.), DDR – Ein Staat vergeht, Frankfurt a. M. 1990, S. 8.
64 Vgl. Peter Schneider, Extreme Mittellage. Eine Reise durch das deutsche Nationalgefühl, Reinbek 1990, S. 59.
65 Oliver Tolmein, Anti-Anti-Faschismus, in: konkret 2/1990, S. 25.

Kampfes der Völker gegen das mörderische Regime des Hitler-Faschismus.«[66]
Unkritisch und durch nichts belehrbar unterlag die westdeutsche Linke in ihrem Blick nach Osten der Selbstmystifikation der DDR. Zweifellos hat der antifaschistische Geist die Gründerphase der DDR geprägt. Weil er einherging mit der Unterdrückung anderer politischer Optionen, z. B. mit der Ausschaltung der SPD, war er aber schon damals nicht unschuldig. Je länger die DDR existierte, desto stärker wurde der staatlich »verordnete Antifaschismus«[67] zu einer Form des ›hilflosen Antifaschismus‹ und trat in den Dienst anderer Interessen. Er diente vor allem dem Zweck, der DDR nach außen und innen die Legitimation zu sichern und die Opposition im Innern mundtot zu machen. Er ermöglichte die Verdrängung des Stalinismus, er war das Mittel, mit dem das kritische Aufbegehren der zweiten Generation abgewürgt werden konnte. Die Fragen nach den Geschehnissen im Moskauer Hotel Lux und dem Archipel GULAG beantworteten die Protagonisten der Aufbaugeneration der DDR mit dem Hinweis darauf, daß niemand ein Recht habe, ihnen, die in den Konzentrationslagern der Nazis gesessen hatten, Vorwürfe zu machen. Die Heldin in Monika Marons Roman *Stille Zeile sechs* sagt: »Sie (die Altkommunisten und Antifaschisten, d. Verf.) haben immer recht, dachte ich, was ich auch sage, alles Unglück gehört schon ihnen, den glücklichen Besitzern von Biographien. Kaum mach ich das Maul auf, um meine einzuklagen, stoßen sie mir einen Brocken wie Ravensbrück oder Buchenwald zwischen die Zähne. Friß oder stirb.«[68]
Vergleichbares, wenn auch gleichsam generationenverkehrt, gab es in der alten Bundesrepublik. Der Lauf der Weltgeschichte seit Ende der 80er Jahre lähmte die politische Urteilskraft der westdeutschen Linken auch deswegen so sehr, weil er dazu nötigte, endlich zu sehen, was am meisten Unlust bereitete und die größten Widerstände wachrief: daß die Geschichte des Kommunismus eine Tragödie, daß sie von Anfang bis Ende eine Geschichte von Terror, Blut und Unterdrückung war. Dem Widerwillen, das endlich ungeschminkt zur Kenntnis zu nehmen, lag die gleiche identifikatorische Schuldübernahme zugrun-

---

66 Zitiert bei Graf Kielmansegg, Nach der Katastrophe, a.a.O., S. 562.
67 Ralph Giordano, Die zweite Schuld oder von der Last ein Deutscher zu sein, München 1990, S. 215.
68 Monika Maron, Stille Zeile sechs, Frankfurt a. M., S. 141 f.

de. Stets war auf seiten der 68er Generation die Befürchtung groß, daß die Wahrheit über den Kommunismus zugleich zur Exkulpation der Elterngeneration führen würde. In den 60er Jahren hatte diese Position das historische Recht auf ihrer Seite. Ohne den Antikommunismus der 50er Jahre aufzukündigen, ohne die Denkschablonen des Kalten Krieges rechts liegen zu lassen, hätte die 68er-Bewegung nicht die Stärke entfalten können, die sie auszeichnete. Erst durch diese Kritik an den zwanghaften Loyalitäten des Kalten Krieges wurde der Blick für die prekäre demokratische Basis der Bundesrepublik frei.

Aber die Stärke wurde zur Schwäche, als der Anti-Antikommunismus die Linke zusehends zur Kritik an den Unterdrückungsverhältnissen des Realsozialismus unfähig machte. Den Archipel GULAG hielt man eher für eine Erfindung der Rechten. Deswegen blieb der Aufschrei des Entsetzens aus, als immer deutlicher wurde, daß der Kommunismus nicht nur bis zu Stalins Tod eine Geschichte des Grauens war, sondern auch seitdem eine nicht abreißende Kette von Repression, Perfidie und Willkür blieb. In den kapitalistischen Markt- und Industriegesellschaften des Westens nicht nur das ökonomisch stärkere und effektivere System zu sehen, sondern auch noch zu akzeptieren, daß sie sogar weniger unmenschlich sind, das war offenkundig zu viel. Gegen diese Einsichten hatte sich die Linke in der Bundesrepublik seit langem immun gemacht, indem sie immer auf etwas noch Schlimmeres hinzuweisen wußte, das es anzuprangern galt. Das *Komitee für Grundrechte und Demokratie* z. B. schrieb zu Neujahr 1990 in einem Brief an die Bürgerrechtsgruppen der DDR, daß »die weltmarktmächtige Heilsbotschaft des realen Kapitalismus noch gefährlicher (ist) als das, was der Stalinismus menschlich und materiell zerstört hat«.[69]

Gewiß machte sich die Linke damit nicht zu Verteidigern des Stalinismus, aber sie hinderte sich selbst auf diesem Wege daran, der Wahrheit ins Gesicht zu sehen. Das überließ man immer noch lieber den Autoren anderer Länder, von Arthur Koestler über Albert Camus bis André Glucksmann. Und wenn diese über das Ziel hinausschossen, wie das bei Glucksmann z. B. der Fall ist, dann bestätigte das die Linken der Bundesrepublik nur darin, daß es besser ist, von diesem Thema generell die Finger zu lassen.

Die 68er Linke beantwortete die Frage nach der Zukunft der Bundes-

---

69 Komitee für Grundrechte und Demokratie, Jahrbuch 1990, a.a.O., S. 285.

republik konsequent mit dem Blick auf die NS-Vergangenheit – und verfehlte sie. Die identifikatorische Schuldübernahme und die daraus resultierende Übermoralisierung waren der Grund für die Teilnahmslosigkeit und melancholische Verfassung der Linken, in die sie angesichts der Veränderungen in Deutschland und Europa verfiel. Sie hat Ende der 80er Jahre auf diese Weise die ›unerhörte Begebenheit‹ eines weltgeschichtlichen Umbruchs aktiv verschlafen und sich für längere Zeit von der Bühne der öffentlichen Auseinandersetzungen verabschiedet. Und sie hat damit einen eklatanten Mangel an politischer Urteilskraft offenbart.

Antikommunismus und Anti-Antikommunismus

Die vorstehenden Überlegungen, die ich ursprünglich auf einer Herausgeberkonferenz der Zeitschrift »Leviathan« vorgetragen habe, ernteten sowohl Zustimmung wie heftige Kritik. Neben einer Reihe von Detailfragen, über die zu rechten sich nicht lohnt, ging es meinem schärfsten Kritiker Wolf-Dieter Narr vor allem um die Rolle, die der Anti-Antikommunismus und seine Verbindung mit der NS-Vergangenheit für die westdeutsche Linke gespielt haben.[70] Diese Verbindung ist tatsächlich von ausschlaggebender Bedeutung und soll deswegen hier noch einmal aufgegriffen werden.

Es kann kein Zweifel daran bestehen, daß der Antikommunismus die zentrale Ideologie der Bundesrepublik in ihren Anfängen gewesen ist. Der westdeutsche Staat war ein Kind des Kalten Krieges. Ohne die Konfrontation zwischen den westlichen Alliierten und der Sowjetunion wäre er nicht zustande gekommen. Sehr schnell wurde der ohnedies von Anfang an nur rudimentär ausgeprägte Antifaschismus in der Bundesrepublik vom Antikommunismus überlagert. Die ideologiepolitischen Vorteile der Ersetzung des Antifaschismus durch den Antikommunismus liegen auf der Hand: Hier wurde ein zentrales Element des nationalsozialistischen Wahnsystems mit den höheren Weihen der westlichen Siegermächte versehen und damit unbearbeitet und unaufgehellt aus der NS-Zeit in die neue Bundesrepublik übernommen. Für die in der Bundesrepublik geborenen Jahrgänge, zu denen auch der

---

70 Wolf-Dieter Narr, Mission und Vergangenheit »der« Deutschen, in: Leviathan, 3/1992.

Autor dieses Buches zählt, war später kaum vorstellbar, in welchem Ausmaß das Feindbild des Kommunismus der Bundesrepublik in den 50er und beginnenden 60er Jahren seinen Stempel aufgedrückt hat. Der kommunistische Osten war das Schreckgespenst, das der Bundesrepublik außenpolitisch die Türen in die Reihen der westlichen Siegermächte öffnete, und er war innenpolitisch das Instrument, mit dem jegliche vermeintliche oder wirkliche Opposition von links schon im Keime erstickt wurde.

Man muß sich diesen Hintergrund vergegenwärtigen, wenn man die Bedeutung einschätzen will, die der Anti-Antikommunismus für die Herausbildung der neuen Linken in der Bundesrepublik gespielt hat. Wer linke theoretische und politische Positionen bezog, traf auf eine massive Ablehnungsfront, gegen die er nur eine Chance hatte, wenn er die übelsten politischen Zuschreibungen ertrug. Der oft gegen die Linke erhobene Vorwurf, die Sache Moskaus zu betreiben und Landesverrat zu begehen, mußte kühl und gelassen ignoriert werden. Anders wäre es kaum möglich gewesen, realistisch und schonungslos die Pläne zur atomaren Bewaffnung, den Krieg in Vietnam, die undemokratischen Hochschulen und die autoritäre Gesellschaftsstruktur der Bundesrepublik ins Visier zu nehmen.

Ein Teil der linken Bewegung wußte dem in der Bundesrepublik herrschenden Antikommunismus nicht anders zu begegnen als durch vorbehaltlose und blinde Identifikation mit den Ländern des realen Sozialismus. Für die »neue«, antiautoritäre Linke war dagegen charakteristisch, daß sie weder den Zwang zur Dämonisierung des Kommunismus mitmachte, noch sich in einer Art Trotzreaktion mit dem angeblichen Reich des Bösen identifizierte. Das zeigt ihre Haltung zur militärischen Niederschlagung des Prager Frühlings zur Genüge. Der Protest dagegen hätte freilich auch deutlicher ausfallen können.

Den Anti-Antikommunismus überzeugend zu vertreten, glich oft einer schwierigen Gratwanderung: Die Anerkennung der innerdeutschen Grenze durfte nicht darüber hinwegtäuschen, daß an ihr geschossen wurde. Beim Plädoyer für die Entspannungspolitik und für ein realistisches Bild der real sozialistischen Länder war zu bedenken, daß dort politische Oppositionelle verfolgt wurden und mit Gefängnis, Deportation oder Ausweisung zu rechnen hatten. Das Verhältnis zu den Dissidenten zeigt noch heute die Schwierigkeiten, die hier zu bewältigen waren. Viele von ihnen waren glühende Antikommunisten und unterschieden sich darin in nichts von der CDU. Das war häufig Grund genug für die westdeutsche Linke, ihnen nicht genau und neugierig zuzuhören, auch nicht an den Punkten, wo sie authentisch Auskunft über die Unterdrückung in der Sowjetunion, der DDR und anderswo geben konnten.

Der aufgenötigte Anti-Antikommunismus, zu dem es in den 50er und 60er Jahren keine intellektuelle Alternative gab und der in dieser Zeit eine enorme aufklärerische und befreiende Wirkung hatte, zeigte in den Reaktionen auf das Ende des realen Sozialismus seine Kehrseite. Der Anti-Antikommunismus, der so gut wie unvermeidlich mit der Kritik an der Art der Vergangenheitsbewältigung in den 50er Jahren verbunden war, erklärt die politischen Anomalien, die sich in manche linke Stellungnahme zum Ende der Sowjetunion und zum Zusammenbruch der sozialistischen Staatenwelt eingeschlichen haben.

Man hätte nicht Jubelfeiern veranstalten müssen. Die Sorgen, die viele angesichts der Ereignisse der Jahre 1989/1990 ausgedrückt haben, erweisen sich im nachhinein als geradezu hellsichtig. Aber viele dieser Stellungnahmen waren dadurch getrübt, daß sie sich in den alten Koordinaten von Antikommunismus und Anti-Antikommunismus bewegten. Die Sorgen waren weniger von den realen Ereignissen und Gefährdungen in den Ländern des ehemaligen realen Sozialismus bestimmt als von dem Gedanken an die westlichen Kalten Krieger und die Propheten der Marktwirtschaft. Was von diesen begrüßt wurde, so schien es vielen, konnte einfach nichts Gutes sein. Nur durch diese verquere Logik des Anti-Antikommunismus erklärt sich der in meinen Augen ganz unangemessene oben bereits zitierte Satz des *Komitee für Grundrechte und Demokratie*, daß »die weltmarktmächtige Heilsbotschaft des realen Kapitalismus noch gefährlicher (ist) als das, was der Stalinismus menschlich und materiell zerstört hat«.

Die Linken trauerten Anfang der 90er Jahre ihrem guten alten Anti-Antikommunismus nach, statt froh darüber zu sein, daß er nicht mehr nötig war und daß die geistigen Verrenkungen, die er ihnen abnötigte, überflüssig geworden waren. Zum erstenmal seit der Oktoberrevolution wurde es nach dem Ende des realen Sozialismus möglich, Positionen sozialistischer kritischer Gesellschaftsanalyse zu formulieren, ohne sich mit den Fragen von Identifikation und Distanzierung herumplagen zu müssen. Das ist kein Verlust, sondern ein Gewinn. Mit den Worten von Peter Sloterdijk: »Der Zusammenbruch des Sowjetreiches hat für Intellektuelle einen zweifachen Vorteil. Erstens kann die mehr denn je nötige Kapitalismuskritik fortan viel unbefangener vorgebracht werden, weil man nicht mehr als Handlanger jenes extremen Imperiums denunzierbar ist. … Zweitens: Durch das Verschwinden dieser Scheinreiche der Utopie – und damit solcher perversen Mischgebilde wie religiöser Sozialismus-Sowjetimperialismus – endet auch für die Intellektuellen dieses fahrlässige Durcheinanderwerfen von spirituellen Motiven und politischen.«[71]

Moralische Betroffenheit und ihre Kehrseiten

Der Anti-Antikommunismus und das Verhältnis der neuen Linken zur NS-Vergangenheit hängen eng miteinander zusammen. Die kritische Opposition hat dem vorherrschenden Antikommunismus in der Bundesrepublik, der sich mit den Werten von Freiheit, Demokratie und Menschenwürde schmückte, als kritischen Spiegel stets den Hinweis auf die barbarische deutsche Vergangenheit entgegengehalten, von der sich die Bundesrepublik nie genügend abgesetzt hat. Das riesige Ausmaß der persönlichen Verstrickung fast aller erwachsenen Bundesbürger in die Untaten der NS-Zeit wurde zugedeckt und bagatellisiert. Verleugnung, Verharmlosung und Umdeutung der Vergangenheit gingen oft bis an den Rand der Lüge, vor allem im privaten Bereich.
Auch hier hat die linke Opposition Tabus gebrochen. Sie hat Kontinuitätslinien vom Nationalsozialismus zur Bundesrepublik aufgedeckt, Lebenslügen und Wunschdenken im herrschenden politischen Bewußtsein freigelegt. Der Impuls dazu entstammte nicht abstrakter Einsicht, sondern der Erforschung der eigenen Herkunft und dem Erschrecken darüber, daß sich die einstmals idealisierten Eltern nicht selten als Personen mit absichtsvoll verdunkelter Vorgeschichte erwiesen. Diese biographische Seite des politischen und theoretischen linken Engagements ist wahrlich nichts Ehrenrühriges. Zwar trug die Empörung der Nachgeborenen mitunter auch Züge staatsanwaltschaftlicher Überheblichkeit, aber sie war dennoch ein glaubwürdiger Antrieb des politischen Aufbruchs in eine demokratische und sich gründlicher von ihrer verbrecherischen Vergangenheit distanzierende

---

71 Denken jenseits unserer verkorksten Rationalität. Gespräch mit Peter Sloterdijk, in: FAZ, 7./8. März 1992.

Gesellschaft. Es wäre töricht zu leugnen, daß Wissenschaft und Politik stets auch mit biographischen Erfahrungen zu tun haben. Die Herkunft und die Kultur, in der jemand aufwächst, sind für seine politischen Handlungen und Unterlassungen im allgemeinen von größerer Bedeutung, als es uns bewußt ist.

In der Absicht, die Zusammenhänge zwischen Lebenserfahrung und politischer Praxis am Beispiel seiner eigenen Person für sich selbst und seine Leser durchsichtig zu machen, veröffentlichte mein Kritiker Narr im Jahre 1992 einige Notizen zu seinem Lebenslauf. Dort heißt es: »Geboren 1937 (im Jahr der Hoßbach-Protokolle). Mutter-/Elterngeschützte Kindheit mitten im Nationalsozialismus als ›arisches‹ Kind. Kindliche Unbetroffenheit (›Unschuld‹?) und naive nationalsozialistische Gesinnung zugleich. Erinnerlich die Hoffnung, einmal Schüler auf der ›Napola‹ zu werden. In diesen nationalsozialistischen Erziehungsanstalten für ausgelesene zukünftige nationalsozialistische Führerchen waren WDNs (= Wolf-Dieter Narr, H. K.) Vorstellung nach ›Geist‹ und ›Körper/Sport‹ gleicherweise gefragt. Erinnerlich: Knabenhafter Berufswunsch, der die nationalsozialistische Herrschaft schon voraussetzte: ›Wehrbauer im Schwarzerdegebiet‹ (= Ukraine). Der Berufswunsch war also unbewußter Ausdruck der nationalsozialistischen Großraum- und Vernichtungspolitik. ... Nach 1945 ... heftige und lange Auseinandersetzungen des Schülers der oberen Gymnasialklassen mit dem Vater. Derselbe hatte im Dienste der NSDAP gestanden. Entscheidend: Trotz bis zur Erschöpfung verbal ausgefochtener Kontroversen kein ›Vatermord‹ im übertragenen (psychoanalytischen) Sinn des Wortes. Der Vater stritt seine Vergangenheit nicht ab. ... Daraus erwuchs für WDN die Chance, daß er nach und nach erkannte, wie weit und wie tief er über seine Eltern selbst involviert gewesen war. ... Die Eltern ein Stück von mir. Ich 1933 nach entsprechendem Aufwachsen an Stelle meiner Eltern.«[72]

So sehr diese Sätze überzeugend darum bemüht sind, die biographische Bedeutung der NS-Vergangenheit für die eigene Entwicklung deutlich zu machen, so sehr kommen sie dem nahe, was ich als identifikatorische Schuldübernahme gekennzeichnet habe. Gewiß ist es stets heikel, eine politische Position aus der Biographie heraus zu deuten.

72 Stephan Flade/Wolf-Dieter Narr: Die deutschen Vergangenheiten und wir. Eine menschenrechtliche Perspektive, hg. vom Komitee für Grundrechte und Demokratie e. V., Sensbachtal, Juli 1992, S. 25 f.

Man bleibt auch dann noch auf Vermutungen angewiesen, wenn viele Details eines Lebenslaufs bekannt sind. Die Annahme einer identifikatorischen Schuldübernahme gehört ohnedies zu jenen Hypothesen, die man nicht hieb- und stichfest belegen kann. Das ist aber auch gar nicht nötig. Für ihren Sinn oder Unsinn ist entscheidend, ob sich mit ihrer Hilfe Phänomene begreifen lassen, für die es andere plausible Erklärungen nicht gibt.

Bei der Hypothese der identifikatorischen Schuldübernahme ist das der Fall. Mit ihr lassen sich nicht nur manche irritierende Phänomene der 68er Protestbewegung – z. B. ihr späteres heftiges Schwanken zwischen antiautoritärer Rebellion und autoritärer Unterordnung – plausibel machen, sondern auch die eigentümliche Einseitigkeit, mit der die westdeutschen Linken die weltpolitische Nachkriegsordnung, vor allem die deutsche Zweistaatlichkeit betrachtet haben. Die Unteilbarkeit der Menschenrechte stand für sie zwar theoretisch stets außer Frage. Zugleich aber erschien ihr die deutsche Teilung nur als die gerechte Strafe für die Untaten der Väter. Daß zwischen diesen beiden Positionen ein Widerspruch bestehen könnte, kam ihr nicht in den Sinn. Der Potsdamer Platz in Berlin, diese Wüstenei an der Nahtstelle zwischen den Systemen, war für viele ein Inbegriff der Wunde, die die NS-Zeit der Nachkriegsgesellschaft geschlagen hatte und für die es nur einen einzigen Schuldigen gab: die Nazis und ihre Helfer. Die innerdeutsche Grenze in Frage zu stellen oder gar ihre Beseitigung in Erwägung zu ziehen hätte bedeutet, diese greifbare und in dieser Sicht völlig zu Recht aus der deutschen Geschichte gezogene Konsequenz zu beseitigen. So unbestreitbar folgerichtig die Perspektive auch war, so sehr ging sie bedenkenlos über die Tatsache hinweg, daß sich damit unbeabsichtigt eine verquere Rechtfertigung für das Leben von 16 Millionen Menschen hinter dem Stacheldraht verband.

Diese Paradoxie ist von der westdeutschen Linken bis heute nur wenig zum Thema gemacht worden. Die Identifikation mit der Schuld der Elterngeneration hat dazu geführt, daß die hellhörig gewordenen Kinder aus lauter moralischer Betroffenheit nur die eine Seite gesehen haben: Die Spaltung in zwei Staaten wurde als die gerechte Strafe für die Nazi-Untaten gesehen. Daß damit zugleich die indirekte Rechtfertigung politischer Repression verknüpft war, nahm man in Kauf. Und es war diese Kehrseite der moralischen Betroffenheit, die nach dem Fall der Mauer in vielen linken Stellungnahmen kraß zutage trat.

3. Rückwirkungsverbote

Bei aller Unangemessenheit der Gleichsetzung von DDR- und NS-Verbrechen stellen sich für den Versuch der strafrechtlichen Ahndung in beiden Fällen eine Reihe ähnlicher Fragen. Deswegen ist es kein Zufall, daß die Bewältigung der NS-Vergangenheit bei den Debatten über die Möglichkeiten, den Sinn und den Zweck der strafrechtlichen Bewältigung der DDR-Vergangenheit zur Referenzgröße geworden ist, auf die man sich immer wieder bezieht. Die strafrechtliche Auseinandersetzung mit der DDR-Vergangenheit ist dadurch auch zu einer Auseinandersetzung mit der NS-Vergangenheitsbewältigung geworden.

Generell gilt, daß wir uns in der Bundesrepublik der 90er Jahre nicht mehr direkt auf den Nationalsozialismus beziehen, sondern vermittelt über die Geschichte seiner Bewältigung in den seither vergangenen Jahrzehnten. Dies gilt so sehr, daß diese Geschichte bereits auf die Lehren hin befragt werden kann, die aus ihr für die Bewältigung der DDR-Vergangenheit zu ziehen sind. Das Beispiel des Rückwirkungsverbots macht freilich zugleich deutlich, daß die Mängel und Defizite bei der strafrechtlichen Bewältigung der NS-Vergangenheit bei der strafrechtlichen Bewältigung der DDR-Vergangenheit trotz ganz anderer Intention wiederkehren.

Rückwirkungsverbot mit Ausnahmen

Das Rückwirkungsverbot genießt in der Bundesrepublik Verfassungsrang. Art. 103 Abs. 2 des Grundgesetzes lautet: »Eine Tat kann nur bestraft werden, wenn die Strafbarkeit gesetzlich bestimmt war, bevor die Tat begangen wurde.« Das Prinzip steht in der ehrwürdigen Tradition der europäischen Aufklärung. In seiner lateinischen Fassung »nulla poena sine lege« geht es auf Anselm von Feuerbach zurück, der zu

Beginn des 19. Jahrhunderts dafür sorgte, daß das deutsche Strafrecht rechtsstaatliche Qualitäten bekam. Das Rückwirkungsverbot dient der Rechtssicherheit und dem Schutz der Unterworfenen vor der Willkür der Herrschenden. Diese dürfen nicht im nachhinein etwas zum Verbrechen erklären, was zum Zeitpunkt der Tat nicht gegen gültige Gesetze verstieß. Es ist Justiz und Politik nicht gestattet, nachträglich den Bürgern irgendwelche rechtlichen Rechnungen zu präsentieren, von deren Existenz sie gar nichts wußten und auch gar nichts wissen konnten.[73]

Die Probleme, die darin stecken, werden sofort klar, wenn man sich das Rückwirkungsverbot in der Fassung ansieht, die ihm der frühere baden-württembergische Ministerpräsident Hans Karl Filbinger gegeben hat: »Was damals Recht war, kann heute nicht Unrecht sein.« Der ehemalige Wehrmachtsrichter Filbinger war von Rolf Hochhuth Mitte der 80er Jahre wegen einiger Urteile aus der Kriegs- und Nachkriegszeit als »furchtbarer Jurist« bezeichnet worden. Filbinger verklagte Hochhuth und berief sich zu seiner Rechtfertigung auf jene populäre Version des Rückwirkungsverbots. Die ganze Sache ging dennoch nicht zu seinen Gunsten aus: Hochhuth wurde freigesprochen, Filbinger trat von seinem hohen Amt zurück.

So wie Filbinger haben in den ersten fünfzehn Nachkriegsjahren alle argumentiert, die die strafrechtlichen Verfahren gegen NS-Verbrecher ablehnten – und das war die Mehrheit der deutschen Bevölkerung, aber auch die Mehrheit der Verantwortlichen in Politik und Justiz. Die Alliierten dagegen hatten sich in den Nürnberger Prozessen souverän über das *nulla poena sine lege* hinweggesetzt. Sowohl das Statut für den Internationalen Militärgerichtshof wie das Kontrollratsgesetz Nr. 10 hatten neue Straftatbestände geschaffen, vor allem den Tatbestand des Verbrechens gegen die Menschlichkeit. Danach waren Handlungen gegen die Menschlichkeit auch dann strafbar, wenn sie nicht gegen die jeweils gültigen Gesetze des Landes verstoßen hatten, in dem sie begangen wurden. So argumentierte z. B. der Gerichtshof im Nürnberger Juristenprozeß, »daß der Angeklagte wußte bzw. wissen mußte, daß er sich in Angelegenheiten von völkerrechtlichem Belang der Teilnahme an einem staatlich organisierten System der Ungerechtigkeit und Ver-

---

73 Vgl. Volker Krey, Keine Strafe ohne Gesetz. Einführung in die Dogmengeschichte des Satzes »nullum crimen, nulla poena sine lege«, Berlin/New York 1983; Wanja Andreas Welke, Rückwirkungsverbot zugunsten staatlicher Kriminalität, in: Kritische Justiz, 28. Jg., 1995.

folgung schuldig gemacht hat, welches das sittliche Gefühl der Menschheit verletzt, und daß er wußte, bzw. wissen mußte, daß er im Falle der Festnahme bestraft werden würde«.[74]

In der Bundesrepublik sah man das damals ganz anders. Das führte dazu, daß die von den Alliierten in Nürnberg verurteilten NS-Verbrecher mehr und mehr als Opfer erschienen, die überhaupt nur deswegen hatten verurteilt werden können, weil die Alliierten das rechtsstaatliche Prinzip des Rückwirkungsverbots nicht eingehalten hatten. Tatsächlich haben die Alliierten dann auf beträchtlichen deutschen Druck hin fast alle in Nürnberg verurteilten NS-Verbrecher vorzeitig freigelassen. Daß die deutschen Gerichte ihrerseits in den 50er Jahren keine Möglichkeit der strafrechtlichen Verfolgung von NS-Verbrechern sahen, versteht sich dann schon beinahe von selbst. Schließlich sollten rechtsstaatliche Prinzipien streng angewandt werden, und schließlich stand im Grundgesetz, daß das Rückwirkungsverbot keine Ausnahme duldete.

Die DDR war in dieser Sache westlicher als die Bundesrepublik. Alle Verfassungen der DDR enthielten ein Rückwirkungsverbot. Aber sie enthielten auch Ausnahmen von dieser Regel. Die Verfassung von 1949 erlaubte in ihrem Art. 135 Abs. 3, über das Rückwirkungsverbot hinwegzusehen, wenn das zur Überwindung des Nazismus, des Faschismus und des Militarismus nötig war. In die Verfassung von 1968 wurde in Art. 91 der Grundsatz aufgenommen, daß die von den Alliierten nach dem Krieg entwickelten Rechtsgrundlagen bei der Verfolgung der Nazi-Verbrecher für die DDR unmittelbare Gültigkeit hatten. Die Verfassung von 1974 enthielt die gleiche Bestimmung. Es gab in diesen Verfassungen keine ausdrücklichen Ausnahmeregelungen zum Rückwirkungsverbot. Aber da das Völkerrecht für die DDR als unmittelbar geltendes Recht übernommen wurde, war die Sache sowieso klar.

Das ist also die nicht wenig verwirrende Ausgangslage bei den Prozessen gegen die DDR-Systemkriminalität: Die Alliierten wußten nach dem Krieg um das Rückwirkungsverbot, betrachteten es aber nicht als wirkliche Hinderung dafür, NS-Verbrecher, die bei ihren Taten nur getreu den Gesetzen und Anordnungen des NS-Regimes gehandelt hat-

---

74 Zentral-Justizamt für die britische Zone (Hg.), Das Nürnberger-Juristenurteil, Hamburg 1948, S. 34.

ten, vor Gericht zu ziehen und zu bestrafen. Die Bundesrepublik sah sich dagegen als ein Rechtsstaat, in dem das Rückwirkungsverbot lükken- und ausnahmslos zu gelten hat und in dem deswegen Verbrechen aus der Zeit des Nationalsozialismus nicht oder nur mit großen juristischen Schwierigkeiten geahndet werden können. Die DDR schließlich entwickelte die Auffassung, daß Verbrechen gegen die Menschlichkeit im Sinne des Artikels 6 des Statuts für den Internationalen Militärgerichtshof in Nürnberg unabhängig von innerstaatlichem Recht und innerstaatlichen Rechtfertigungsgründen zu bestrafen sind. Damit befand sich die DDR im Unterschied zur Bundesrepublik in der guten Gesellschaft jener Rechtsauffassung, die bei der Mehrheit der europäischen Länder vorherrschend war und bis heute vorherrschend ist. Wie die jeweilige justitielle Praxis aussah, steht freilich auf einem anderen Blatt.

Das Rückwirkungsverbot und die NS-Vergangenheit

Der Sonderweg der Bundesrepublik in Sachen Rückwirkungsverbot wurde mit Willen und Bewußtsein eingeschlagen. Das sieht man daran, wie die Bundesrepublik die Europäische Menschenrechtskonvention (EMRK) behandelt hat. Diese Konvention wurde im November 1950 vom Europarat verabschiedet. Dort ist in Art. 7 Abs. 1 das Rückwirkungsverbot verankert. Aber es gibt einen Absatz 2, in dem festgehalten wird, wovon sich auch die Alliierten in Nürnberg bereits hatten leiten lassen. Es müsse nämlich, so heißt es dort, trotz des Rückwirkungsverbots die Verurteilung oder Bestrafung einer Person möglich sein, »die sich einer Handlung oder Unterlassung schuldig gemacht hat, welche im Zeitpunkt ihrer Begehung nach den allgemeinen von den zivilisierten Völkern anerkannten Rechtsgrundsätzen strafbar war« (Art. 7 Abs. 2 EMRK).

Diese Europäische Menschenrechtskonvention ist im Jahre 1952 von der Bundesrepublik ratifiziert worden. Aber die Ratifizierung wurde mit einem Vorbehalt verbunden. Eben jener Art. 7 Abs. 2, der das Rückwirkungsverbot unter bestimmten Bedingungen für unwirksam erklärt, wurde nicht übernommen. Die Bundesrepublik machte den Vorbehalt zu diesem Vorbehalt, daß sie den Art. 7 Abs. 2 EMRK »nur in den Grenzen des Artikels 103 Abs. 2 des Grundgesetzes der Bundesrepublik Deutschland anwenden wird« – also gar nicht.

Mit anderen Worten: Die Bundesrepublik hat sich nicht nur bei der Verabschiedung des Grundgesetzes, sondern auch bei der Ratifizierung der Europäischen Menschenrechtskonvention ausdrücklich gegen jede Ausnahme vom Rückwirkungsverbot ausgesprochen. Die Begründung, die dafür im Bundestag damals gegeben wurde, ist aufschlußreich. Begründet wurde der Vorbehalt zum Vorbehalt mit dem Hinweis auf die »außerordentlich trüben Erfahrungen«, »die das deutsche Volk in der Periode der nazistischen Diktatur mit der Durchbrechung des Rechtssatzes nulla poena sine lege gemacht hat«. Deswegen dulde und vertrage das Rückwirkungsverbot keinerlei Einschränkung.[75]

Das klingt plausibel. Tatsächlich hatten die Nazis das Rückwirkungsverbot gründlich mißachtet. Das Prinzip wurde zwar grundsätzlich aufrechterhalten, aber je nach Belieben und Zweckmäßigkeit waren strafrechtliche Gesetze auch rückwirkend angewandt worden. Die erste Durchbrechung des Rückwirkungsverbots war das sogenannte »lex van der Lubbe« vom 29. 3. 1933, mit dem rückwirkend die Todesstrafe für Brandstiftung eingeführt wurde.

Carl Schmitt hat dieser Praxis in seinem Aufsatz »Der Weg des deutschen Juristen« im Jahre 1934 kräftige Schützenhilfe gegeben: »Heute wird jeder den Satz: kein Verbrechen ohne Strafe, nullum crimen sine poena, gegenüber dem Satz: keine Strafe ohne Gesetz, nulla poena sine lege, als die höhere und stärkere Rechtswahrheit empfinden und den Gesetzesbegriff in diesem Satz ›keine Strafe ohne Gesetz‹ entsprechend auslegen.«[76]

In der Sicht der Bundesrepublik vor 1990 gab es im Grunde nur die Alternative: entweder Rechtsstaat gleich Rückwirkungsverbot oder Umgehung des Rückwirkungsverbots gleich Unrechtsstaat. Tertium non datur? Die Alliierten und die Unterzeichner der Europäischen Menschenrechtskonvention meinten, seit Nürnberg gebe es den Dritten Weg. Deswegen galt jener Art. 7 Abs. 2 EMRK auch als klares Bekenntnis des Europarats zur Rechtmäßigkeit der Nürnberger Prozesse, und deswegen ist dieser Absatz auch oft als »Nürnberg-Klausel« bezeichnet worden.

75 Verhandlungen des Deutschen Bundestages, 217. Sitzung, 10. Juni 1952.
76 Carl Schmitt, Der Weg des deutschen Juristen (1934), zitiert nach: Ingo Müller, Gesetzliches Recht und übergesetzliches Unrecht, in: Leviathan, 3/1997, S. 319.

Von diesen Zusammenhängen konnte damals jedes Mitglied des deutschen Bundestages wissen. Und so liegt der Verdacht nahe, daß das Parlament mit seiner Ablehnung des Vorbehalts gegen das Rückwirkungsverbot nicht einfach eine Konsequenz aus dem Nationalsozialismus zog, sondern vor allem die Intention verfolgte, den Verfahren der Alliierten gegen die NS-Verbrecher die juristische Legitimation abzusprechen und weitere NS-Prozesse unmöglich zu machen. Getrost darf man unterstellen, daß das die nicht-ausdrückliche, aber zentrale Absicht des ganzen Manövers gewesen ist.

Die eigentliche Botschaft war: Wenn der deutsche Bundestag durch jenen Vorbehalt gegen das Rückwirkungsverbot in der Europäischen Menschenrechtskonvention an die NS-Willkür erinnert wird und wenn zugleich diese »Nürnberg-Klausel« gerade die Grundlage der alliierten Prozesse gegen die NS-Verbrecher war, dann waren doch offensichtlich diese Prozesse auch nicht viel besser als das, was die Nazis gemacht hatten. Wirklich zu überwinden war die NS-Justiz-Willkür nur, so schien es, wenn man von der Regel des Rückwirkungsverbots keinerlei Ausnahme zuließ und auf Prozesse gegen NS-Verbrecher generell verzichtete.

Diese Interpretation des Rückwirkungsverbots durch den Deutschen Bundestag ist die perfekte Umsetzung der 50er-Jahre-Doppelstrategie, von der ich im 1. Kapitel gesprochen habe. Einerseits erteilte man auf diese Weise der Justiz-Willkür des NS-Regimes eine klare Absage, und andererseits mußte man und konnte man unter Berufung auf eben diese Absage an das NS-Regime darauf verzichten, die Personen, die dieses Regime getragen hatten, persönlich für ihr Verhalten strafrechtlich zur Verantwortung zu ziehen.

Das Rückwirkungsverbot und die DDR-Vergangenheit

Im deutsch-deutschen Einigungsvertrag vom 30. August 1990 wurde das Rückwirkungsverbot erneuert: Die Justiz der Bundesrepublik, so wurde dort bestimmt, hat bei der strafrechtlichen Ahndung des Unrechts aus der Zeit der DDR das zur Tatzeit auf dem Territorium der DDR gültige Recht zugrunde zu legen und nicht das Recht der Bundesrepublik, es sei denn, daß das Recht der Bundesrepublik das mildere ist.

Das ist für die normale Kriminalität kein Problem. Mord und Totschlag waren auch nach dem Gesetzbuch der DDR strafbar. Ein Problem ist es aber für die sogenannte Systemkriminalität. Hier ergibt sich, trotz aller Unterschiede in der Schwere und dem Ausmaß der Vergehen, die gleiche Schwierigkeit wie bei der strafrechtlichen Verfolgung von NS-Verbrechen. Das Unrecht von Staats wegen, jenes Unrecht, das der Staat selber per Gesetz angeordnet und erlassen, mindestens ermöglicht und erlaubt hat, kann man so nicht bestrafen.

In der DDR galten Vorschriften, nach denen die Todesschüsse an der Grenze nicht nur straffrei blieben, sondern erlaubt und geboten waren. Die Grenz- und Polizeigesetze schrieben den Gebrauch von Schußwaffen vor, Befehle und Dienstvorschriften stellten heraus, daß »Grenzverletzer in jedem Fall als Gegner gestellt, wenn notwendig, vernichtet werden müssen« – so hieß es in einem Beschluß des Nationalen Verteidigungsrats aus dem Jahre 1962.

Beachtet man das Rückwirkungsverbot, dann ist es offensichtlich so, daß sich dieses Unrecht in Gesetzesform dem strafrechtlichen Zugriff entzieht. Das gilt zumal dann, wenn man nicht nur den Wortlaut der Gesetze, sondern auch die jeweils herrschende gerichtliche und juristische Auslegungspraxis dieser Gesetze einbezieht. Das hat zur Folge, daß der Gesetzescharakter des Unrechts das Unrecht vor der strafrechtlichen Verfolgung schützt.

Im Blick auf die NS-Vergangenheit wurde diese Konsequenz in den 50er Jahren in der Bundesrepublik nicht widerwillig in Kauf genommen, sondern war der eigentliche Gewinn, der mit dem Rückwirkungsverbot eingestrichen wurde. Im Blick auf die DDR-Vergangenheit ist das seit Beginn der 90er Jahre anders geworden. Jetzt wollte man gerne das Rückwirkungsverbot umgehen, um die für das DDR-Unrecht Verantwortlichen vor Gericht stellen zu können. So stand die Rechtsprechung in den 90er Jahren vor einem Hindernis, das sie im Verein mit der Politik in den 50er Jahren selber errichtet hatte. In den 90er Jahren ging es nicht mehr um die Bestrafung von NS-Verbrechern, sondern um die Strafverfolgung von kommunistischem Unrecht. Daß die Justiz nun ziemlich schnell die Wege fand, Unrecht in Gesetzesform vor Gericht zu stellen, ist mehr als ein Schönheitsfehler und taucht die ganze strafrechtliche Aufarbeitung der DDR in ein problematisches Licht. Andererseits macht man sich lernunfähig, wenn man mit dem Hinweis auf die Unzulänglichkeiten bei der Verfolgung der

NS-Täter ein für allemal die juristische Ahndung von gesetzlichem Unrecht aus Gründen der Gleichbehandlung für unerlaubt erklärt.

Die hohe Barriere des Rückwirkungsverbots wurde nach 1990 abgetragen. Dazu diente vor allem die sogenannte Radbruch-Formel. Gustav Radbruch, Sozialdemokrat, in der Weimarer Republik zweimal für kurze Zeit Justizminister und 1933 der erste Hochschullehrer, der aus seinem Amt getrieben wurde, schrieb 1946 in seinem Aufsatz über »Gesetzliches Unrecht und übergesetzliches Recht«:

»Der Konflikt zwischen der Gerechtigkeit und der Rechtssicherheit dürfte dahin zu lösen sein, daß das positive, durch Satzung und Macht gesicherte Recht auch dann den Vorrang hat, wenn es inhaltlich ungerecht und unzweckmäßig ist, es sei denn, daß der Widerspruch des positiven Gesetzes zur Gerechtigkeit ein so unerträgliches Maß erreicht, daß das Gesetz als ›unrichtiges Recht‹ der Gerechtigkeit zu weichen hat.«[77]

Mit anderen Worten: Normalerweise bleibt es bei dem Rückwirkungsverbot, auch wenn es manchmal ungerecht und unzweckmäßig ist. Es gibt aber Situationen, wo das Rückwirkungsverbot so ungerechte und unerträgliche Wirkungen hat, daß man von ihm absehen muß. Dann soll sich die Rechtsprechung nicht an dem zur Tatzeit gültigen Gesetz orientieren, sondern an der Gerechtigkeit.

Die Nutzanwendung für die DDR-Prozesse lautete, daß die Gesetze und Rechtfertigungsgründe der DDR vor Gericht dann nicht berücksichtigt werden müssen, wenn sie elementaren Geboten der Menschlichkeit widersprechen. Auf dieser Basis sind die Urteile in den Prozessen wegen der DDR-Systemkriminalität zustande gekommen. Das gilt sowohl für die Verfahren gegen die kleinen Mauerschützen wie für die Verfahren gegen ihre großen Vorgesetzten.

Mehr als hundert DDR-Täter sind rechtskräftig verurteilt worden. Zwei Verfahren waren besonders spektakulär. Das eine war der Prozeß gegen sechs Mitglieder des Nationalen Verteidigungsrats, dem die vorrangige politische Verantwortung für das Grenzregime und damit für die Tötung der Flüchtlinge an der Grenze angelastet wurde. Die drei am Ende des Prozesses übriggebliebenen Angeklagten (der letzte Verteidigungsminister der DDR, Heinz Keßler, der einstige Chef des

---

77 Gustav Radbruch, Gesetzliches Unrecht und übergesetzliches Recht, in: Ders., Rechtsphilosophie, Stuttgart [8]1973, S. 345.

Hauptstabes der NVA, Fritz Strelitz, und der einstige Vorsitzende der SED-Bezirksleitung Suhl, Hans Albrecht) wurden vom Berliner Landgericht zu Freiheitsstrafen verurteilt, und zwar mit der Begründung, daß eine Strafbarkeit des von der Ordnung der DDR gedeckten oder sogar gewollten Handelns dann gegeben sei, wenn es sich um einen offensichtlich groben Verstoß gegen Grundgedanken der Gerechtigkeit und Menschlichkeit handele.

Der Bundesgerichtshof hat sich diesem Urteil und der Begründung angeschlossen und in einem Fall das Strafmaß sogar erhöht. Das Bundesverfassungsgericht, bei dem die Verurteilten Verfassungsbeschwerde eingelegt hatten, hat im Oktober 1996 entschieden, daß die Urteile nicht gegen das Grundgesetz verstoßen, also das Rückwirkungsverbot des Grundgesetzes nicht verletzen.

Das zweite spektakuläre Verfahren richtete sich gegen die ehemaligen Mitglieder des Politbüros der SED Krenz, Schabowski und Kleiber. Das Berliner Landgericht verurteilte diese Angeklagten im August 1997 zu Freiheitsstrafen zwischen drei und sechseinhalb Jahren. Der Bundesgerichtshof in Leipzig bestätigte die Urteile im November 1999. Die Angeklagten hatten sich, so sagten die Gerichte, als Mitglieder des SED-Politbüros und im Fall Krenz zusätzlich als Mitglied des Nationalen Verteidigungsrats und verantwortlicher Sekretär des Zentralkomitees der SED für Sicherheitsfragen des Totschlags in mittelbarer Täterschaft schuldig gemacht. Sie beteiligten sich an der Tötung der Flüchtlinge, indem sie bei den entsprechenden Beschlüssen des Politbüros und des Nationalen Verteidigungsrats mitwirkten. Sie waren verantwortlich für das Grenzregime der DDR.

Damit, so schien es, war die Sache nun klar und im Prinzip abgeschlossen. Die höchsten deutschen Gerichte waren der Auffassung, daß das Rückwirkungsverbot zwar ein hohes rechtsstaatliches Gut ist, aber daß es dann, wenn es gravierend mit der Forderung nach Gerechtigkeit kollidiert, außer Kraft gesetzt werden kann. Das klingt nun endlich so, wie es schon im Londoner Statut des Internationalen Militärgerichts und in der Europäischen Menschenrechtskonvention geklungen hatte. Das Ende des Rückwirkungs-Sonderwegs der Bundesrepublik schien damit erreicht.

Einige der Verurteilten haben sich dann jedoch an den Europäischen Gerichtshof für Menschenrechte gewandt. Vor dem Straßburger Gericht kann nach Erschöpfung des innerstaatlichen Rechtswegs Beschwerde erheben, wer sich durch eine Vertragspartei der Europäischen Menschenrechtskonvention in seinen Rechten aus der Konvention verletzt sieht. Mehr als drei Jahre lang lag dort die Angelegenheit der innerdeutschen Grenzprozesse auf dem Tisch. Nachdem das Bundesverfassungsgericht im Oktober 1996 die Urteile im zweiten der erwähnten Verfahren als rechtens deklariert hatte, haben sich die verurteilten Mitglieder des Nationalen Verteidigungsrats, Keßler und Strelitz, an den Europäischen Gerichtshof gewandt. Krenz hatte vorsorglich, schon bevor das Urteil gegen ihn rechtskräftig wurde, im Juni 1998 ebenfalls dort Beschwerde erhoben.

Der Europäische Gerichtshof mußte sich mit zwei Fragen beschäftigen. Zum einen damit, wie die Gerichte in der Bundesrepublik Deutschland das Rückwirkungsverbot handhaben, und zum andern damit, wie das Verhältnis von Europäischem (Menschen-)Recht und deutschem Verfassungsrecht aussieht. Nach der Europäischen Konvention gilt das Rückwirkungsverbot gerade nicht ausnahmslos. Deswegen erscheint es eigentlich als ziemlich unsinnig, sich ausgerechnet in einer Sache, in der die ausnahmslose Geltung des Rückwirkungsverbots eingeklagt wird, an diesen Gerichtshof zu wenden.

Aber die Kalkulation war sicherlich eine andere: Der Gerichtshof, so dürften die Verurteilten gedacht haben, könnte feststellen, daß die Europäische Menschenrechtskonvention in der Bundesrepublik Deutschland keinen Verfassungsrang hat, daß mithin in der Bundesrepublik nur das Grundgesetz mit seinem absoluten Rückwirkungsverbot gilt. Und offensichtlich haben sie gehofft, daß sich die Straßburger Richter dazu erkühnen, die Interpretation des Bundesverfassungsgerichts für unangemessen zu halten. Komplizierend kam im übrigen hinzu, daß die Bundesrepublik im Fall des internationalen Pakts über bürgerliche und politische Rechte immerhin ein Abkommen ratifiziert hat, in dem die Nürnberg-Klausel enthalten ist. Da hat der Bundestag keinen Vorbehalt angebracht.

Die Konfusion war also groß genug: Hochrangige Politiker der DDR, in der das Rückwirkungsverbot nicht ausnahmslos galt, werden von Gerichten eines Staates verurteilt, in dem das Rückwirkungsverbot Verfassungsrang hat und die Gerichte sich den Kopf zerbrechen mußten, wie sie das umgehen könnten, um genau dorthin zu kommen, wo die Angeklagten, was das Rückwirkungsverbot angeht, in der Verfassung ihres eigenen, untergegangenen Staat schon einmal waren. Dann wenden sich diese Verurteilten an einen Europäischen Gerichtshof. Sie begründen diesen Schritt damit, daß die ihnen nach der Menschenrechtskonvention zustehenden Rechte verletzt wurden, weil rückwirkende Straftatbestände geschaffen wurden. Diese Menschenrechtskonvention aber erlaubt ausdrücklich Ausnahmen vom Rückwirkungsverbot in den Fällen, die nach den allgemein von den zivilisierten Völkern anerkannten Rechtsgrundsätzen strafbar waren.

Alles in allem könnte man darin eine schöne und beachtliche Rache der Geschichte sehen. Die Absicht vieler Gerichte und Politiker in der Bundesrepublik, die für die DDR-Systemkriminalität verantwortlichen Personen vor Gericht zu bringen, hätte in Straßburg vor dem Europäischen Gerichtshof für Menschenrechte gestoppt werden können, weil sich die Bundesrepublik im Grundgesetz und 1952 bei der Ratifizierung der Europäischen Konvention für Menschenrechte darauf festgelegt hat, die Verurteilung von NS-Verbrechern so schwierig wie möglich zu machen.

Die Sache der Verurteilten schien keineswegs aussichtslos. Ihre Beschwerde wurde in Straßburg mit 17 zu null Stimmen als »eindeutig nicht unbegründet« zur Verhandlung angenommen. Generell gilt, daß der Straßburger Gerichtshof die Rechtsprechung der deutschen Gerichte bis hinauf zum Bundesverfassungsgericht korrigieren darf. Zugleich sind seine Entscheidungen für die Bundesrepublik verbindlich. Am 22. März 2001 hat der Europäische Gerichtshof entschieden und mit 14 zu drei Stimmen die Urteile der deutschen Gerichte für rechtens erklärt.

Vergangenheitsbewältigung durch Recht?

Damit ist der deutsche Sonderweg in Sachen Rückwirkungsverbot, so scheint es, zu seinem Ende gekommen. Die Radbruch-Formel hat Eingang gefunden in das Rechtsverständnis der Gerichte und erlaubt es, gravierende Verstöße gegen die Gerechtigkeit, auch und gerade wenn sie durch das zur Tatzeit gültige Recht gedeckt und geboten waren, strafrechtlich zu ahnden. Der höchste europäische Gerichtshof in Menschenrechtsfragen hat das für rechtens befunden und gestützt.

Es bleiben aber einige Irritationen und Unstimmigkeiten zurück. Sie sind in der Position begründet, die das Bundesverfassungsgericht zum

Rückwirkungsverbot eingenommen hat. Das Bundesverfassungsgericht legte eine Interpretation vor, die eine weitreichende Relativierung des in Art. 103 Abs. 2 GG verbürgten Rückwirkungsverbots beinhaltet.[78] Danach gilt das Rückwirkungsverbot zwar absolut, aber nur im Normalfall. Dieser Normalfall liegt nach der Aussage des Bundesverfassungsgerichts dann vor, wenn es sich um eine Tat handelt, die sowohl unter der Geltung des Grundgesetzes begangen wurde als auch unter der Geltung des Grundgesetzes bestraft werden soll. In diesem Normalfall dürfe die Tat nicht nach einem Gesetz bestraft werden, das zwar zur Zeit der Bestrafung gilt, zur Zeit der Begehung jedoch nicht. Wenn dagegen die Tat zu einem Zeitpunkt begangen wurde, an dem keine rechtsstaatlichen Verhältnisse herrschten, liege nicht der Normalfall vor, sondern eine Ausnahme. Und dann, so meint das Bundesverfassungsgericht, gilt das Rückwirkungsverbot nur relativ. Derjenige, der eine Tat unter einer nicht-rechtsstaatlichen Verfassung begangen hat und dann unter einer rechtsstaatlichen Verfassung verurteilt werden soll, darf nicht darauf rechnen, daß ihn die Berufung auf das zur Tatzeit geltende Recht vor der Bestrafung schützt. Das ist eben nur der Fall, wenn das zur Tatzeit gültige Recht nicht im Widerspruch zur Gerechtigkeit steht.

Mit dieser Auffassung wird das Rückwirkungsverbot um seinen Gehalt gebracht. Wo es als Schutz gegen rückwirkende Strafwünsche gebraucht wird, soll es nicht gelten, und wo man es nicht braucht, weil ohnedies alles rechtsstaatlich zugeht, soll es Gültigkeit haben. Wenn das Bundesverfassungsgericht mit seiner Interpretation recht hat, ist die ausdrückliche Suspendierung des Verbots in den Nürnberger Prozessen und durch das Kontrollratsgesetz Nr. 10 unsinnig. Denn es würde sich dann von selbst verstehen, daß das Rückwirkungsverbot nur im Blick auf solche Gesetze gilt, die rechtsstaatlich zustande gekommen sind, und das war im Nationalsozialismus zweifellos nicht der Fall.

So setzt sich die Ablehnung der Ausnahmebestimmungen zum Rückwirkungsverbot in der Bundesrepublik bis in die Gegenwart fort. In den 50er Jahren meinte man explizit, daß sie mit rechtsstaatlichen Prinzipien unvereinbar sind, heute werden sie vom Bundesverfas-

---

78 Vgl. BVerfGE 95, 96, 132 f. Ich folge in meiner Interpretation Bernhard Schlink, Vergangenheitsbewältigung durch Recht, in: König et al. (Hg.), Vergangenheitsbewältigung am Ende des 20. Jahrhunderts, a.a.O., S. 446 ff.

sungsgericht implizit für unsinnig und überflüssig erklärt. In den 50er Jahren stand dahinter der Wille, die strafrechtliche Verfolgung von NS-Verbrechern so schwierig wie möglich zu machen, heute steht dahinter der Wunsch, die Systemkriminalität der DDR strafrechtlich zu ahnden. In den 50er Jahren offenbarte die Ablehnung der strafrechtlichen Bewältigung der NS-Vergangenheit ein eigentümlich verengtes Verständnis der Möglichkeiten des Rechtsstaates, heute ist mit dem Interesse an der strafrechtlichen Bewältigung der DDR-Vergangenheit die Aushöhlung des Rückwirkungsverbots verbunden.

Man kann aus dieser vertrackten Lage zwei Konsequenzen ziehen. Erstens kann man zu dem Schluß kommen, daß es generell unmöglich ist, Vergangenheitsbewältigung mit den Mitteln des Strafrechts zu betreiben. Am Ende werden auf diese Weise nicht die Vergangenheiten bewältigt, sondern es wird, wegen der vielen juristischen Verrenkungen, die dabei nötig sind, immer nur das Recht beschädigt. Der Verzicht auf Strafverfolgung muß im übrigen nicht bedeuten, daß die Vergangenheit begraben und vergessen wird. An die Stelle der strafrechtlichen Bearbeitung könnte eine ethisch-politisch orientierte Selbstverständigung treten, und man könnte ferner auf politischem Wege dafür sorgen, daß belastete Personengruppen dequalifiziert werden und z. B. öffentliche Ämter nicht mehr übernehmen dürfen. Oder man richtet Wahrheits- und Versöhnungskommissionen ein, die den Verzicht auf Strafprozesse an die Offenlegung der Wahrheit binden.[79]

Zweitens könnte man aber auch eine ganz andere Konsequenz ziehen. Man könnte eine Verfassungsänderung ins Auge fassen und endlich die Ausnahmeregelung zum Rückwirkungsverbot ins Grundgesetz aufnehmen. Auf diese Weise könnte man das Rückwirkungsverbot ausdrücklich für die Zwecke der Verfolgung von nationalsozialistischen und kommunistischen Straftaten suspendieren, so wie es die Alliierten in den Statuten des Internationalen Gerichtshofs in Nürnberg und im Kontrollratsgesetz Nr. 10 praktiziert haben und wie es in der Europäischen Konvention der Menschenrechte seinen Niederschlag gefunden hat.

Daß dieser Punkt bei den Verfassungsdiskussionen nach dem Ende der DDR weder links noch rechts, weder im Bundestag noch außerhalb des Bundestags, weder im Osten noch im Westen eine Rolle gespielt hat,

---

79 Diese Möglichkeiten werden im letzten Kapitel ausführlicher erörtert.

ist nun doch wieder ein typisches deutsches Versäumnis. Und leider hat sich der Europäische Gerichtshof für Menschenrechte in allen Punkten den deutschen Gerichten angeschlossen. Der entscheidende Punkt seiner Begründung lautet, ähnlich wie beim Bundesverfassungsgericht, daß die Gesetze und die Rechtsprechung der DDR, auf die sich die Beschwerdeführer in Straßburg beriefen, im Grunde gar nicht das Attribut Recht verdienen, weil sie rechtsstaatlichen Anforderungen nicht entsprochen haben. Deswegen waren die dem Recht der DDR entsprechenden Handlungen nach Auffassung des Straßburger Gerichts von vornherein Unrecht und sind deswegen generell durch das Rückwirkungsverbot des Grundgesetzes nicht geschützt. Diese Argumentation führt dazu, daß in den Ausführungen des Europäischen Gerichtshofs für Menschenrechte die Ausnahmeklausel in Art. 7 Abs. 2 EMRK gar keine Rolle spielen muß.

Damit ist eine weitere Chance der Klärung vertan. Wenn die Beschwerden der Verurteilten in Straßburg anerkannt worden wären, wäre es vielleicht in der Bundesrepublik zu jener politischen Diskussion über die Fragen der Vergangenheitsbewältigung durch Recht gekommen, die bislang ausgeblieben ist, weil man die Angelegenheit der Rechtsprechung überlassen hat und Aktivitäten des Gesetzgebers für überflüssig hielt. In einer Debatte über die Möglichkeiten rückwirkender Bestrafung hätte eine Fülle jener allgemeinen politischen Problemen behandelt werden können, die mit der Bewältigung zweier Diktaturen verbunden sind. Und vielleicht hätte diese Diskussion tatsächlich die Verfassungsänderung in die Wege leiten können, die für eine befriedigende strafrechtliche Bewältigung des rechtsförmigen Unrechts aus der Zeit des Nationalsozialismus und des Kommunismus nötig gewesen wäre.

4. Der Fall Schneider/Schwerte

In den 90er Jahren kam es in der Bundesrepublik zu einer Reihe spektakulärer Skandale, in denen prominente Personen unverhofft mit ihrer verleugneten NS-Vergangenheit konfrontiert wurden. Diese Skandale waren späte Lehrstücke der Vergangenheitsbewältigung. Sie unterscheiden sich jedoch von vergleichbaren Affären in den 50er und 60er Jahren dadurch, daß ihr Verlauf nicht mehr dem Muster des intergenerationellen Dramas von Schuld und Sühne, Klage und Anklage folgte. Interpretationen, die diesem klassischen Muster folgen, verfehlen die spezifische Dimensionen, die diesen Skandalen dadurch zukommt, daß sie erst fünf Jahrzehnte nach dem Ende des Zweiten Weltkriegs aufgedeckt wurden.

Der Fall und die Reaktionen

Die äußeren Daten des Falls Schwerte sind schnell aufgezählt: Im April 1995 gab Hans Schwerte der Öffentlichkeit bekannt, daß er am Ende des Zweiten Weltkrieges seinen Namen gewechselt und bis dahin Hans Ernst Schneider geheißen hatte. Hans Schwerte hatte sich 1958 in Erlangen im Fach Germanistik habilitiert, er war 1965 an die RWTH Aachen berufen und dort 1970 von einer linksliberalen Mehrheit aus Professoren, Assistenten, nichtwissenschaftlichen Mitarbeitern und Studenten gegen die Mehrheit der Professoren zum Rektor gewählt worden. Von 1976 bis 1981 war Hans Schwerte Beauftragter zur Förderung der Beziehungen des Landes Nordrhein-Westfalen mit seinen Nachbarländern Belgien und den Niederlanden. Schwerte erhielt mehrere in- und ausländische Orden und wurde 1990 Ehrensenator seiner Hochschule.

Unter dem Nationalsozialismus hatte Hans Schwerte, wie er im April 1995 eingestand, als Hans Ernst Schneider im Range eines Hauptsturmführers in der SS gedient und war an führender Stelle der SS-Unterorganisation »Ahnenerbe« tätig gewesen. In dieser Funktion hatte er während der deutschen Besetzung in den Niederlanden und in Belgien in den Diensten des NS-Regimes gestanden. Von 1942 an bis zum Ende des Krieges hatte er der Abteilung »Germanischer Wissenschaftseinsatz« in der Reichshauptstelle des »Ahnenerbes« in Berlin angehört.[80]

Der Fall schlug in der nationalen und internationalen Öffentlichkeit hohe Wellen. Die große Aufmerksamkeit, die ihm entgegengebracht wurde, hatte auch etwas mit dem Zeitpunkt zu tun: Die Gedenkfeiern zum 50. Jahrestag des Kriegsendes standen unmittelbar bevor, die RWTH Aachen beging ihr 125jähriges Jubiläum, die Öffentlichkeit in der Bundesrepublik stritt heftig über die Frage, wie mit den belasteten Personen aus der DDR umgegangen werden sollte, und brachte damit indirekt die Frage des Umgangs mit den Tätern aus der Zeit des Nationalsozialismus wieder in die Diskussion, und schließlich entwickelte auch die zeithistorische Forschung ein neues Interesse an den NS-Tätern und ihrer Lebensgeschichte in der Bundesrepublik.

Auf den ersten Blick betrachtet folgt der Fall Schneider/Schwerte den bekannten Vorgaben der 50er und 60er Jahre. Noch einmal wurde eine belastende persönliche Vergangenheit aufgedeckt und unter spektakulären und dramatischen Umständen wie eine Familiengeschichte in den Dimensionen von Schuld, Verleugnung und Sühne ausgetragen. Der Fall steht damit für eine Form der Auseinandersetzung mit dem Erbe der Diktatur, die aber Mitte der 90er Jahre im Grunde bereits überholt war. Auf den zweiten Blick zeigt sich denn auch, daß der Fall tatsächlich unterhalb der turbulenten Oberfläche von den zuständigen Instanzen unvergleichlich routiniert und abgeklärt bearbeitet worden ist und auch die Frontverläufe ganz anders aussahen als etwa in der Ära Adenauer. Die verschiedenen gesellschaftlichen Teilsysteme reagierten jeweils gemäß ihrer eigenen eingespielten Logik und ließen sich von den historischen Dimensionen des Falls nicht weiter irritieren.[81]

---

80 Weitere Einzelheiten der Biographie müssen an dieser Stelle nicht ausgebreitet werden. Sie sind in mehreren Veröffentlichungen ausführlich dargestellt worden. Vgl. vor allem Ludwig Jäger, Seitenwechsel. Der Fall Schneider/Schwerte und die Diskretion der Germanistik, München 1998; Claus Leggewie, Von Schneider zu Schwerte. Das ungewöhnliche Leben eines Mannes, der aus der Geschichte lernen wollte, München/Wien 1998; Bernd-A. Rusinek, Schwerte/Schneider: Die Karriere eines Spagatakteurs 1936–1995, in: Helmut König (Hg.), Der Fall Schwerte im Kontext, Opladen/Wiesbaden 1998.

81 Vgl. folgende Literatur: Gotthard Jasper, Die Universität Erlangen-Nürnberg und der Fall

Alles in allem wirkt der Fall eher wie ein Anachronismus. Er schlug keine neue Seite im dicken Buch des hilflosen Antifaschismus der Bundesrepublik auf, sondern war eher ein Postscriptum dazu. Er ist ein Spiegel für die Herkunft der Bundesrepublik und ihrer Eliten aus dem Nationalsozialismus, kein Fall, der eine aktuelle Unterminierung der Demokratie in der Bundesrepublik durch unverbesserliche alte Nazis signalisieren würde. Der Fall zielte nicht ins Zentrum aktueller Konflikte, sondern warf ein bezeichnendes Licht auf die bundesrepublikanische Gegenwart. Er bietet Anlaß zum Rückblick auf die Geschichte der Vergangenheitsbewältigung, vor allem auf die Doppelstrategie der 50er Jahre, aber er ist nicht der Vorbote einer Renaissance dieser Strategie.

Das bedeutet zugleich: Der Fall Schneider/Schwerte eignet sich keineswegs dazu, daß man im Stile der oben erörterten »langen Welle« auf ihn reagiert. Die Versuche, den Fall in den Koordinaten eines noch ganz gegenwärtigen Dramas von Anklage, Schuld und Sühne zu lesen, wirken unangemessen, angestrengt und überzogen. Sie müssen zu den Mitteln von Suggestion, Unterstellung, Empörung und Verdacht greifen, um ihre Sichtweise plausibel zu machen. Das gilt nicht nur für die Interpretation von Ludwig Jäger, der mit Schwerte zugleich eine Reihe weiterer Altnazi-Germanisten auf die Anklagebank setzt und sie der Mitwisserschaft und Verschwörung zugunsten von Schneider/Schwerte bezichtigt. Es gilt auch für den Antipoden Claus Leggewie, der ganz anders als Ludwig Jäger davon überzeugt ist, daß sich Schneider/Schwerte sogar um die Bundesrepublik verdient gemacht hat. Zur Begründung dieser Behauptung muß Leggewie eine übergroße und ganz unangemessene Portion an Empathie und Verehrung für seinen Helden aufbringen. Und vor allem scheint auch Leggewie nicht auf die Rolle des Schurken verzichten zu können. Nur daß bei ihm nicht Schneider/

Schneider/Schwerte, in: Leviathan, 24. Jg., 1996; Theodor Ebert, Die blamierte Alma mater, in: Leviathan, 25. Jg., 1997; Gotthard Jasper, Erwiderung auf Theodor Ebert, in: Leviathan, 25. Jg., 1997; Erlanger Universitätsreden: Ein Germanist und seine Wissenschaft Der Fall Schneider/Schwerte, Erlangen/Nürnberg 1996; Sprache und Literatur. Schwerpunkt: Der Fall Schneider/Schwerte, Heft 77, 1996; Helmut König et al. (Hg.), Vertuschte Vergangenheit. Der Fall Schwerte und die NS-Vergangenheit der deutschen Hochschulen, München 1997; Wilfried Loth/Bernd-A. Rusinek (Hg.), Verwandlungspolitik. NS-Eliten in der westdeutschen Nachkriegsgesellschaft, Frankfurt a. M./New York 1998; Autorenkollektiv für Nestbeschmutzung, Schweigepflicht. Eine Reportage. Der Fall Schneider und andere Versuche, nationalsozialistische Kontinuitäten in der Wissenschaftsgeschichte aufzudecken, Münster 1996.

Schwerte diese Rolle spielt, sondern das Wespennest des Aachener Universitätsmilieus, das mit Unterstellungen und Schutzbehauptungen die Aufklärung des Falls zu hintertreiben suche. Die sinistre Macht der Doppelmoral, die Leggewie hier am Werke sah, veranlaßte ihn, vorsichtshalber kurz vor Erscheinen des Buches ein Kapitel, in dem er diese Machenschaften aufdecken wollte, zurückzuziehen, nicht ohne diesen Rückzug mit der Androhung zu verbinden, eines Tages würden Roß und Reiter des Aachener Sumpfs schon noch genannt. In der Öffentlichkeit wurde dieser Rückzug mit Recht unter der Rubrik einer mehr oder weniger reißerischen Werbeaktion für die eigene Publikation verbucht und nicht ernst genommen.

Der Fall Schneider/Schwerte ist tatsächlich kein geeigneter Kandidat für eine Reinszenierung des Dramas von Anklage, Schuld und Sühne. Viel besser tut man daran, ihn zum Anlaß für die systematische Erörterung einer Reihe von Problemen der Vergangenheitsbewältigung in der Bundesrepublik zu nehmen und an ihm vor allem die Unwahrscheinlichkeit deutlich zu machen, daß diese Art des Umgangs mit der Vergangenheit gelingen konnte. Unter diesem Blickwinkel wird der Fall Schneider/Schwerte im folgenden eingehender analysiert.

Eine deutsche Karriere

Der Soziologe Lepsius hat das Verhältnis der drei Nachfolgestaaten des ›Dritten Reiches‹ zu ihrem Vorgängersystem in typologischer Zuspitzung folgendermaßen charakterisiert: In Österreich sei die belastende Vergangenheit externalisiert, d. h. zu einer Angelegenheit gemacht worden, mit der das eigene Land genuin nichts zu tun hatte. In der DDR sei der Nationalsozialismus zu einer Systemfrage des Kapitalismus universalisiert und damit gleichsam abgeschoben worden. Die Bundesrepublik dagegen hat nach Lepsius den Nationalsozialismus internalisiert, d. h. in einer langen und konfliktreichen Auseinandersetzung so in das Selbstbild integriert, daß er zu der zentralen negativen Bezugsgröße wurde, vor der sich die politische und kulturelle Orientierung auszuweisen hatte.[82]

---

82 Rainer M. Lepsius, Das Erbe des Nationalsozialismus und die politische Kultur der Nachfolgestaaten des ›Großdeutschen Reiches‹, in: Max Haller et al. (Hg.), Kultur und Gesellschaft, Frankfurt a. M./New York 1989.

Es ist nicht schwer, eine Fülle von Beispielen aus der Geschichte der Bundesrepublik aufzuzählen, die mit dieser vergleichsweise günstigen Beschreibung kontrastieren und ein ganz anderes Bild ergeben. Der Fall Schneider/Schwerte reiht sich hier nahtlos ein. Diesem Bild zufolge ist es so, daß die Kontinuität zwischen dem NS-Staat und der Bundesrepublik am Ende eben doch bedeutender und prägender geworden ist als der Bruch. Grell wird in diesen Aussagen nicht nur auf die Herkunft der Bundesrepublik hingewiesen, sondern zugleich damit die These verbunden, daß es ihr nicht gelang, der Macht ihrer Herkunft zu entkommen. Wie für den individuellen Fall Schwerte gelten soll, daß der behauptete Gesinnungswandel durch die Täuschung der Umwelt sich selbst dementierte und seine Glaubwürdigkeit verlor, soll für die Bundesrepublik generell gelten, daß ihre demokratische Lern- und Erfolgsgeschichte auf nichts als schönem Schein, auf Verleugnung und Heuchelei gebaut ist.

Es ist tatsächlich unübersehbar, daß die Bundesrepublik in ihrem Selbstbild auch fünfzig Jahre nach dem Ende des Krieges noch Unsicherheiten zeigt. Bei der Suche nach einer besseren Vergangenheit sucht sie oft genug Trost in der Zukunft.[83] Immer aufs neue frappiert die Gleichzeitigkeit von Sinneswandel und beharrlicher Praxis der Verleugnung, von glänzend stabiler Demokratie und andauernden Versuchen, sich der Verantwortung zu entziehen. Dafür ist die Änderung des Namens und damit die absichtsvolle Abdunklung der individuellen NS-Vergangenheit durch Schneider/Schwerte ein geradezu paradigmatisches Beispiel. In diesem Sinn darf der Weg von Schneider/Schwerte zu Recht als »deutsche Karriere«[84], wenn nicht als »*die* deutsche Karriere« gelten.[85]

Bei den Diskussionen über die Frage, wie die Bundesrepublik sich zur NS-Vergangenheit verhalten hat, spielt die Tatsache der Elitenkontinuität über das Jahr 1945 hinweg immer wieder eine entscheidende Rolle. Die traditionellen Eliten in Wirtschaft, Verwaltung, Wissenschaft sind nach 1945 fast vollständig in ihren angestammten Positionen verblieben oder nach kurzen Unterbrechungen wieder in sie eingerückt. Die Angehörigen der politischen NS-Elite, die Spitze des

83 Vgl. Reichel, Politik mit der Erinnerung, a.a.O., S. 40.
84 Karl-Siegbert Rehberg, Eine deutsche Karriere. Oder: Gelegenheit macht Demokraten, in: Merkur, Heft 562, 1996, S. 73.
85 Walter Mayr, »Ich bin doch immun«, in: Der Spiegel, Nr. 19/1995, S. 95.

Staats- und Parteiapparats, die im engeren Sinn für das Terrorregime verantwortlich waren und den Kern der politischen Klasse des NS-Regimes ausmachten, sind dagegen in der Bundesrepublik nicht in politische Spitzenpositionen hineingekommen. Aber die übergroße Mehrheit von ihnen kehrte nach den energischen Säuberungsmaßnahmen der Alliierten doch bald in die bürgerliche Normalität zurück, wurde amnestiert und reintegriert.

Diese Kontinuität der Eliten über das Jahr 1945 hinweg hat gelegentlich beängstigende Züge. Das im Aufbau befindliche Auswärtige Amt z. B. hatte im Herbst 1950 unter seinen leitenden Mitarbeitern mindestens zur Hälfte einstige NSDAP-Mitglieder, davon allein 43 ehemalige aktive SS-Mitglieder und 17 frühere SD-Leute und Gestapo-Beamte. Damit war der Anteil der vormaligen Nationalsozialisten in dieser Behörde anfänglich sogar höher als zu Zeiten des Dritten Reiches.[86] Beim Personal des Justizwesens verhielt es sich in der Bundesrepublik in den 50er Jahren nicht anders.

Das sind gewiß bedrückende Tatsachen, und man kann sich die Belastungen, die aus dieser personellen Kontinuität resultierten, gar nicht groß genug vorstellen. Es muß aber darauf hingewiesen werden, daß sowohl bezogen auf die Fakten wie erst recht bezogen auf ihre Bedeutung für die Bundesrepublik noch immer sehr viele Vermutungen im Spiel sind. Gesichertes Wissen ist bislang nur in Ansätzen erarbeitet worden, die zeitgeschichtliche Erforschung der Frage ist noch in vollem Gange. Einstweilen changiert das Bild zwischen drei Positionen. Da gibt es zum einen die Behauptung einer bruchlosen Kontinuität der Eliten und damit verknüpft die These, daß das politische System der Bundesrepublik eine dauerhafte und irreparable Schädigung erfahren hat. Dazu in Kontrast steht die Aussage, daß der Elitenwechsel strukturell und quantitativ nach 1945 in der Bundesrepublik größer gewesen ist als etwa im Jahre 1918 oder 1933. Und zum dritten schließlich wird darauf hingewiesen, daß das gar nicht so kleine alliierte Purgatorium nach dem Ende des Krieges, also die Internierungen, Verurteilungen, Berufsenthebungen und Entnazifizierungsverfahren, nicht zu unterschätzende mentale und habituelle Folgen gezeitigt haben, auch wenn die Maßnahmen seit Anfang der 50er Jahre durch die Bundesre-

86 Vgl. Hans-Jürgen Döscher, Verschworene Gesellschaft. Das Auswärtige Amt unter Adenauer zwischen Neubeginn und Kontinuität, Berlin 1995.

publik bzw. auf ihr Betreiben hin fast ganz rückgängig gemacht wurden. Jedenfalls sei den davon Betroffenen mit wenigen Ausnahmen die Lust auf weitere politische Betätigung im Sinne ihrer alten Überzeugung nachhaltig ausgetrieben worden.[87] Vielleicht ist hierauf die Tatsache zurückzuführen, daß die Staatsdiener in der Bundesrepublik anders als in der Weimarer Republik ihrem neuen Staat loyal gegenüberstanden.

Die Frage, wie sich die Bundesrepublik zum Erbe der NS-Vergangenheit verhalten hat, ist nicht auf die Geschichte der Eliten zu reduzieren. Es hat nicht nur die Kontinuität der Elite gegeben, sondern auch die Kontinuität des Volkes.[88] Die Bewältigung der Vergangenheit ist ein sehr vielschichtiger Prozeß. Zu ihm gehört die Etablierung eines neuen politischen Systems mit neuen Institutionen nicht weniger als die Wiedergutmachung an den Opfern und Verfolgten. Und es gehörten dazu die kollektive Ächtung des Nationalsozialismus sowie die kritische Aufarbeitung der Vergangenheit, die auf die langfristige Veränderung der politischen Mentalität der Bevölkerung zielen. Faßt man die Geschichte der Vergangenheitsbewältigung in der Bundesrepublik insgesamt ins Auge, dann zeigt sich ein facettenreiches, widersprüchliches, durch ganz unterschiedliche Etappen geprägtes Bild, für das Pauschalurteile aller Art fehl am Platze sind.

Wenn man über die allzu plakative Alternative Bruch versus Kontinuität, Stunde Null versus Fortsetzung des Alten, aufrichtiger Wandel versus Maskerade hinauskommen will, muß man das Thema mit genaue-

87 Vgl. Klaus-Dietmar Henke, Die Trennung vom Nationalsozialismus. Selbstzerstörung, politische Säuberung, ›Entnazifizierung‹, Strafverfolgung, in: Ders./Hans Woller (Hg.), Politische Säuberung in Europa, München 1991; Hermann Graml, Die verdrängte Auseinandersetzung mit dem Nationalsozialismus, in: Martin Broszat (Hg.), Zäsuren nach 1945. Essays zur Periodisierung der deutschen Nachkriegsgeschichte, München 1990; Ulrich Herbert, NS-Eliten in der Bundesrepublik, in: Loth/Rusinek (Hg.), Verwandlungspolitik. NS-Eliten in der westdeutschen Nachkriegsgesellschaft, a.a.O.; Axel Schildt, NS-Eliten in der Bundesrepublik Deutschland, in: Geschichte, Politik und ihre Didaktik, 24. Jg., 1996; Olaf Groehler, Personenaustausch in der neuesten deutschen Geschichte, in: Klaus Sühl (Hg.), Vergangenheitsbewältigung 1945 und 1989, Berlin 1994; Jürgen Kocka, Über das Beschweigen der Vergangenheit. Diskussion zwischen Ralph Giordano, Jürgen Kocka, Wolfgang Thierse, Monika Zimmermann, in: Ebda., S. 185 f.; Jürgen Danyel, Die beiden deutschen Staaten und ihre nationalsozialistische Vergangenheit. Elitenwechsel und Vergangenheitspolitik, in: Christoph Kleßmann et al. (Hg.), Deutsche Vergangenheiten – eine gemeinsame Herausforderung, Berlin 1999; Norbert Frei, Karrieren im Zwielicht. Hitlers Eliten nach 1945, Frankfurt a. M./New York 2001.
88 Lutz Niethammer, Einleitung, in: Ders. (Hg.), »Die Jahre weiß man nicht, wo man die heute hinsetzen soll«. Faschismuserfahrungen im Ruhrgebiet, Berlin/Bonn 1983, S. 8 ff.

ren Fragen aufschlüsseln. Dafür eignet sich der Fall Schneider/Schwerte sehr gut. Erstens ist zu fragen nach den allgemeinen Implikationen und Problemen, die auf politischer Ebene mit dem Versuch verbunden sind, nach dem Untergang diktatorischer Herrschaft einen demokratischen Neuanfang zu machen. Zweitens stellt sich die Frage nach dem Verhältnis von individuellem Bewußtsein und demokratischem politischen System. Und drittens schließlich ist die Frage zu erörtern, ob und inwiefern es sinnvoll und möglich ist, im Blick auf die Biographie von Schneider/Schwerte und die Entwicklungsgeschichte der Bundesrepublik von einem Lernprozeß bzw. einer Umkehr zu sprechen.

Demokratischer Neubeginn

Das Politische ist nach Hannah Arendt die aus dem Reich der Notwendigkeit herausgehobene Sphäre des Neuen und des Neubeginns. Für die Politik sei die Fähigkeit der Menschen konstitutiv, in gemeinsamem Handeln neue Anfänge zu machen. Das sei nur ein anderer Ausdruck für die Tatsache, daß Politik und Freiheit aufeinander verweisen und sich dadurch signifikant von der Sphäre der Arbeit, der Verwaltung oder des Militärs unterscheiden.[89]

Angesichts der Zwänge der Realpolitik in hoch differenzierten modernen Gesellschaften kann man an der Gültigkeit dieser Bestimmungen begründete Zweifel haben und sie für antiquiert halten. Sie sind im übrigen bei Arendt nicht als Beschreibungen der Realität gemeint, sondern als allgemeine Wesensbestimmungen. Kein Zweifel aber, daß sie sowohl für Revolutionen wie für die Übergänge von diktatorischen oder autoritären Regimen zu demokratischen Systemen von großer Plausibilität sind. In diesen Übergängen geht es um die Aufgabe, einen neuen Anfang zu machen und dafür zu sorgen, daß die alten Verhältnisse nicht wiederkehren. Dazu gehört fraglos die Entscheidung über eine Reihe institutioneller, ordnungs- und strukturpolitischer Alternativen. Zugleich aber geht es um personalpolitische Fragen, genauer: um die Frage des Umgangs mit dem alten, belasteten Personal. In vielen Fällen mag es sich dabei um eine unangemessene Personalisierung von Problemen handeln, die mehr mit Strukturen als mit handelnden

---

89 Vgl. Hannah Arendt, Macht und Gewalt, München 1995.

Personen zu tun haben. Empirisch gesehen ist es zweifellos so, daß sich in der öffentlichen Aufmerksamkeit das Problem regelmäßig auf den Aspekt zuspitzt, wie unter den neuen politischen Verhältnissen mit denjenigen verfahren werden soll, die das alte Willkür- und Gewaltregime getragen, gestützt und gefördert haben. Der Status von Opfern und Tätern, von Verfolgten und Verfolgern, von Spitzeln und Bespitzelten, von Schikanierten und Begünstigten, von Oppositionellen und Opportunisten muß neu bestimmt, ihr Verhältnis zueinander neu balanciert werden, und zwar sowohl in rechtlich-politischer Sicht wie im weiten Feld der öffentlichen Bewertungen in der Sphäre der politischen Moral und der politischen Kultur.

Im Prinzip sind vier Varianten zur Lösung des Problems vorstellbar: 1. Blutige, wilde, kurze *Abrechnung* mit den Tätern und dauerhafte öffentliche *Ächtung* des alten Regimes und ihres Personals; 2. *Amnestie* für die Straftäter und allgemeines *Stillschweigen* über die Vergangenheit; 3. Rechtsstaatlich korrekte *Strafverfahren* gegen die Täter und Durchsetzung einer *Erinnerungskultur*, die das alte Regime auf der ganzen Linie ächtet, den Opfern ein ehrendes Angedenken bewahrt und die überlebenden Verfolgten entschädigt und würdigt; 4. *Straffreiheit* für die Täter, aber unter der Bedingung, daß sie ihre Straftaten öffentlich eingestehen, und breite öffentliche *Aufklärung* über die Vergangenheit.

So beschrieben, ist das Problem durchaus nicht neu, sondern aus der Politikgeschichte wohlbekannt und seit langem Gegenstand der Aufmerksamkeit von Staatstheoretikern und Geschichtsschreibern. Immer wieder wird in diesem Zusammenhang das Beispiel der Athener Amnestie und Amnesie nach der sogenannten »Tyrannei der dreißig« im Jahre 403 v. Chr. erörtert und auf das Lob hingewiesen, das diese Überwindung der blutigen Konflikte bei Aristoteles gefunden hat.[90] Ganz anders als bei Aristoteles, der die Mäßigung der Athener Bürgerkriegssieger für einen großen Dienst an der Politik hält, sehen einige Jahrhunderte später die Rezepte Machiavellis in dieser Sache aus. Seinem Ruf als zynischer Machtpolitiker und kühler Analysierer der Logik der Politik alle Ehre machend, schreibt er in den *Discorsi* über die »Me-

90 Vgl. Nicole Loraux, Das Vergessen in der Erinnerung der athenischen Demokratie, in: Gary Smith/Hinderk M. Emrich (Hg.), Vom Nutzen des Vergessens, Berlin 1996; Wilfried Nippel, Bürgerkrieg und Amnestie: Athen 411–403, in: Gary Smith/Avishai Margalit (Hg.), Amnestie oder Die Politik der Erinnerung in der Demokratie, Frankfurt a. M. 1997.

thode, wie man die Uneinigkeit einer Stadt beilegen muß«: »Diese Methode ist nichts anderes, noch kann etwas anderes dagegen helfen, als die Rädelsführer der Unruhen hinzurichten. Es gibt überhaupt nur drei Wege: entweder die Rädelsführer zu töten, wie es die Römer gemacht haben, oder sie aus dem Staat zu entfernen, oder sie miteinander Frieden schließen zu lassen unter der Bedingung, sich nicht weiter zu befehden. Von diesen drei Wegen ist der letzte der schädlichste, unsicherste und nutzloseste. Denn wo bereits viel Blut geflossen ist und andere Gewalttätigkeiten verübt worden sind, kann ein erzwungener Frieden unmöglich von Dauer sein, wenn sich die Parteien wieder Tag für Tag zu Gesicht bekommen.«[91]

Weitere Beispiele für Antworten auf das Problem des politischen Neuanfangs nach Tyranneien, Kriegen und Bürgerkriegen wären aus dem Buch der Geschichte, insbesondere aus der Geschichte der Friedensschlüsse, ohne große Mühe aufzuzählen. Dabei fällt auf, daß die meisten Antworten ihr Heil in Amnestie und Amnesie suchen.[92] Noch für Kant z. B. ist das selbstverständlich: »Daß mit dem Friedensschlusse auch die Amnestie verbunden sei, liegt schon im Begriffe desselben.«[93] Es wäre eine eigene Untersuchung wert, wieso sich diese Vorstellung vor allem im 20. Jahrhundert mit den Bemühungen um völkerrechtlich festgehaltene Kriminalisierungen staatlichen Handelns und mit der allgemeinen Aufwertung der Erinnerung fundamental geändert hat.[94]

Das Problem ist, daß die Wahl zwischen den aufgezählten vier Optionen unter moralischen Gesichtspunkten leichtfallen mag, unter politischen Gesichtspunkten sich aber als weitaus schwieriger darstellt. In politischer Hinsicht muß es vor allem darum gehen, die Diktatur dauerhaft zu überwinden und ihre Wiederkehr zu verhindern. Der politische Wert einer vergangenheitspolitischen Maßnahme bemißt sich mithin nicht nach der Logik der Moral, sondern danach, von welcher Option der größte Beitrag für die Stabilisierung der neuen Verhältnisse zu erwarten ist. Demokratien sind qua definitionem auf die Zustimmung und Loyalität ihrer Bürger angewiesen. Deswegen besteht für

---

91 Niccolo Machiavelli, Discorsi (1531), Stuttgart 1977, S. 359.
92 Das ist das Ergebnis der Untersuchungen von Jörg Fisch, Krieg und Frieden im Friedensvertrag. Eine universalgeschichtliche Studie über Grundlagen und Formelemente des Friedensschlusses, Stuttgart 1979.
93 Immanuel Kant, Die Metaphysik der Sitten (1797/98), in: Werke in sechs Bänden, hg. von Wilhelm Weischedel, Bd. IV, Darmstadt 1956, S. 472.
94 Vgl. Harald Weinrich, Lethe. Kunst und Kritik des Vergessens, München 1997.

sie ein großes Problem darin, daß sie es im 20. Jahrhundert nach dem Ende der Diktaturen mit Bevölkerungen zu tun haben, die sich zum überwiegenden Teil aus mehr oder weniger überzeugten früheren Anhängern des alten Regimes zusammensetzen. Das war z. B. 1945 in Deutschland ganz fraglos der Fall. Gegen diese Mehrheit konnte die Demokratie der Bundesrepublik kaum errichtet werden. Man muß sie erschießen oder den Versuch machen, sie für die Demokratie zu gewinnen, so lautete etwa die von Eugen Kogon kurz nach dem Ende des Krieges drastisch formulierte Alternative.

Aus der Sicht der durchgesetzten Erinnerungskultur in der Bundesrepublik seit Mitte der 60er Jahre erscheinen die ersten Nachkriegsjahre und die 50er Jahre zumeist als eine Zeit des Beschweigens und Vergessens. Übersehen wird dabei, daß dieser Umgang mit der NS-Vergangenheit durchaus nicht gedankenlos geschah, sondern in anspruchsvollen Theorien vorgedacht worden war. Die ersten intellektuellen Nachkriegsmoden in Deutschland nach dem Ende des Nationalsozialismus, der Existentialismus Sartres und der Vitalismus Ortega y Gassets, so unterschiedlich sie sonst sein mochten, stimmen in diesem Punkte überein. Der Blick zurück, Selbstanklage, Reue für die Untaten der Vergangenheit, so lautete ihre Botschaft, seien für den nötigen Neuanfang eher hinderlich. »Die Fliegen« von Sartre sind ein Drama des Neuanfangs aus dem Vergessen. Die existentialistische Freiheit zeigt sich darin, daß der Mensch nicht nur seine Zukunft wählt, sondern ineins damit auch seine Vergangenheit. Die Männlichkeitsappelle von Ortega laufen auf eine ähnliche Position hinaus.[95]

Sicherlich sind das fragwürdige Konzepte. Aber daß sie gegenwärtig gänzlich im öffentlichen Bewußtsein vergessen sind – mir ist keine Untersuchung dieser intellektuellen Nachkriegsmoden und ihrer Bedeutung für den Umgang mit der NS-Vergangenheit bekannt –, ist beim allgemeinen Konsens über die förderliche Wirkung der Erinnerung doch auch wiederum eine irritierende Lücke des kollektiven Gedächtnisses. Sicherlich kann man gegen die Integration der NS-Eliten in das politische und gesellschaftliche System der Bundesrepublik erhebliche Bedenken anmelden, und die kritischen Fragen liegen auf der Hand: Kann unter solchen Bedingungen überhaupt von einem demo-

---

95 Zu Ortega siehe meine kleine Untersuchung: Ortega und die Bundesrepublik, in: Die Neue Gesellschaft/Frankfurter Hefte, 35. Jg., 1988, Nr. 3.

kratischen Neubeginn gesprochen werden? Ist es nicht vielmehr so, daß diese zutiefst von vordemokratischen Gedanken und Verhalten imprägnierte Elite (und Bevölkerung) sozusagen von innen her die mentalen und politisch-kulturellen Voraussetzungen des neuen Systems in Frage stellen? Andererseits aber muß man bedenken, daß diese großzügige Integration das geringere Risiko sein könnte im Vergleich mit einer Strategie der rigorosen Säuberung und Dequalifizierung, die in der Gefahr steht, antidemokratisch eingestellte und militante Gruppierungen zu erzeugen bzw. zu stabilisieren.

Beim Blick auf die genannten vier prinzipiellen Varianten ist eine Reihe weiterer Eigentümlichkeiten und Schwierigkeiten zu bedenken, von denen einige hier wenigstens angedeutet seien. Zum einen ist es so, daß die jeweiligen politischen Entscheidungszentren zwar die Möglichkeit haben, Amnestien zu verfügen, daß eine gesetzliche bzw. administrative Anordnung des Vergessens, eine damnatio memoriae, sich dagegen als unmöglich erweisen dürfte. Das ist jedenfalls der Fall unter den demokratischen Bedingungen unzensierter und unreglementierter Öffentlichkeit. Mithin dürfte sich auch ein allgemeines Stillschweigen über die Vergangenheit auf dem Wege der politisch-administrativen Anordnung kaum realisieren lassen.

Eine weitere Schwierigkeit besteht darin, daß Demokratien zwar auf die grundsätzliche Loyalität der Mehrheit der Bevölkerung angewiesen sind, also auch die gewinnen müssen, die vor kurzem noch ganz anderen politischen Überzeugungen anhingen, daß sie aber zugleich bestimmter politisch-kultureller Standards bedürfen, die ihre Trennung vom alten Regime einschneidend und für alle sichtbar markieren. Das bedeutet, daß der erinnerungslosen Integration der Täter und Anhänger des alten Regimes enge Grenzen gesetzt sind, wenn man nicht in die Gefahr geraten will, mit dem alten Personal zugleich die alten politischen Positionen und Haltungen zu übernehmen.

Bei der »wilden«, radikalen Abrechnung wiederum, die den großen Vorteil hat, das Ende der alten Ära und den Beginn von etwas Neuem deutlich sichtbar zu machen, stellt sich das Problem, daß sie unter rechtsstaatlichen Gesichtspunkten kaum legitimierbar ist. Entscheidet man sich dagegen für die dritte Option, also für die Durchführung von Strafverfahren, stößt man umgekehrt auf das in der Bundesrepublik hinlänglich bekannte Problem, daß das Strafrecht für die Ahndung von Staatsverbrechen kein sehr geeignetes Mittel ist, z. B. weil es rückwirkende Gesetze unter rechtsstaatlichen Bedingungen nicht geben darf. Diese Frage wäre allerdings bei hinlänglichem politischen Willen durchaus lösbar gewesen, wie ich oben gezeigt habe. Entscheidend aber ist, daß bei einer personellen Kontinuität des Justizpersonals die Abhaltung von Strafprozessen im Sande verläuft, weil dann bei jedem Prozeß die Richter indirekt auch über sich selber zu Gericht sitzen. Woher aber neue Richter nehmen?

Was schließlich die vierte Option angeht – also das Versprechen der Straffreiheit bei öffentlichem Eingeständnis der Taten –, so müßten hier die Erfahrungen bedacht werden, die damit in Südafrika, Polen und einigen Ländern Lateinamerikas gemacht worden sind. Bei dieser Option handelt es sich um den Versuch, bestimmte Elemente aus den anderen Varianten aufzunehmen und deren Nachteile zu vermeiden. Vor allem reagiert diese Strategie auf die Tatsache, daß die Angst vor Strafverfolgungen und Strafverfahren die Offenlegung der Taten und der Tatbeteiligungen durch die Täter verhindert, weil diese Offenlegung ja sofort zur Anklage führen würde. Hier soll nun umgekehrt die Offenlegung mit dem Versprechen der Straffreiheit belohnt werden. Dahinter steckt die Überzeugung, daß – wenn man schon nicht beides haben kann – die Wahrheit über die Vergangenheit für die Gesellschaft heilsamer und wichtiger ist als die Bestrafung der Täter.

Welche Optionen für den Umgang mit den personellen Hinterlassenschaften zum Zuge kommen, hängt von der inneren Struktur des alten Regimes ab und vor allem davon, auf welche Weise sein Ende herbeigeführt wurde, von innen oder von außen, durch einen Krieg, einen Bürgerkrieg oder auf dem Verhandlungsweg. Das kann hier nicht im einzelnen ausgeführt werden. Aus der deutschen Geschichte des 20. Jahrhunderts spricht einiges für die Annahme, daß sich die Chancen des institutionellen und politischen Neuanfangs erhöhen, je vollkommener der Untergang des alten Regimes ist, je unausweichlicher sein verbrecherischer Charakter anerkannt werden muß und je weniger Ausflüchte im Bewußtsein möglich sind.

Das ist das Modell von Asche und Phönix, von Untergang und Neubeginn. In der Fähigkeit, »die in der Zerstörung liegende Chance zu nutzen«, hat z. B. Niklas Luhmann eine der Bedingungen für die Erfolgsgeschichte der Bundesrepublik gesehen. Er spricht von einer »Phönixiade«, von einer »auffallenden historischen Diskontinuität« und sieht im Unterschied zu 1945/49 für das Ende der DDR das Problem darin, daß es hier nicht die Chance gegeben habe, »von Zerstörung ausgehen zu können«. Deswegen sei in diesem Fall zu erwarten, »daß eingeübte Vorstellungen unreflektiert fortgesetzt werden«.[96]

Das klingt plausibel, läßt aber eine Reihe wichtiger Gesichtspunkte außer acht. Es ist z. B. ausgesprochen fraglich, ob die Mentalitäten, die sich nach Auffassung des französischen Historikers Le Goff in der Geschichte am langsamsten ändern, mit diesem Modell begreifbar sind. Die Annahme, daß ausgerechnet hier mit Katharsis-Konzepten eine Beschleunigung erreicht werden könnte, gehört eher ins Reich der Kulte und Illusionen als in das der politischen Realität. Ferner ist daran zu erinnern, daß der Legende zufolge Phönix nicht verbrannt wurde, sondern sich selber verbrannte, und man darf sich fragen, ob nicht die noch im Untergang bewiesene Selbstmächtigkeit die Bedingung für die neugefiederte Auferstehung ist. Vor allem aber steht das Bild von Asche und Phönix in der Gefahr, daß es der Katastrophen- und Karfreitagslogik huldigt, nach der nur aus einem wirklich totalen Untergang das Neue entstehen kann. Von da aus ist es dann nur ein kleiner Schritt zu dem Gedanken, der die Mängel und Defizite des Neuanfangs darauf zurückführt, daß es den Menschen immer noch zu gut gegangen ist. Damit wird der Untergang als Strafgericht und Reinigung verklärt und eine vielleicht denn doch in säkularen Zeiten allzu christlich-prekäre Sinngebung des Sinnlosen vorgenommen.

Für die Beurteilung des Falles Schneider/Schwerte sind diese Überlegungen in zweifacher Hinsicht von Bedeutung. Zum einen kann man für die subjektive Perspektive von Schwerte im Blick auf die vier Optionen darauf hinweisen, daß Schneider am Ende des Krieges kaum wissen konnte, welche Variante der Säuberungspolitik die Alliierten favorisieren würden. Unter diesen Bedingungen der Unsicherheit in der Zwischenphase, in der die alten Normen nicht mehr, neue aber noch nicht galten, waren Namenswechsel und neue Papiere aus Gründen der Selbsterhaltung durchaus zweckrational.

Zum andern ist es so, daß Schneider am Ende des Krieges sozusagen seine eigene kleine Phönixiade veranstaltete. Im Frühjahr 1945 hat er die Dokumente des »Ahnenerbe« verbrannt und damit auch einen Teil

---

96 Niklas Luhmann, Dabeisein und Dagegensein. Anregungen zu einem Nachruf auf die Bundesrepublik, in: Ders., Protest, Frankfurt a. M. 1996, S. 156 f.

seiner eigenen Existenz und Laufbahn.[97] Noch und gerade im Untergang mächtig zu bleiben, nicht verbrannt zu werden, sondern selber zu verbrennen, sich nicht behandeln zu lassen, sondern selber handlungsfähig zu bleiben – das scheint ein wichtiges Motiv für das Verhalten Schneiders im Übergang zu Schwerte gewesen zu sein. Schneider/ Schwerte hat sich die Amnestie selber verordnet und sich »im Selbstversuch entnazifiziert«.[98]

Hat er sich damit auch die Amnesie verordnet? Das ist keineswegs sicher, vermutlich unmöglich, selbst wenn es seine Absicht gewesen sein sollte. Man kann nur das ins Reich des Vergessens schicken, was man erinnert hat, und was man vergessen will, vergißt man nicht. Darin liegt eine paradoxe Grenze der eigenen Macht. Mit dem Identitätswechsel kann man die Umwelt täuschen und ihr gleichsam das Vergessen aufzwingen. Die eigene, die ›innere‹ Erinnerung dagegen kann auf diesem Wege wohl kaum ausgeschaltet werden. Wie es in diesem konkreten Fall war, können wir nicht wissen, weil Schwerte darüber keine Auskunft gegeben hat.

Zurück zu der Frage nach den Bedingungen eines demokratischen Neuanfangs. Man kann den hier vorgetragenen Überlegungen den Vorwurf machen, daß sie allzu funktionalistisch angelegt sind. Erweitern wir also das Blickfeld und betrachten genauer den Übergang von der nationalsozialistischen Diktatur in die Demokratie der Bundesrepublik.

Politisches System und politische Mentalität

Die Startbedingungen für die Demokratie in Deutschland erschienen im Jahre 1945 alles andere als ideal. Das Land war militärisch geschlagen und von den Siegern besetzt, politisch hatte es aufgehört zu existieren, ökonomisch war es kaum leistungsfähig, die Administration war am Ende, die Städte waren zerstört, moralisch war es über alle Maßen diskreditiert. Die Deutschen hatten sich als willfährige Träger, Unterstützer und Vollstrecker eines mörderischen Regimes erwiesen. Kaum jemand unter ihnen, der wirklich unbeschädigt aus dieser tod-

---

97 So die Vermutung von Albrecht Betz, Der ›Schwertträger‹ als Publizist. Zu Hans Ernst Schneiders Veröffentlichungen vor 1945, in: König (Hg.), Der Fall Schwerte im Kontext, a.a.O.
98 Mayr, »Ich bin doch immun«, a.a.O., S. 95.

bringenden Volksgemeinschaft hervorgegangen war. Es gehört zur Perfidie des NS-Systems, daß es die gesamte »arische« Bevölkerung zu Volksgenossen, Nutznießern und Komplizen der Verbrechen machte. Als Komplizen aber sind alle mitschuldig.

Das Problematische der Entnazifizierungspolitik lag darin, daß sie dazu beitrug, die Komplizen der Nazi-Verbrechen in eine Komplizenschaft der gegenseitigen Entlastung zu transformieren. In einer Gesellschaft von lauter Komplizen werden Unabhängigkeit, Freiheit und Souveränität des politischen Urteils und selbstbewußtes Handeln zur Ausnahmeerscheinung. Die Mehrheit ist mit nichts als Selbstrechtfertigung beschäftigt und richtet, wenn sie spricht, ihre Verlautbarungen und Verhaltensweisen in strategischer Absicht danach aus, daß möglichst wenig gegen sie verwendet werden kann. Im Ergebnis haben wir es mit einem Gebräu von Rechtfertigung, Selbstmitleid, Trotz und Anklage zu tun.

Im Mai 1955 sahen z. B. immer noch 48 % der deutschen Bevölkerung in Hitler, wenn er sich nur nicht auf den Krieg eingelassen hätte, einen der größten deutschen Staatsmänner. Das »Gruppenexperiment« des Frankfurter Instituts für Sozialforschung vom Anfang der 50er Jahre, eine auf mehr als 1500 Probanden gestützte empirische Studie, kam zu dem Ergebnis, »daß zwar die nationalsozialistische Ideologie als in sich einheitlich organisierter Denkzusammenhang nicht mehr existiert, da ihr insbesondere durch den Mißerfolg ihre stärkste integrierende Kraft entzogen war, daß aber zahlreiche Einzelelemente des faschistischen Denkens, herausgebrochen aus ihrem Zusammenhang und darum oft doppelt irrational, noch gegenwärtig sind«.[99] Und bei Adorno heißt es später, »daß insgeheim, unbewußt schwelend und darum besonders mächtig, jene Identifikationen (mit dem Hitler-Regime, d. Verf.) und der kollektive Narzißmus gar nicht zerstört wurden, sondern fortbestehen«.[100] Ähnlich lautet das Urteil von Ernst Fraenkel: »Da … alles, was sich seit dem 30. Januar 1933 abgespielt hat, weitgehend tabu ist, da niemand bereit ist, das Hitler-Regime öffentlich zu verteidigen, fühlen nur allzu viele sich zu ihrer inneren Befriedigung der Aufgabe enthoben, es zu kritisieren.«[101]

---

99 Friedrich Pollock (Bearb.), Gruppenexperiment. Ein Studienbericht. Mit einem Geleitwort von Franz Böhm, Frankfurt a. M. 1955, S. 397.

100 Adorno, Was bedeutet: Aufarbeitung der Vergangenheit, a.a.O., S. 135.

101 Ernst Fraenkel, Strukturdefekte der Demokratie und deren Überwindung, in: Ders., Deutschland und die westlichen Demokratien, Frankfurt a. M. 1991, S. 71.

Kein Zweifel also, daß die Bundesrepublik in ihren Anfängen auf ziemlich zerbrechlichen Grundlagen beruhte. Die politische Mentalität und die Kontinuität der funktionalen Eliten waren ohne Frage starke Belastungen und Grund genug für Skepsis, Empörung und erhöhte Aufmerksamkeit. Mehr als fünfzig Jahre nach dem Ende des Krieges ist aus zeithistorischer und politikwissenschaftlicher Sicht heute aber die Frage wichtiger, wie es trotz dieser Belastungen durch das Personal und das politische Bewußtsein zugegangen ist, daß die Bundesrepublik im Laufe ihrer Entwicklung eine alles in allem stabile Demokratie hat werden können.

Lassen wir die äußeren Faktoren, die diese Entwicklung begünstigt haben, hier auf sich beruhen. Sie reichen vom internationalen Umfeld über rapides wirtschaftliches Wachstum bis hin zu innenpolitischen Besonderheiten. Hatten die weitverbreiteten, aus der NS-Zeit rührenden vordemokratischen Mentalitäten keine Bedeutung? Allgemein und systematisch gesprochen handelt es sich bei dieser Frage um das Problem des Verhältnisses von politischem System und individuellem Bewußtsein. Die weithin akzeptierte generelle Annahme lautet, daß die Stabilität eines politischen Systems dann am größten ist, wenn die Institutionen den subjektiven Einstellungen möglichst weitgehend entsprechen.

Das klingt plausibel, steckt aber voller Komplikationen. Sie beginnen damit, daß schon die pure Feststellung der Konvergenz bzw. Divergenz zwischen Institutionen und Einstellungen erhebliche methodische und systematische Schwierigkeiten impliziert. Es ist keineswegs einfach zu sagen, was politische Mentalität ist und wie man sie feststellt. Mindestens muß man zwischen Bewußtsein, Kommunikation und Verhalten unterscheiden. Was jemand äußert bzw. kommuniziert, kann durchaus von seinem Bewußtsein abweichen, und noch einmal davon zu unterscheiden ist die Frage, wie sich jemand de facto verhält.[102] Hinzu kommt für den konkreten Kontext des Übergangs von der Diktatur zur Demokratie, daß die Divergenz von Einstellungen und politischen Institutionen unausweichlich ist. Wir haben es hier regelmäßig mit einer Schere zwischen politischen Institutionen und subjektiven Einstellungen zu tun, und das Problem für den politischen Neuanfang besteht darin, wie weit diese Schere den demokratischen Neuanfang und seine Konsolidierung hintertreibt.

102 Ausführlicher gehe ich auf diese Unterscheidung im 5. Kapitel ein.

Es gibt darauf zwei Antworten. Die einen stellen die Institutionen in den Vordergrund und behaupten, daß alles von deren gutem Funktionieren abhängt – der Rest ergebe sich dann von selbst. Für die anderen dagegen ist die Frage der Demokratie und ihre Stabilität vor allem eine Angelegenheit der politischen Kultur, d. h. der subjektiven Einstellungen und Werte der Bürger, ihrer kognitiven und affektiven Identifizierung mit dem politischen System. Für die »Institutionalisten«, z. B. für Hermann Lübbe, ist die Frage der »Binnenbefindlichkeit« der Individuen politisch irrelevant.[103] Die »Kulturalisten« dagegen, z. B. Karl Jaspers, machen umgekehrt die Verwandlung und Umkehr der Menschen, also eben ihre innere Befindlichkeit, zur Voraussetzung des Neuanfangs und der Stabilisierung des neuen politischen Systems. Ihnen zufolge sind Demokratien auf die Tugendhaftigkeit ihrer Bürger angewiesen und ohne sie nicht lebensfähig.[104]

Der Streit ist prinzipieller Art, beschäftigt die politische Theorie schon lange und spielt gegenwärtig, ganz abgelöst von den Problemen postdiktatorischer Gesellschaften, in der Debatte zwischen Kommunitaristen und Liberalen eine wichtige Rolle. Der Liberalismus reduziert die Anforderungen an die subjektiven, charakterlichen und mentalen Seiten der Bürger auf ein Minimum. Die soziale Kohäsion der Gesellschaft ist ihm zufolge durch das Recht und durch den Imperativ rationaler Interessenverfolgung ausreichend gesichert. Moralische Gesinnungen sind private Angelegenheiten. Die Kommunitaristen sehen das ganz anders. Für sie sind Tugendhaftigkeit, Identifikation mit dem Gemeinwesen und die Inanspruchnahme moralischer Ressourcen für das Gelingen einer Gesellschaft durch nichts ersetzbar.

Der Streit kann hier nicht weiter verfolgt werden. Mit dem Blick auf die Geschichte der Bundesrepublik und auf die Fragen des Übergangs von der Diktatur zur Demokratie ist es sinnvoll, darin keine dogmatische Frage zu sehen, sondern das Problem in eine empirische Frage zu verwandeln. In welcher Richtung im Blick auf die Bundesrepublik die Antwort zu suchen ist, hat Kurt Sontheimer angedeutet: »Es mag noch so viel Nazismus in den Köpfen gegeben haben – die tragenden politischen und wirtschaftlichen Kräfte haben die großen Linien bezüglich einer Verwestlichung der Bundesrepublik unterstützt. ... Das Entschei-

---

103 Vgl. Lübbe, Der Nationalsozialismus im deutschen Nachkriegsbewußtsein, a.a.O.
104 Vgl. Jaspers, Die Schuldfrage, a.a.O.

dende für die Realisierung der bundesdeutschen Verwestlichung waren die Institutionen. Die Institutionen machen die Politik; Regierung, Parlament, Parteien, Gerichte usw. sind die Träger des politischen Prozesses, auf sie kommt es an. Die Institutionen waren auf die Anpassung an das westliche System eingeschworen. Früher oder später mußten auch jene, die noch an der Vergangenheit hingen, klein beigeben.« Und: »Entscheidend für die Politik ist das, was die Leute innerhalb der Institutionen tun. Solange sie dort keine Nazis sind – bei den Gerichten lag die Sache etwas anders –, kann man eigentlich nicht sagen, die Vergangenheit sei nicht bewältigt worden.«[105]

Diese Antwort liegt auf der Linie der »Institutionalisten«. Kritik daran kann bei zwei Punkten ansetzen, nämlich erstens bei der Frage, wie realistisch die Trennung zwischen inner- und außerinstitutionellem Verhalten ist, und zweitens bei der Frage, was es heißen soll, daß auch jene, die zunächst noch an der Vergangenheit hingen, früher oder später »klein beigeben« mußten. Beide Fragen werden im folgenden erörtert.

Doppelspiele

Nehmen wir an, es habe tatsächlich im wesentlichen so funktioniert, wie Sontheimer meint: In den Institutionen taten die ehemaligen Nazis das, was der von den Alliierten verordneten Demokratie entsprach, auch wenn sie außerhalb ihrer Berufsrolle die faschistischen Träume ihrer Vergangenheit noch keineswegs aufgegeben hatten. Nehmen wir ferner an, daß es dazu eine realistische Alternative nicht gab. Zutreffend und vollständig kann dieses Bild der frühen Bundesrepublik erst dann genannt werden, wenn man zugleich die Risiken, die Zumutungen und die Grenzen dieser Strategie deutlich herausstreicht. Sie sehen aus der Perspektive der Opfer und der Täter jeweils ganz anders aus. Bezogen auf die Täter geht das Doppelspiel, das strukturell im sozialen Leben der Bundesrepublik für mindestens zwei Jahrzehnte verankert war, weit über das hinaus, was den Menschen nach der Rollen-

105 Kurt Sontheimer, »Das Preußische ist uns sowieso ausgetrieben«. Die Bundesrepublik zwischen alt und neu. Ein Gespräch mit Kurt Sontheimer, in: Blätter für deutsche und internationale Politik, 40. Jg., 1995, S. 669 u. 672.

soziologie an widersprüchlichen Verhaltenserwartungen in modernen Industriegesellschaften generell abverlangt wird. Es ist kaum vorstellbar, daß diese Doppelrolle ohne schwere innere Krisen bewältigt werden konnte. Und sehr glaubwürdig und vertrauenerweckend wirkte sie natürlich auch nicht, vor allem nicht für die nachfolgende Generation.[106]

Die Opfer und Verfolgten dagegen wurden mit der Zumutung konfrontiert, daß diejenigen, die noch vor kurzem an ihrer Drangsalierung, Verfolgung und Ausrottung beteiligt gewesen waren, ihre alten Funktionen zurückerhielten und nur wenige zur Verantwortung gezogen wurden. Das ist wahrlich keine Kleinigkeit, sondern nach all den überstandenen Schrecken eine weitere Demütigung, die vor allem bei den Prozeduren für die Überprüfung der Ansprüche auf Wiedergutmachung kraß zutage trat. Diese Zumutung kann, wenn überhaupt, nur dadurch ein wenig erträglicher gemacht werden, daß in der öffentlichen Diskussion an der kollektiven Ächtung des verbrecherischen Regimes und der strikten Abwendung von ihm kein Zweifel gelassen wird.

Es ist sehr bedauerlich, daß die konkreten Formen, in denen sich die hier angedeutete Konstellation im sozialen Leben der Bundesrepublik niedergeschlagen hat, sozialwissenschaftlich bislang nicht untersucht worden sind. Immerhin haben wir detailliertere Kenntnisse von ihnen aus autobiographischen Lebensberichten von Verfolgten und aus Erzählungen und Romanen (z. B. denen von Heinrich Böll). Nur wenn man sich das strukturelle Doppelspiel der Bundesrepublik anschaulich macht, kann man auf die systematische Grenze dieser Verdopplungen aufmerksam werden.

Die Strategie mag vielleicht problemlos bei jenen hingehen, die z. B. für die Wasserversorgung zuständig waren. Schon bei denjenigen, die in den Gebieten der Sozialverwaltung und der Gesundheitsfürsorge arbeiteten, sieht es anders aus. Sie waren unter dem Nationalsozialismus an den Verbrechen aktiv beteiligt gewesen, und wenn sie sich nun auf ihr Expertentum und die prinzipielle politische Neutralität ihrer Tätigkeiten beriefen, so war das nichts anderes als die Verleugnung der eigenen Teilnahme an den barbarischen Praktiken des NS-Regimes. Und

---

106 Vgl. Gesine Schwan, Politik und Schuld. Die zerstörerische Macht des Schweigens, Frankfurt a. M. 1997, S. 133 ff.

erst recht problematisch wird es mit dem Doppelspiel bei den Angehörigen der kulturellen Deutungseliten. Es ist schwer vorstellbar, daß Lehrer und Hochschullehrer in ihrer Lehrtätigkeit die Vorzüge von Rechtsstaatlichkeit, westlicher Demokratie und Moderne überzeugend vertreten konnten, wenn sie gleichzeitig in der Welt außerhalb ihrer Berufsrolle am Modell eines autoritären Staates festhielten. Daß das Doppelspiel hier nicht funktionieren kann, liegt in der Natur der Sache. Die Trennung zwischen politischer, ›privater‹ Überzeugung und der Ausübung der Berufsrolle ist in diesen Bereichen unmöglich. Beides gehört eng zusammen, der Spielraum für Simulationen und Maskeraden ist eng. So fiel es den aufgeweckteren Schülern in den 50er und 60er Jahren auch nicht schwer, z. B. bei ihren Geschichtslehrern hinter den demokratischen Lippenbekenntnissen die alten Nazi-Gesinnungen zu erkennen. Das Doppelspiel stößt hier an eine strukturelle Grenze.

Das Problem kehrt für die kulturellen Deutungseliten unter spezifischen Vorzeichen als Frage nach dem Verhältnis von Biographie und Werk wieder. Es geht darum, wie und ob das Werk eines Autors durch Fehlverhalten und Belastungen in seiner Biographie entwertet wird. Dieses Problem ist unlängst am Beispiel von Schwerte (und de Man und Jauß) neu erörtert worden.[107] Früher hat es immer wieder bei der Diskussion des Falles Heidegger eine Rolle gespielt. Darauf kann ich hier nicht eingehen. Immerhin scheint mir so viel festzustehen, daß Biographie und Texte unleugbar etwas miteinander zu tun haben, daß es – allgemein gesagt – so etwas wie einen »Zeitkern der Wahrheit« (Horkheimer) gibt. Aber das kann nicht heißen, daß die Beschäftigung mit einem Werk durch die Beschäftigung mit seinem Autor ersetzt und mit dem Hinweis auf dessen politisches Fehlverhalten pauschal entwertet wird. Eine solche rigorose Auffassung der Einheit von Werk und Person, so Habermas im Blick auf Heidegger, würde der »Autonomie des Gedankens und erst recht seiner Wirkungsgeschichte nicht gerecht«.[108] Das muß beachtet werden, wenn man sich nach

107 Vgl. Jochen Hörisch, »Verhaften Sie die üblichen Verdächtigen«. Die Germanistik und ihre Vergangenheit, in: Die Neue Gesellschaft/Frankfurter Hefte, 44. Jg., 1997; Gustav Seibt, Kann eine Biographie ein Werk zerstören? Bemerkungen zu de Man, Jauß, Schwerte, Hermlin, in: Merkur, Heft 588, 1998.
108 Jürgen Habermas, Heidegger – Werk und Weltanschauung, in: Victor Farias, Heidegger und der Nationalsozialismus, Frankfurt a. M. 1989, S. 12.

dem Bekanntwerden belastender Details aus einer Biographie, wie im Fall Schneider/Schwerte, an die Relektüre der Texte und auf die Suche nach den Spuren von Schneider in den Werken von Schwerte macht.

Das Verhältnis von Biographie und Werk sollte im übrigen nicht mit der Frage verwechselt werden, ob das politische Verhalten z. B. von Hochschullehrern unter dem Nationalsozialismus ihre private und persönliche Angelegenheit ist, die niemanden etwas angeht. Mit dieser Haltung haben etwa Carl Schmitt und Heidegger nach 1945 alle Aufforderungen zur Diskussion über ihre Rolle im NS-Regime abgeblockt. Es ist zweifellos zu einfach, wenn Professoren, die qua Beruf eine öffentliche Rolle wahrnehmen, ihr Leben unter der Diktatur nur an von ihnen selbst festgesetzten Maßstäben messen wollen. Für die Selbstverständigung in postdiktatorischen Demokratien ist es nicht nur legitim, sondern unverzichtbar, eine öffentliche Debatte über das Verhalten derjenigen zu führen, die sich an exponierten Stellen in den Dienst eines verbrecherischen Regimes gestellt haben. Daß Heidegger und Schmitt sich dieser Debatte durch fortwährende Stummheit – dazu mit hochfahrendem Gestus – verweigert haben und daß Schwerte sich ihr durch seinen Namenswechsel entzogen hat, darin liegt im Blick auf die politische Kultur der Bundesrepublik ihr zentrales Versagen.

Halten wir fest: Das Doppelspiel, von dem bei Schneider/Schwerte oft die Rede ist, ist eine tief in die strukturellen Fundamente der Bundesrepublik eingelassene Verhaltensanforderung. Sie bezieht sich auf zweierlei. Einmal auf die Abdunklung und Privatisierung der jeweiligen individuellen belastenden Vergangenheit – das hat Schwerte fünfzig Jahre lang perfekt praktiziert; und zweitens auf den Imperativ, wie stark immer man noch hängen möge an der Vergangenheit, in den demokratischen Institutionen des neuen Staates den dort gestellten Anforderungen zu entsprechen und sich politisch entsprechend zurückzuhalten. Nehmen wir die Hoffnung hinzu, daß die ehemaligen Nazis in der neuen Umgebung irgendwann »klein beigeben« und sich ändern werden, dann haben wir damit den Kern der Vergangenheitsbewältigung in den 50er Jahren in der Bundesrepublik beisammen.

Deutsche Heuchelei

Es ist nicht schwer, diese Lösung auf der Linie der »Kulturalisten« zu kritisieren. Offenkundig haben wir es ja nicht mit einer wirklichen Veränderung des politischen Bewußtseins zu tun, sondern mit einer Art Spaltung, in der einerseits aus opportunistischen Gründen Wohlverhalten und Anpassung gefordert und praktiziert werden und andererseits zugleich die Imprägnierung mit dem Ungeist des Nationalsozialismus fortlebt. Das erfüllt den moralischen Tatbestand der Heuchelei: Man sagt nicht, wer man war und was man denkt; und was man sagt, denkt man nicht und war man nicht. Kein Zweifel: Diese Heuchelei war der habituelle Kern der frühen Bundesrepublik.

Der Vorwurf, daß das Gros der Bevölkerung der Bundesrepublik vorgab, Demokraten zu sein, aber in Wirklichkeit einer nazistischen Gesinnung verhaftet blieb, hatte in der Zeit der »langen Welle« zwischen 1960 und 1990 eine große Bedeutung und löste bei der jüngeren Generation Wut und Entsetzen aus. Zu bedenken ist aber, daß der Vorwurf der Heuchelei, Täuschung und Verstellung in der Geschichte der modernen Gesellschaft und der Opposition gegen sie immer schon und ganz unabhängig von der Auseinandersetzung mit dem Nationalsozialismus eine große Rolle gespielt hat. Der Vorwurf hat ein fundamentum in re darin, daß in der bürgerlichen Gesellschaft aus strukturellen Gründen Erscheinung und Wesen auseinanderfallen und daß sie ihre vielfältigen Konflikte, wie man in der Sozialphilosophie von Hegel über Marx bis Carl Schmitt oder Luhmann lernen kann, nur zu ›lösen‹ vermag, indem sie im Prinzip unendliche Ketten von Verdopplungen, Arbeitsteilungen und Ausdifferenzierungen einführt: bourgeois und citoyen, privat und öffentlich, Moral und Politik, Gesinnung und Verhalten, politisches System und Wissenschaftssystem etc.

Hannah Arendt hat vermutet, daß der Vorwurf der Heuchelei in der Geschichte der antibürgerlichen Proteste weit mehr Empörung ausgelöst hat als z. B. die Ungerechtigkeit. Das strategische Mittel zur Bekämpfung der Heuchelei ist die Entlarvung. Es gilt, dem »Feind die Maske vom Gesicht zu reißen, die Machenschaften und Manipulationen zu entlarven«.[109] Das ist eine sehr riskante und fragwürdige Strategie, weil sie in der Gefahr steht, das selber zu erzeugen, was sie be-

---

109 Arendt, Macht und Gewalt, a.a.O., S. 66.

kämpft, und weil der Furor, mit dem sie meistens verknüpft ist, oft nur dadurch erklärt werden kann, daß hier als Fremdes abstößt, was als Eigenes allzu vertraut ist. Es gibt für die Empörung über Heuchelei freilich auch gute rationale Gründe. Hannah Arendt hat sie klar benannt: »Wir leben in einer *erscheinenden* Welt und müssen uns daher im Umgang mit ihr auf das, was erscheint, verlassen können. Vernunft kann nur gelten, wo diese Verläßlichkeit garantiert ist, und Worte können Geltung nur so lange beanspruchen, als nicht der Verdacht besteht, daß sie dazu benutzt werden, etwas zu verbergen. Was Wut provoziert, sind nicht so sehr entgegenstehende Interessen als die ›Scheinheiligkeit‹, der Schein von Vernunft, hinter dem man sie zu verbergen trachtet.«[110]

Das gilt auch für den Fall Schwerte. Nicht dieses zweite Leben selbst, nicht die Positionen, die Schwerte hier bezog, nicht die Akzente, die er in seiner Wissenschaft setzte, haben Enttäuschung, Verbitterung und Kritik ausgelöst, sondern die Tatsache, daß dieses zweite Leben die Funktion hatte, das erste Leben zu verbergen. Seitdem das Verborgene bekannt ist, sind alle Handlungen und Worte von Schwerte dem Verdacht ausgesetzt, nichts als Trug, Täuschung und Maskerade von Schneider zu sein. Das Vertrauen in die Verläßlichkeit der erscheinenden Welt und in die Gültigkeit des Wortes ist durch Schwerte fundamental enttäuscht worden, und diese Enttäuschung ist für die Heftigkeit der Reaktionen verantwortlich.

Aber dennoch bleibt die Frage, ob man gut daran tut, die Heuchelei zur obersten Maxime der Beurteilung politischen Verhaltens zu machen. Zugespitzt: Jemand, der die demokratischen Spielregeln einhält, obwohl er sie im Innersten ablehnt, also ein Heuchler ist, ist immer noch erträglicher als ein Nazi, der wirklich sagt, was er denkt, und denkt, was er sagt, also kein Heuchler ist. Mit anderen Worten: Das Plädoyer für die einfache Tugend der Aufrichtigkeit dürfte sich angesichts der komplizierten Strukturen der modernen Welt als naiv und unzureichend erweisen. Das ist übrigens in Literatur und Philosophie auch seit langem deutlich erkannt und durchdacht worden.[111]

Dem drastischen Beispiel wird man entgegenhalten, daß darin die

110 Ebda., S. 67.
111 Vgl. Lionel Trilling, Das Ende der Aufrichtigkeit, Frankfurt a. M./Berlin/Wien 1983.

falsche Alternative unterstellt wird und daß selbstverständlich und mit Blick auf den Fall Schwerte zunächst an jene Alternative zu denken sei, nach der jemand eine demokratische Mentalität entweder heuchelt oder authentisch verkörpert. Aber ist das die Alternative, von der wir im Blick auf 1945 auszugehen haben? Ja, sagen die »Kulturalisten«. Die Brücke, die ihrer Meinung nach in der politischen Kultur von der Diktatur zur Demokratie führt, kann nicht aus Heuchelei und Doppelspielen bestehen, sondern muß sich auf die Pfeiler »Umkehr« bzw. »Lernprozeß« stützen. Diese und ähnliche Begriffe spielten vor allem in der sogenannten Schuld-Debatte nach 1945 eine große Rolle. Sie wurden und werden darüber hinaus immer dann ins Spiel gebracht, wenn es um die Beurteilung von Biographien geht, die, wie bei Schneider/Schwerte, vom Nationalsozialismus in die Bundesrepublik hineinreichen. Die Begriffe verdienen eine nähere Betrachtung.

Umkehr oder Lernprozeß

Rehberg kann sich in seiner Deutung des Falles Schneider/Schwerte nicht recht entscheiden. Einerseits habe Schwerte sich mit den neuen demokratischen Verhältnissen nicht nur abgefunden, sondern sei ihr beredter Vertreter geworden. Die Behauptung, Schwerte habe seine Änderung nur simuliert und sei im Grunde der Nazi geblieben, der er immer war, weist Rehberg zurück. Sie verkenne, »daß die Menschen nach Systemumbrüchen sich – allerdings zumeist nicht in einem einzigen Entscheidungsakt – anpassend ändern können, daß sie sozusagen von der Lerngeschichte ihrer Umgebung geprägt werden und die bessere Einsicht weder nur selbstgewonnene ist noch bloße Mimikry«.[112] Also keine pure Anpassung, jedenfalls nicht ausschließlich, keine Heuchelei, keine Maske, sondern eine Mischung aus eigener Aktivität und Anpassung, ein Lernprozeß eben: »Sicherlich hat Hans Schwerte – und dies mit Nachdruck – gelernt und umgelernt.«[113]
Andererseits reicht das nach Rehberg nicht aus. Zwar habe Schwerte gelernt, aber »›wiedergutgemacht‹ hat er damit nichts«. Worin hätte

112 Rehberg, Eine deutsche Karriere, a.a.O., S. 77.
113 Ebda., S. 79.

Wiedergutmachung bestehen können? »Dazu hätte es des Risikos der eigenen Existenz, der freigewählten Schande, der Auslieferung an das Urteil der anderen bedurft.« Da es daran bei Schwerte gefehlt habe, sei die »vielbeschworene«, die »wirkliche Umkehr« ausgeblieben.[114] Mit anderen Worten: Schwerte hat zwar viel dazugelernt, aber Lernen allein reicht nicht, es muß »Umkehr« hinzukommen.

Auch bei der Frage, »ob man Hans Schwerte nicht eine ›zweite Chance‹ zugestehen müsse, ob er nicht das Recht auf ein neues Leben habe«, kann Rehberg sich nicht recht entscheiden. »Mag sein«, sagt er, aber dann dürfe nicht vergessen werden, »daß dies den Opfern nicht erlaubt war«.[115] Einverstanden. Aber woher wissen wir, ob Schwerte diese Tatsache vergessen hat? Vielleicht hat er sie gar nicht vergessen, – was ist dann?

Die Unsicherheiten und normativen Implikationen, mit denen wir an Fälle wie den von Schwerte und an den Fall Bundesrepublik insgesamt herangehen, sind beachtlich. Natürlich wäre es uns am liebsten, wenn sich 1945 tatsächlich alles über Nacht geändert hätte. Der Ursprungsmythos der »Stunde Null« möchte gerade das glaubhaft machen. Auf der individuellen Ebene entsprechen ihm die oft erzählten kleinen Absichts- und Treueschwüre, von denen auch Schwerte berichtet: Man reicht sich die Hand zum Bunde des »Nie wieder« und des »Nun machen wir alles anders«. Aber bei etwas aufklärerischem Lichte besehen, wissen wir natürlich, daß derartige Verwandlungswunder eher selten sind, und wenn vom »leichtfüßigen Wechsel«[116] gesprochen wird, weckt das normalerweise nicht unsere Begeisterung, sondern unsere Skepsis. Andererseits stehen wir dann aber wieder alarmiert und konsterniert vor den Ergebnissen der Umfrageforschung, aus denen hervorgeht, daß der Wechsel ja für die meisten gar nicht so leichtfüßig war, daß ein erheblicher Anteil der Bevölkerung seine vordemokratischen und autoritären Züge lange und viel zu lange beibehielt. Daß der Wandel ganz ausblieb oder nur sehr langsam stattfand, ist uns dann auch wieder nicht recht, sondern ein Indiz dafür, daß man nach 1945 vielleicht doch hätte tiefer ansetzen müssen, um eine wirkliche Wandlung in die Wege zu leiten. Das gilt auch für Schwerte: Unbestreitbar

114 Ebda., S. 79 f.
115 Ebda., S. 80.
116 Utz Jeggle, Heimatkunde des Nationalsozialismus. Vier lokale Versuche, verwischte Spuren zu sichern, in: Dachauer Hefte, Nr. 6, München 1994, S. 170.

ist die Tatsache, daß seine ersten Schriften aus der Zeit der Bundesrepublik noch ziemlich viel vom alten Ungeist spüren lassen und er erst später den Bruch vollzogen hat. Spricht das für ihn oder gegen ihn? Was ist der Grund für die Konfusion in unseren Annahmen und Erwartungen?

Generell gilt, daß das Terrain der Motivationen und des Bewußtseins, auf dem wir uns hier bewegen, weich und unübersichtlich ist und damit ein ideales Feld für Projektionen und Vermutungen aller Art bietet. Weil sich Motive, Bewußtsein, Mentalität der direkten Beobachtung entziehen, ist es überaus schwer, vielleicht unmöglich, über sie verläßliche Aussagen zu machen. Das gilt besonders für die Frage des Bewußtseinswandels. Woran und wie ist zu erkennen, ob jemand nur anderen nach dem Munde redet, nur simuliert, oder ob seinen Äußerungen ein wirklicher und aufrichtiger Einstellungswandel zugrunde liegt?

Erschwerend kommt für unseren konkreten Fall hinzu, daß Aussagen über die politische Mentalität der Bundesrepublik immer implizit auch Aussagen über Struktur und Logik des Nationalsozialismus sind. Wer z. B. mit der Schnelligkeit der Bewußtseinsumstellung vom Nationalsozialismus auf die Bundesrepublik kein Problem hat, gibt damit zu erkennen, daß für ihn sowohl Diktaturen wie Demokratien politische Systeme im streng institutionellen Sinn sind und allenfalls sekundär eine Frage des Habituellen, der Mentalität und des Charakters. Auch der Antisemitismus, dieser Zentralwahn des Nationalsozialismus, wäre in diesem Sinn bei den meisten eine eher oberflächliche Einstellung gewesen, ein »Code«, dem man sich angeschlossen hat, ohne ihn wirklich zu verinnerlichen, und den man dann auch genauso schnell wieder ablegen und durch einen anderen, z. B. ein demokratisches Überzeugungssystem, ersetzen kann. Das Unbefriedigende an dieser Annahme ist freilich, daß dann auch die demokratischen Werthaltungen ihrerseits nicht dagegen gefeit sind, bei nächster Gelegenheit von einem anderen Überzeugungssystem abgelöst zu werden.

Aber man kann auch umgekehrt argumentieren und unterstellen, daß sich die faschistische Mentalität, insbesondere der Antisemitismus, jahrhundertelang entwickelte und tief im deutschen Charakter verankert war, daß sie nicht gelernt und vergessen werden kann wie eine Technik, ein Handwerk oder ein Gedicht, daß sie kein »Code«, sondern ein »Phantasma« war, das sich mit weitgehend unbewußten Ängsten, mit Schuld und Aggressivität verknüpfte und deswegen so leicht nicht abzuwerfen war. In dieser Perspektive ist es nicht so verwunderlich, daß sich viele Elemente des Antisemitismus noch bis lange nach dem Ende des Nationalsozialismus im Bewußtsein der Bevölkerung erhalten haben. Und zugleich ist es dann so, daß es mit oberflächlichen Korrekturen am Weltbild und Überzeugungssystem nicht getan ist, sondern weitaus radikalere Maßnahmen nötig sind: eine Umkehr, etwas, das in die Tiefe geht, etwas, das die Tiefenstruktur der Person erreicht und einen neuen Menschen, eine Wiedergeburt, eine Verwandlung anvisiert. Dieses Ziel erfordert, wie Jaspers formulierte, nicht nur die »Arbeit des Verstandes«, sondern die »Arbeit des Herzens«.[117] Solange die letztere nicht getan ist, ist alles andere zum Scheitern verurteilt und Stückwerk: »Ohne Reinigung der Seele keine politische Freiheit.«[118] Ganz in diesem Sinne forderte Jaspers 1945 von seinem Freunde und Kollegen Heidegger eine »echte Wiedergeburt«[119], und der Erzbischof Gröber, Heideggers väterlicher Förderer, schloß sich dem mit der Hoffnung auf einen »geistigen Umschwung«[120] an.

Welche der beiden Positionen recht hat, diejenigen, die die nazistische Mentalität für einen »Code« halten, oder diejenigen, die ihn für ein »Phantasma« halten, werde ich im nächsten Kapitel am Beispiel von Goldhagen erörtern. Aber bereits hier möchte ich doch darauf aufmerksam machen, daß die Forderungen nach Umkehr, Verwandlung und Wiedergeburt einen sakralen und kultischen Hintergrund haben. Das ist zum einen daran erkennbar, daß in ihnen die Forderung nach Sühne eine wichtige Rolle spielt: Ohne Sühne gibt es keine Umkehr. Sühne ist angebracht, wo es um Schuld geht. Schuld und Sühne gehören zusammen. Wo jemand schuldig geworden ist, muß er sich einer Reinigung unterziehen, sich der Schande der anderen aussetzen oder sich sonstwie von seiner Schuld befreien. Jedenfalls kann man aus der Schuld nicht lernen; lernen kann man nur aus Fehlern. Wer die Begriffe Schuld, Sühne und Umkehr in den Vordergrund stellt, bewegt sich in einem stark christlich geprägten geistigen Umfeld. Die Rede von Fehler und Lernprozeß korrespondiert einer stärker säkularisierten

117 Jaspers, Die Schuldfrage, a.a.O., S. 10.
118 Ebda., S. 83.
119 Zit. nach Hugo Ott, Martin Heidegger, Frankfurt a. M. 1988, S. 316.
120 Zit. nach ebda., S. 323.

Grundhaltung, wie sie sich z. B. in dem keineswegs nur ironisch gemeinten Sinn des Talleyrand zugewiesenen Ausspruchs äußert: »C'est pire qu'un crime, c'est une faute.«[121]

In dieses Bild paßt, daß die Umkehr eine »Sache der Einsamkeit des Einzelnen«[122] ist, die man von außen weder steuern noch kontrollieren, nicht einmal beschreiben, allenfalls beschwören kann. Lernen dagegen ist ein Vorgang, der an den Dialog gebunden ist, der ein »außen« kennt, der kein Mysterium ist, sondern etwas Profanes. Einen Lernprozeß kann man beobachten, beschreiben und testen. Versuchen wir es.

Nach Max Miller setzt der Lernprozeß voraus, daß die »grundlegenden Kooperationsprinzipien einer kollektiven Argumentation« akzeptiert werden.[123] Miller unterscheidet drei solcher Prinzipien: das Verallgemeinerungs-, das Objektivitäts- und das Wahrheitsprinzip. Das Verallgemeinerungsprinzip besagt, daß eine Aussage, die von allen unmittelbar akzeptiert wird, zur kollektiv geltenden Überzeugung gehört. Mit dem Objektivitätsprinzip ist gemeint, daß Aussagen, die von niemandem mit guten Gründen bestritten werden können, zu Erweiterungen bzw. Einschränkungen des kollektiv Geltenden führen. Das Wahrheits- bzw. Konsistenzprinzip schließlich enthält das Postulat, daß die herrschenden Überzeugungen sich verändern müssen, wenn klargemacht werden kann, daß das bislang kollektiv Geltende voller Widersprüche steckt.

Wo diese Prinzipien negiert werden, haben wir es mit Lernpathologien zu tun, die nach Miller ebenfalls grundsätzlich in drei Varianten auftreten.[124] Das *autoritäre* Lernen orientiert sich nicht an der Qualität von Argumenten, sondern an der Stärke von Autoritäten, denen unumstößliche Wahrheit und Gewißheit zugeschrieben werden. Beim *ideologischen* Lernen werden von vornherein bestimmte Antworten und Fragen für falsch gehalten und als illegitim ausgegrenzt, also schon bevor man sie geprüft hat und auch wenn man ihnen gar nicht widersprechen kann. Beim *regressiven* Lernen schließlich wird etwas, das

---

121 Vgl. Rudolf von Thadden, Wie gehen wir mit unserer Vergangenheit um? In: Heinz Ludwig Arnold (Hg.), Vom Verlust der Scham und dem allmählichen Verschwinden der Demokratie, Göttingen 1988, S. 101 f.

122 Jaspers, Die Schuldfrage, a.a.O., S. 50.

123 Max Miller, Kollektive Lernprozesse. Studien zur Grundlegung einer soziologischen Lerntheorie, Frankfurt a. M. 1986, S. 28.

124 Vgl. ebda., S. 428 ff.

man bereits einmal akzeptiert hatte, nachträglich entschärft, weil es sich als zu bedrohlich für die früheren Überzeugungen herausgestellt hat. Es werden dann zwei einander widersprechende Ansichten gleichzeitig vertreten, wodurch das Wahrheitsprinzip außer Kraft gesetzt wird.

Wenn man diese Modelle als Maßstab an die Situation der frühen Bundesrepublik heranträgt, wird schnell klar, daß wir es dort eher mit Lernblockaden und Pathologien zu tun haben als mit einer idealen Lernsituation. Die strukturelle deutsche Heuchelei, von der oben die Rede war, ist zweifellos ein starker Kandidat für den Typus des autoritären und regressiven Lernens. Und allenfalls, wenn man die Geschichte der Bundesrepublik insgesamt in den Blick nimmt, kann von einem wirklichen kollektiven Lernprozeß die Rede sein.[125] Für die frühen Jahre gilt, daß nicht nur die Umkehr ausblieb, sondern nicht einmal ein Lernprozeß stattgefunden hat, der diesen Namen verdienen würde.

Die Gründe dafür, daß nicht mehr dabei herauskam, kann man genauer angeben. Aus der Kommunikationsforschung ist bekannt, daß die Veränderung von Haltungen und Überzeugungen nicht nur eine Sache der Informationen ist, sondern von weiteren Bedingungen abhängt. Wenn z. B. die Diskrepanzen zwischen der bestehenden Überzeugung und den neuen Informationen zu groß werden, nimmt die Bereitschaft zur Veränderung der Ausgangsposition nicht zu, sondern ab. Je mehr die neuen Informationen vom bisherigen Kenntnisstand abweichen, je weniger sie an bisheriges Wissen und Werten anschlußfähig sind, desto wichtiger wird die Informationsquelle. Von ihrer Glaubwürdigkeit, ihrer Attraktivität und ihrer Macht hängt es dann ab, ob sich etwas ändert. So war es in Deutschland nach Ende des Krieges und in den ersten Jahren der Bundesrepublik. Alles erschien als eine Frage der Macht. Die Asymmetrie zwischen Siegern und Besiegten ist für rationale Lernprozesse eine denkbar ungünstige Voraussetzung. Auf autoritativem Wege erließen die Alliierten ihre Vorgaben, denen die Deutschen ungestraft kaum widersprechen konnten. Zu mehr als autoritärem Lernen konnte es da kaum kommen. So wie die Dinge lagen, geschah bei den meisten vermutlich nichts anderes, als daß ihre

---

125 Vgl. Werner Bergmann, Antisemitismus in öffentlichen Konflikten. Kollektives Lernen in der politischen Kultur in der Bundesrepublik 1949–1989, Frankfurt a. M./New York 1997.

autoritären Dispositionen für die Wendung zur Demokratie instrumentalisiert wurden. Sie wurden gleichsam mit anderen Inhalten gefüllt, ohne daß das Prinzip der autoritären Unterwürfigkeit selber seine Wirkungsmacht verloren hätte. Die Durchsetzung der neuen demokratischen Ordnung erfolgte mit den Mitteln des Obrigkeitsstaates.[126]

Hätte es anders sein können? Gab es eine Alternative? Sie hätte nur in der freien Selbstverständigung bestehen können, in einem demokratischen Verständigungsprozeß, in den von Beginn an alle hätten einbezogen werden müssen. Was als äußere Bewertung und Verurteilung durch die Sieger erfahren wurde, hätte hier auf dem Wege von Selbsterkenntnis und Selbstreflexion zur eigenen Wahrheit erklärt werden können.

Nach Habermas geht es in der ethisch-politischen Selbstverständigung nach dem Ende von Diktaturen um »Identitätsfragen«, d. h. »um die Artikulation eines aufrichtigen kollektiven Selbstverständnisses, das gleichzeitig Maßstäben politischer Gerechtigkeit genügt und die tieferen Aspirationen einer durch ihre Geschichte geprägten politischen Gemeinschaft zum Ausdruck bringt«.[127] Die allgemeinen Geltungsbedingungen für Diskurse dieser Art sind nicht wenig anspruchsvoll. Alle Beteiligten müssen sich als gleichberechtigt anerkennen, sie müssen sich am Ziel der Verständigung orientieren und dürfen nicht etwa strategische Interessen vertreten, und schließlich müssen sie individuell die Verantwortung für die von ihnen vorgebrachten Argumente übernehmen, sollen sich also nicht z. B. hinter Gruppen und Kollektiven verschanzen.

Angesichts der konkreten Bedingungen des politischen und mentalen Wandels in den Übergängen von der Diktatur zur Demokratie kann man die Idee, daß es hier zu einer ethisch-politischen Selbstverständi-

126 Man findet häufig die Behauptung, ein ernsthafter, gelungener Lernprozeß erweise sich daran, daß er etwas kostet und mit Nachteilen verbunden ist. Vgl. z. B. Bernd Ladwig, Politische Selbstverständigung im Schatten der nationalsozialistischen Vergangenheit, in: Gary S. Schaal/Andreas Wöll (Hg.), Vergangenheitsbewältigung, Baden-Baden 1997, S. 58. Man sollte sich aber klarmachen, daß das vielleicht kein sehr taugliches Abgrenzungskriterium vom Opportunismus ist, sondern die protestantische Linie der deutschen Geistesgeschichte ziemlich nahtlos verlängert, indem es Opfer und Sühne zum Ausweis des wahren Lebens macht.

127 Jürgen Habermas, Was bedeutet »Aufarbeitung der Vergangenheit« heute, in: Ders., Die Normalität einer Berliner Republik, Frankfurt a. M. 1995, S. 23.

gung im angedeuteten Sinne hätte kommen können,[128] nur als unangemessen und illusionär bezeichnen. Die Auseinandersetzung über die Vergangenheit muß, fordert Habermas, von Fragen der privaten Rechenschaft über das Leben unter der Diktatur oder der juristischen Urteilsbildung freigehalten werden – alles andere würde gegen die allgemeinen Regeln des Diskurses verstoßen und die freie Diskussion durch Anklagen und Selbstrechtfertigungen unmöglich machen. Das Problem ist aber, daß gerade in postdiktatorischen Zeiten vom konkreten Verhalten des Einzelnen nicht zugunsten eines allgemeinen gemeinsamen Interesses an der Klärung fehlgeschlagener Normalität abgesehen werden kann. Es gibt Sieger und Besiegte, Opfer und Täter, Kollaborateure und Verratene, es geht um individuelle Schicksale und um Ungerechtigkeiten größten Ausmaßes – undenkbar, daß unter derartigen Bedingungen alle Beteiligten an nichts als Verständigung und Wahrheit interessiert sind.

Politik und Moral

Wie ist es also zugegangen auf dem Weg von der nationalsozialistischen Diktatur zur Demokratie der Bundesrepublik? Es war keine »Umkehr« – und konnte es nicht sein; es war kein rationaler »Lernprozeß« – und konnte es nicht sein; es war nicht das Resultat einer »ethisch-politischen Selbstverständigung« – und konnte auch das nicht sein. Was war es dann? Es war eine genuin politische Angelegenheit. Das heißt, nach Max Weber, daß in ihr Macht und Gewaltsamkeit eine wichtige Rolle spielten und daß für das Handeln hier »es nicht wahr ist: daß aus Gutem nur Gutes, aus Bösem nur Böses kommen könne, sondern oft das Gegenteil«.[129]

Tina Rosenberg schreibt in ihren spannenden Erkundungen über den Umgang mit der Vergangenheit im neuen Europa: »Das Deutschland von heute ist eine der stabilsten Demokratien der Welt; in den letzten

128 So aber die Vorstellung von Andreas Wöll, Vergangenheitsbewältigung in der Gesellschaftsgeschichte der Bundesrepublik. Zur Konfliktlogik eines Streitthemas, in: Schaal/ Wöll (Hg.), Vergangenheitsbewältigung, a.a.O.; Ladwig, Politische Selbstverständigung, a.a.O.

129 Max Weber, Politik als Beruf (1919), in: Ders., Gesammelte Politische Schriften, Tübingen 1971, S. 554.

fünfzig Jahren hat es seine politische Kultur verändert. Irgend etwas ist also doch geglückt. Vielleicht war die Entnazifizierung trotz ihrer Mängel wirksam und hat die alten Nazis gezwungen, sich so lange als Demokraten auszugeben, bis aus dem Maskenspiel Wirklichkeit wurde. Vielleicht war es die Folge einer völligen Niederlage: Die besiegten Deutschen mußten unter der Vormundschaft des Westens wieder bei Null anfangen. Vielleicht hat die militärische Zerschlagung der Deutschen den Mythos von ihrer Überlegenheit zerstört und ihnen jeden Geschmack an weiteren kriegerischen Abenteuern verdorben. Vielleicht hat die moderne, florierende Wirtschaft eine politische Modernisierung nach sich gezogen und Loyalität gegenüber einem neuen, demokratischen Regime hervorgebracht. Vielleicht ist auch lediglich eine Generation von der Bühne abgetreten. Aus irgendeinem Grunde wurde das totalitäre Denken ausgemerzt, auch wenn es noch immer einige gibt, die einem totalitären Weltbild anhängen.«[130]

Der Weg von der Diktatur zur Demokratie ist ein Lehrstück für die Notwendigkeit eines dialektischen Blicks auf die Geschichte und kein Fall für schwache Nerven. Die Annahme, wir hätten das Werk eines planend vorausschauenden Gesamtsubjekts vor uns, wäre gänzlich verfehlt. Das Ergebnis ist die Wirkung eines komplizierten Bündels von Faktoren, die kaum auseinandergehalten werden können. Der einigermaßen glückliche Ausgang des Unternehmens stand keineswegs von vornherein fest, und die Antinomien, Belastungen und Risiken waren wahrlich keine Bagatellen.

---

130 Tina Rosenberg, Die Rache der Geschichte. Erkundungen im neuen Europa, München/ Wien 1995, S. 370 f.

5. Goldhagen und die Deutschen

Der Eindruck der Unwahrscheinlichkeit des politischen Neubeginns nach dem Ende der nationalsozialistischen Herrschaft, wie
sie durch die individuelle Karriere von Schneider/Schwerte grell
ins Bewußtsein gerufen wird, verstärkt sich noch, wenn man die
»willigen Vollstrecker« in ihrer Gesamtheit in den Blick nimmt
und sich den Weg verdeutlicht, den sie zurückzulegen hatten,
bis sie bzw. ihre Nachfahren sich in verläßliche Demokraten verwandelt hatten. Die Schwierigkeiten dieses Weges versuche ich
im folgenden am Beispiel der Erklärungen, die Daniel Goldhagen für ihn gibt, zu erörtern. Daraus ergibt sich ein weiterer
Beleg für die These, daß sich die Geschichte der Vergangenheitsbewältigung in der Bundesrepublik zunehmend vor die NS-Vergangenheit schiebt und sogar bei der Analyse des Holocaust berücksichtigt werden muß.

Das Problem

In seiner Rede zur Verleihung des Demokratiepreises hat Daniel Goldhagen im März 1997 die Bundesrepublik zum positiven »Modell« und
»Leitbild« erklärt, dem andere Nationen »nacheifern« sollten.[131] Er hat
damit dem allgemeinen Kopfschütteln über ihn noch einmal gehörig
Nahrung gegeben. Bis dahin hatte der größte Teil der Fachleute und
der interessierten politischen Publizisten Goldhagens Buch über »Hitlers willige Vollstrecker« wegen der Pauschalität der Urteile über die
»normalen Deutschen« im Nationalsozialismus heftig kritisiert und

---

131 Goldhagen hat 1997 den Demokratiepreis der »Blätter für deutsche und internationale Politik« verliehen bekommen. Die bei der Überreichung des Preises am 10. 3. 1997 in Bonn
gehaltene Rede von Goldhagen ist abgedruckt im Heft 4/April 1997 der »Blätter«: Modell Deutschland. Nationalgeschichte, Demokratie und Internationalisierung in der Bundesrepublik. Die Zitate finden sich dort auf S. 424, 438, 440.

abgelehnt. Bei denjenigen dagegen, die die Auseinandersetzung der Nachkriegs-Deutschen mit ihrer Vergangenheit für den Inbegriff einer »zweiten Schuld« halten und der Demokratie in der Bundesrepublik noch immer nicht recht über den Weg trauen, hatte er viel Zustimmung und Sympathie geerntet. Mit der Rede zum Demokratiepreis hat er nun aber gerade diese Gruppe, die ihm bis dahin zugestimmt hatte, erheblich irritiert.

In der Tat: Einen solchen Lobgesang auf die Bundesrepublik haben wir lange nicht zu hören bekommen. »Ich kenne kein anderes Land, das so offen und konsequent mit den unrühmlichen und schrecklichen Kapiteln der eigenen Vergangenheit umgeht«, meint Goldhagen.[132] Und die Tatsache, daß Demokratisierung und Überwindung des Antisemitismus unter dem »Druck von außen«, durch die »direkte Beteiligung Außenstehender«[133] zustande gekommen sind, ist für ihn kein Anlaß zu zweifelnden und skeptischen Fragen nach der Glaubwürdigkeit und Krisenfestigkeit dieser Veränderungen, sondern Ausweis einer gelungenen »Internationalisierung«[134] der deutschen Politik. Die Bundesrepublik, so Goldhagen, hat es in vorbildlicher Weise verstanden, die kritischen Perspektiven Außenstehender in ihr Selbstbild aufzunehmen. Sie ist in der glücklichen Lage, sich mit den Augen der anderen sehen zu können.

Lassen wir das publizistische Echo, das diese Rede hervorrief, auf sich beruhen. Lassen wir auch auf sich beruhen, ob Jan Philipp Reemtsma recht hat, der in den Ausführungen Goldhagens eine »ins Lob gekleidete deutliche Ermahnung«[135] an die Deutschen erkennen wollte, nicht wieder in alte Formen von nationaler, egoistischer Macht- und Interessenpolitik zurückzufallen. Ich nehme statt dessen die Rede Goldhagens zum Anlaß, um auf einige grundlegende inhaltliche und methodische Probleme seiner Position aufmerksam zu machen.

Nimmt man das Buch und die Rede von Goldhagen zusammen, dann geht es ihm um die Erklärung von zwei historischen Transformationen. Die erste Transformation besteht darin, daß »ganz gewöhnliche Deut-

132 Ebda., S. 429 f.
133 Ebda., S. 430.
134 Ebda., S. 426 u. ö.
135 Jan Philipp Reemtsma, Eine ins Lob gekleidete deutliche Mahnung. Daniel Goldhagens ›Modell Bundesrepublik‹ und das Echo, in: Blätter für deutsche und internationale Politik, 1997, Heft 6.

sche« zu »Hitlers willigen Vollstreckern« wurden, und die zweite darin, daß »Hitlers willige Vollstrecker« und deren Nachfahren nach 1945 eine Bundesrepublik zustande gebracht haben, auf die sie, nach Goldhagen, im Jahre 1997 mit »Genugtuung« zurückblicken durften.

Die Analyse politischer Systemwechsel ist ein schwieriges Geschäft. Das gilt bereits für den Fall, daß man die Perspektive auf die Abschaffung alter und die Errichtung neuer Institutionen begrenzt. Um einiges schwieriger wird die Sache, wenn man Fragen der politischen Kultur und der kollektiven politischen Mentalitäten einbezieht. Die institutionellen Seiten politischer Systemwechsel kann man vielleicht zu Recht als technischen Akt beschreiben. Mentalitäten, Gesinnungen und »Gewohnheiten des Herzens« dagegen lassen sich nicht so einfach umbauen wie ein Haus oder eine Maschine. Die Veränderung der Mentalitäten folgt anderen Gesetzlichkeiten und Zeitrhythmen als die Veränderung des institutionellen politischen Ordnungsgefüges.

Zur Erklärung dieser Dimension kursieren in den Sozialwissenschaften eine Reihe unterschiedlicher Begriffe und Modelle, die jeweils andere Akzente setzen. Tocqueville spricht von Gewohnheit, Max Weber von Geist, Max Scheler von Gesinnung, Bourdieu von Habitus, Theodor Geiger von Mentalität, Adorno von Charakter. So viele Begriffe, so viele Unterschiede und so viel Verwirrung. Über die Frage, wie Veränderungen in dieser Sphäre erklärt werden können, wissen wir im Grunde immer noch ziemlich wenig. Die Hoffnungen, daß sich mit dem »linguistic turn« und mit dem Aufstieg der »Kommunikation« zum Grundbegriff der Sozialwissenschaften daran etwas ändern könnte, haben sich bislang nicht erfüllt.

Goldhagens Untersuchungen sind im Bereich der Mentalitäten angesiedelt. Er bezieht sich auf Konzepte aus der Kulturanthropologie. Diese hat jedoch nichts mit Biologie zu tun, nichts mit der Annahme einer unveränderlichen Natur des Menschen, sondern stammt aus der Ethnologie und bezieht linguistische, psychologische und soziologische Faktoren ein. Dahinter steckt die Annahme, daß sich politisches Handeln und Verhalten im allgemeinen nicht von Interessen, Vernunft oder rationalen Kalkülen leiten lassen, sondern von Weltbildern abhängen, durch kulturelle Traditionen geprägt sind, von Perzeption und Deutung der Wirklichkeit, von Mentalität und Habitus beeinflußt werden. Welche Erklärung für die beiden angesprochenen Transformationen sind denkbar, und welche bietet Goldhagen an? Generell lassen sich, schematisch gesprochen, die folgenden drei Erklärungsvarianten unterscheiden.

Nach der ersten Variante wurden »gewöhnliche« Deutsche zu mörderischen Vollstreckern, weil sie schon seit langem ziemlich ungewöhnlich waren, keine normalen Menschen, sondern ganz anders, gleichsam von einem anderen Stern, unberührt von der abendländischen Aufklärung und der europäischen Zivilisation, besessen vom Antisemitismus und vom Zerstörungswillen.

Diese Behauptungen, auf die Goldhagens Überlegungen hinauslaufen,[136] sollen hier zunächst nicht weiter auf ihre Plausibilität hin befragt werden. Aber offenkundig ist es so, daß die Erklärungsvariante spätestens dann in arge Schwierigkeiten gerät, wenn es um die Analyse der zweiten Transformation geht. Denn wie soll man verständlich machen, daß die barbarischen Überzeugungs- und Gewohnheitsverbrecher, die sich jahrhundertelang auf ihre Taten vorbereiteten, nun, nachdem sie ihr mörderisches Handwerk ausgeübt hatten, nach Hause zurückkehrten, als wäre nichts geschehen und sich in arbeitsame, verläßliche und vertrauenswürdige Demokraten verwandelten?

Die zweite Variante unterstellt, daß die Deutschen vor 1945 im Grunde ziemlich normale Menschen waren und es auch nach 1945 geblieben sind. Legt man diese Annahme zugrunde, muß es andere Erklärungen für den Völkermord geben, z. B. die folgende: Der Holocaust war nicht das Resultat von politischer Mentalität, Charakter oder Einstellung, sondern läßt sich nur im Rekurs auf die moderne Gesellschaftsstruktur erklären. Das Charakteristische am Holocaust liegt dieser Ansicht nach in seiner verwaltungsmäßigen, industriellen Form, die kaum noch die klare Zuschreibung von Effekten zu individuellem Handeln erlaubt. Wir haben es mit einer arbeitsteiligen Täterschaft und mit dem aus der Soziologie moderner Gesellschaften wohlbekannten Phänomen moralischer Indifferenz zu tun. Die Grausamkeit des Holocaust korreliert nicht mit Persönlichkeitsmerkmalen, individueller Täterveranlagung und krimineller Energie, sondern mit bestimmten Formen der Vergesellschaftung. Der Holocaust ist ein Phänomen, das man soziologisch erklären muß und nicht psychologisch im Rückgang auf die Motive der Täter.

Gegen diese Position, die z. B. von dem Soziologen Zygmunt Bauman

---

136 Vgl. Daniel Goldhagen, Hitlers willige Vollstrecker, Berlin 1996, S. 21, 29 f., 45 ff.

prononciert vertreten worden ist, die aber auch vielen Analysen von Historikern zugrunde liegt, zieht Goldhagen heftig zu Felde. Man sollte sich aber klarmachen, daß der Hinweis auf die moralische Indifferenz funktional differenzierter Gesellschaften selber durchaus nicht moralisch indifferent ist. Freilich ist die Überlegung dazu angetan, das Vertrauen auf ein naives vorreflexives Moralbewußtsein durcheinanderzubringen. Denn sie läuft auf die Behauptung hinaus, daß in modernen Sozialsystemen mörderische Konsequenzen entstehen können, ohne daß es dazu besonders grausam veranlagter, beispielsweise von besonderem Antisemitismus erfüllter Personen bedürfte.

In der dritten Erklärungsvariante waren die Deutschen vor 1945 ein Volk von Tätern, die von der Richtigkeit ihrer Mission überzeugt waren, und sie sind es nach 1945 im Grunde ihrer Seele geblieben. Sie tun nach 1945 nur so, als ob sie gute Demokraten und normale Menschen wären, sie verstellen sich, sie simulieren Demokratie – im Grunde aber sind sie die alten autoritätsfixierten und gewaltbereiten Bösewichter geblieben, und bei der nächsten Gelegenheit wird sich das wieder zeigen.

Das war der Generalverdacht der 68er Generation gegen ihre für den Nationalsozialismus verantwortlichen Eltern. Goldhagen teilt mit dieser Position den im Kern institutionslosen Faschismusbegriff. Aber was die Aussage dieser Variante für die Bundesrepublik angeht, so hat er ihr in der Demokratiepreisrede und zuvor bereits auf den letzten beiden Seiten des Vorworts zur deutschen Ausgabe seines Buches explizit widersprochen.

Es versteht sich, daß ich die drei Erklärungsmodelle hier grobschlächtig zusammengefaßt habe. Aber auch eine feinsinnigere Darstellung würde ihre grundsätzlichen Defizite nicht beheben. Keine dieser Varianten ist im Stande, das zu erklären, was sie erklären soll. Ich beschränke mich darauf, das am Beispiel des Erklärungsmodells von Goldhagen detaillierter zu erörtern. Der Mangel seines Zugangs liegt vor allen empirischen Einzelheiten und Details, deren Klärung eine Sache der Experten ist, bereits im theoretischen und konzeptionellen Zuschnitt, auf den Goldhagen sich so viel zugute hält.[137] Die Begriffe der Kulturanthropologie, mit denen Goldhagen operiert, sind nicht differenziert genug.

---

137 Vgl. Volker Pesch, Die künstlichen Wilden. Zu Daniel Goldhagens Methode und theoretischem Rahmen, in: Geschichte und Gesellschaft, 1997.

Das gilt insbesondere für den Begriff des »kognitiven Musters«, der der theoretische Zentralbegriff in Goldhagens Buch ist. Die Unzulänglichkeiten dieses Begriffs liegen darin, daß er erstens den Unterschied von Bewußtsein und Verhalten und zweitens den Unterschied von Kommunikation und Bewußtsein nicht angemessen berücksichtigt. Was das genau heißt und welche Auswirkungen es für die Analyse der beiden angesprochenen Transformationen hat, soll im folgenden gezeigt werden.

Verhalten und Bewußtsein

Goldhagen hat in seiner Preisrede die Deutschen für die »Internationalisierung« der Politik gelobt, die sie nach 1945 in die Wege geleitet haben. Die Möglichkeit, daß die Ausrichtung des eigenen Verhaltens an fremden Autoritäten auch Indiz für mangelndes Selbstvertrauen und mangelnde eigenständige Handlungskompetenz sein kann, zog er nicht in Betracht. Dabei liegt dieser Gedanke durchaus nahe. Wir könnten es doch mit einem – nach der Theorie von Kohlberg – immer noch konventionellen Stadium der Moralentwicklung zu tun haben, mit einer ›good boy orientation‹, die es vorzieht, es denen recht zu machen, die sich als die Mächtigeren erwiesen haben.[138] Dann wäre die »Internationalisierung« der Politik nicht das Resultat eines Lernprozesses, sondern das Ergebnis von Opportunismus und Anpassung. Hier weiß eine Gesellschaft nicht mehr, was sie tun soll, was richtig und falsch ist, und da die Sieger sie mit Argusaugen beobachten und ihre Erwartungen deutlich genug ausdrücken, richtet sie sich nach ihnen. Sie handelt so, wie es die Autoritäten von ihr verlangen, aber denkt sich möglicherweise etwas dabei, was mit diesem Handeln durchaus nicht übereinstimmt. Wir hätten es dann mit einer Gesellschaft zu tun, in der Bewußtsein und Verhalten deutlich voneinander abweichen.

An dieser Differenz zwischen Bewußtsein und Verhalten müht sich die Wissenschaft seit langem ab. Das Problem ist einfach zu benennen, aber nur schwer zu lösen. So wenig man von sichtbaren Handlungen

---

138 Vgl. Lawrence Kohlberg, The Psychology of Moral Development. The Nature and Validity of Moral Stages, San Francisco 1984.

und Verhaltensweisen auf das Bewußtsein schließen kann, so wenig kann man umgekehrt davon ausgehen, daß es das Bewußtsein ist, das das Handeln bestimmt. Bewußtsein und Verhalten, die innersubjektive und die Handlungsebene, gehören zwei verschiedenen Sphären an. Verantwortlich für diesen Sachverhalt ist die konstitutive Möglichkeit des Menschen, tatsächliches Verhalten und Bewußtsein voneinander abzukoppeln.

Goldhagen selber gibt für diesen Sachverhalt in seinem Buch ein schönes Beispiel: »Ein Mensch, der weiterhin an Gott glaubt, kann aus einer Reihe von Gründen die Gottesdienstbesuche einstellen. Vielleicht gefällt ihm der neue Pfarrer nicht; vielleicht hat er sich so verhalten, daß er sich der Gemeinde nicht mehr zeigen will, vielleicht braucht er seine Zeit jetzt – etwa infolge eines wirtschaftlichen Mißgeschicks – für andere Aktivitäten.«[139] Daraus folgt für unseren Zusammenhang, daß ein außenstehender Beobachter nur das Verhalten sieht, nicht die Motive des Verhaltens. Wir können als Beobachter dieses Verhaltens nicht einmal unterstellen, wie Goldhagen es tut, daß der Mensch, von dem hier die Rede ist, wirklich »weiterhin an Gott glaubt« – warum müssen wir ausschließen, daß er in seinem Glauben an Gott irre geworden ist und deswegen seinen Kirchenbesuch eingestellt hat? Und natürlich gilt auch umgekehrt, daß wir von demjenigen, der die Gottesdienste besucht, nicht allein schon aufgrund dieser Tatsache sagen können, daß er auch wirklich an Gott glaubt oder den neuen Pfarrer nicht ablehnt. Wir wissen es nicht, und wir können es auch nicht wissen, es sei denn, wir erhalten Zugang zu zusätzlichen Daten und Informationen, die uns mit guten Gründen oder mit hoher Wahrscheinlichkeit auf die eine oder auf die andere Motivlage schließen lassen.

Kognitive Muster

Bezogen auf die Erklärung der ersten Transformation erscheint das Problem in folgender Gestalt: Wie wird aus dem Antisemitismus als Idee und Ideologie eine verhaltensbestimmende Macht, die nicht nur das Bewußtsein, sondern auch das Handeln bestimmt und Menschen mit antisemitischer Einstellung zu Mördern macht? In der Vorurteils-

---

139 Goldhagen, Hitlers willige Vollstrecker, a.a.O., S. 64.

forschung wird zwischen dem kognitiven, affektiven und konativen Aspekt des Vorurteils unterschieden und nach den Bezügen zwischen diesen Elementen gefragt. Goldhagen glaubt das Problem durch den Rückgriff auf das Konzept des ›kognitiven Musters‹ lösen zu können. Danach ist es so, daß wir es beim Antisemitismus in der deutschen Geschichte nicht mit einer Idee oder einer Überzeugung zu tun haben, sondern mit einem weitreichenden, tief verankerten Muster, das sowohl für Denk-, Wahrnehmungs- und Sichtweisen wie für Verhalten und Handlungsweisen ausschlaggebend ist. Das ›kognitive Muster‹ organisiert die individuellen und kollektiven Erfahrungen und leitet die Handlungen an.[140]

Das ›kognitive Muster‹ soll ein Schema sein, das vorbewußt, aber universal die Regeln der Wahrnehmung, der Kommunikation und des Handelns festlegt. Es ist nicht selber Thema, sondern der Rahmen, in den alles gefaßt sein muß, um Thema zu werden; es ist die transzendentale Voraussetzung, auf der alle Gespräche und Wahrnehmungen basieren, ohne daß es selber Gesprächs- oder Wahrnehmungsgegenstand wird; es ist die nicht weiter thematisierte, weil selbstverständliche und von allen geteilte Bedingung der Möglichkeit von Denken, Wahrnehmen und Handeln. So wie Kant in der »Kritik der reinen Vernunft« von dem transzendentalen Ich spricht, das alle unsere Vorstellungen begleiten können muß, so ist es nach Goldhagen der Antisemitismus gewesen, der alle Vorstellungen der Deutschen von einem bestimmten Zeitpunkt ihrer Geschichte an ›immer schon‹ begleitet hat. Es sieht dann so aus, als wenn die entsprechenden Auffassungen und Verhaltensweisen in den Genen verankert wären, aber dieser Antisemitismus als tief sitzendes kognitives Muster ist historisch und kulturell bedingt, etwas Gemachtes, nichts Gegebenes. Im Kern läuft die Analyse bei Goldhagen auf die Behauptung hinaus, daß in Deutschland und nur in Deutschland der Antisemitismus diese Gestalt eines kognitiven Musters angenommen hat. Der Antisemitismus wurde den Deutschen so selbstverständlich wie die Grammatik ihrer Sprache.

Mit dem Rückgriff auf das Konzept des kognitiven Musters werden aber die Schwierigkeiten, das Verhältnis zwischen Bewußtsein und

---

140 Vgl. ebda., S. 52 ff. Siehe dazu Ingrid Gilcher-Holtey, Die Mentalität der Täter, in: Julius H. Schoeps (Hg.), Ein Volk von Mördern, Hamburg 1996.

Verhalten zu bestimmen, nicht gelöst, sondern nur verschoben. Denn es stellt sich sofort die Frage, wie und warum der Antisemitismus nur in Deutschland zum kognitiven Muster wurde und nicht wie in vielen anderen Nationen eine Sache der Überzeugung blieb, ohne in eine systematisch betriebene Ausrottungspraxis einzumünden. Auf diese Frage antwortet Goldhagen mit dem Hinweis, daß der Holocaust in Deutschland und eben nur in Deutschland stattgefunden habe. Das ist fraglos richtig, aber gerade das war es, was erklärt werden sollte. Mit anderen Worten: Goldhagen argumentiert zirkulär, er bringt Explanans und Explanandum durcheinander. Er verspricht, im Rekurs auf den Antisemitismus als kognitives Schema den Holocaust zu erklären, de facto aber wird die Vernichtung der Juden zum Beleg dafür genommen, daß der Antisemitismus in Deutschland ein kognitives Schema war. Also erklärt nicht das kognitive Schema den Holocaust, sondern der Holocaust wird zum Beleg für die Existenz des antisemitischen kognitiven Schemas.

Das ist im übrigen der Grund dafür, warum Goldhagen die berechtigten Einwände vieler Historiker gegen seine Untersuchungen zur Geschichte des Antisemitismus so kalt gelassen haben. Die Experten in Sachen Antisemitismus wiesen präzise auf das Auf und Ab der Judenfeindschaft in der deutschen Geschichte hin, und sie fragten, wie denn z. B. die Tatsache der Judenemanzipation mit den Behauptungen von Goldhagen zu vereinbaren sei. Diese zum Antisemitismus gegenläufigen Bewegungen ignorierte Goldhagen mit der souveränen Geste desjenigen, der das Ende der Geschichte kennt und mit dieser Kenntnis über ein klares Kriterium verfügt, das eine sichere Unterscheidung zwischen Wesentlichem und Unwesentlichem zu ziehen erlaubt: Da am Ende der Geschichte des Antisemitismus in Deutschland der Holocaust steht, können anti-antisemitische Tendenzen von vornherein vernachlässigt werden. Sie sind irrelevant und aufs Ganze – sprich: auf das kognitive Schema gesehen – für Goldhagen ohne Bedeutung. Wir haben es in Zeiten, in denen der Antisemitismus kaum sichtbar ist und sich kaum äußert, nur mit Variationen innerhalb des Schemas zu tun, nie mit der Infragestellung des Schemas selbst: »Nicht der Antisemitismus selber nimmt zu und ab; es sind vielmehr seine Ausdrucksformen. Wenn also der Antisemitismus zu irgendeinem Zeitpunkt in einer bestimmten historischen Periode weit verbreitet ist, dann ist dies eigentlich ein Hinweis auf seine, wenn auch nur latente Existenz während der ganzen Epoche.«[141] Die Ausschläge in den Äußerungsformen des Antisemitismus in der deutschen Geschichte mögen heftig gewesen sein, das kognitive Modell, in dem der Antisemitismus die entscheidende Rolle spielte, blieb nach Goldhagen konstant.[142] Es ist wie bei der Sprache: Die Grammatik ändert sich nicht schon deshalb, weil mal mehr oder mal weniger über sie geredet und geschrieben wird.

Der Zirkelschluß erlaubt es Goldhagen, vergleichende mentalitätsgeschichtliche Analysen für überflüssig zu erklären. Die Kapitel, in denen Goldhagen die Geschichte des Antisemitismus in Deutschland beschreibt, beschränken sich darauf, Illustrationen und Beispiele für das antisemitisch geprägte kognitive Muster zusammenzustellen, von dessen Existenz Goldhagen schon vorher und unabhängig von den empirischen Einzelheiten überzeugt ist.

Tätermotive

Goldhagen operiert aber nicht nur auf der Makroebene, also im Blick auf den gesellschaftsgeschichtlichen Zusammenhang von Antisemitismus und Holocaust, mit dem methodisch unzulässigen Schluß vom Verhalten aufs Bewußtsein, sondern auch bei der Analyse der Mikroebene, also bei der Frage nach den Motiven der einzelnen Täter. Das Fragwürdige dieses Schlußverfahrens läßt sich leichter deutlich machen. Generell gilt, daß man vom beobachtbaren Handeln aus keinen direkten Durchblick auf die Motive des Handelns haben kann. Was wir beobachten, ist nur die Außenseite, nicht die Innenseite der Handlungen. Goldhagen bedient sich in seinen Überlegungen der »Indizienmethode«, die in der Kriminologie wohlbekannt ist.[143] Er kann seine Behauptung, daß die Mörder von ihrem Antisemitismus zu ihren Taten getrieben wurden, nicht auf direktem Wege beweisen, sondern kommt zu ihr aufgrund von bestimmten Indizien. Die genaue Betrachtung des »wie« einer Tat soll Aufschluß geben über das »warum« der Täter. Goldhagen bemüht sich darum, seine Schlußfolgerung durch die Herbeiziehung möglichst vieler Anhaltspunkte und Belege zu stützen.

---

141 Goldhagen, Hitlers willige Vollstrecker, a.a.O., S. 64.
142 Vgl. ebda., S. 59, 76.
143 Vgl. Herbert Jäger, Die Widerlegung des funktionalistischen Täterbildes. Daniel Goldhagens Beitrag zur Kriminologie des Völkermords, in: Mittelweg 36, Februar/März 1997.

Dazu gehören neben der detailgetreuen Rekonstruktion der unmittelbaren Tathandlungen die gesamte Lebenswelt der Täter, ihr Freizeitverhalten, ihre Weltsicht, ihre soziale Herkunft. Deswegen kommt Goldhagen so ausführlich auf die grausamen Details der Morde und Massaker zu sprechen. Das ist nicht nur völlig legitim, sondern der einzige Weg, auf dem heute überhaupt noch etwas über die Motive der Täter in Erfahrung zu bringen ist. Wer das, wie es in der publizistischen Diskussion über das Buch gelegentlich zu lesen war, für überflüssig oder gewaltpornographisch hält, hat nicht verstanden, daß im Kontext einer Indizienmethode die Schilderung dieser Einzelheiten unverzichtbar ist. Es kann auch m. E. gar nicht bestritten werden, daß Goldhagen mit den von ihm ermittelten und dargestellten Begleitumständen unser Wissen über die Einstellung der Täter zu ihren Mordaktionen bereichert hat.

Freilich bleiben die Schlußfolgerungen prekär. Wie prekär, sieht man daran, daß nach Christopher Brownings Studie über das Reserve-Polizeibataillon 101 die exakt gleichen Indizien nicht für den Antisemitismus als Zentralmotiv der Täter sprechen, sondern für das Vorherrschen von situativen und kommunikativen Faktoren, von Anpassungsdruck und Gruppenkonformität.[144] Hier kann nicht entschieden werden, wer recht hat. Generell aber gilt, daß eine wirkliche Sicherheit über die Motive einer Tat auf der Basis von Indizien meist nicht einmal für einen einzelnen Fall zu bekommen ist. Also ist bei allen Schlußfolgerungen dieser Art große Zurückhaltung und Vorsicht angebracht. Ganz gewiß werden die Erkenntnismöglichkeiten der Indizienmethode überzogen, wenn Goldhagen von den im Detail untersuchten Fällen auf solche Taten schließt, die er gar nicht untersucht hat und für die er gleichwohl pauschal annimmt, daß stets ein und derselbe eliminatorische Antisemitismus die Triebkraft gewesen sei.[145] Gleiches gilt für den Schluß auf das Bewußtsein und die Tatbereitschaft jener Deutschen, die mit den tatsächlichen Tätern nur den sozialen und ethnischen Status gemein haben.

Die Frage nach dem Verhältnis von Verhalten und Bewußtsein darf nicht mit der Frage nach der Autonomie des Handelns verwechselt werden, die in Goldhagens Buch ebenfalls eine wichtige Rolle

---

144 Christopher Browning, Ganz normale Männer. Das Reserve-Polizeibataillon 101 und die ›Endlösung‹ in Polen, Reinbek bei Hamburg 1992.
145 Vgl. Goldhagen, Hitlers willige Vollstrecker, a.a.O., S. 488.

spielt.[146] Immer wieder weist Goldhagen darauf hin, daß das Handeln nicht einmal unter den Bedingungen von Diktatur und Krieg als Resultat eines reinen Befehls-Gehorsams-Verhältnisses begriffen werden kann. Das war zwar auch bislang schon bekannt. Aber es schadet nicht, diese Tatsache immer wieder herauszustellen und ihre Konsequenzen zu diskutieren. So eindringlich wie bei Goldhagen ist sie bislang nicht oft dargestellt und erörtert worden. Seine Untersuchungen zeigen anschaulich, daß die Täter zu ihren Verbrechen nicht von ihren Vorgesetzten gezwungen werden mußten. Es gab bei ihnen eigene Motive zur Ausführung der Verbrechen. Und in diesem Sinne waren sie exakt das, was der Titel des Buches sagt: »willige Vollstrecker«. Wir haben es also nicht mit Leuten zu tun, die gegen ihren Willen und unter starkem äußerem Befehlsdruck ihre Handlungen ausführten, sondern sich durch eigene Handlungs- und Verbrechensbereitschaft auszeichneten. Aber daß die Mörder ein eigenes inneres Motiv gehabt und insofern autonom gehandelt haben, ist noch keine Aussage darüber, wie dieses Motiv ausgesehen hat. Die Autonomie der Handlung ist nichts weiter als die Voraussetzung dafür, daß es überhaupt Sinn macht, nach eigenen Motiven der Akteure zu suchen.

Motive und Gelegenheiten

So prekär der Schluß von Verhalten auf Bewußtsein ist, so prekär ist der umgekehrte Schluß von Bewußtsein auf Verhalten. Damit aus Bewußtsein, Mentalität und Disposition eine Tat wird, muß etwas hinzukommen, das nicht selber dieser Sphäre angehört. Dieses Bedingungsgefüge wird häufig mit der bekannten Formel ausgedrückt, daß der Faktor x eine »notwendige, aber nicht hinreichende« Bedingung für das Eintreten von y sei. Bezogen auf Goldhagen: Der Antisemitismus war eine notwendige, aber keine hinreichende Bedingung für die Vernichtungstaten. Das sieht Goldhagen im übrigen genauso. Er betont, daß es der Gelegenheit bedurfte, damit der eliminatorische Antisemitismus zur Tat werden konnte. Diese Gelegenheit sei den deutschen Antisemiten durch die Machtübernahme der Nazis gegeben worden.

---

146 Vgl. Andreas Helle, Kein ganz gewöhnlicher Streit. Zur Zeitgebundenheit der Goldhagen-Debatte, in: Leviathan, 2/1997.

Ohne diese Machtübernahme hätte der deutsche Antisemitismus nicht handlungsleitend werden können.[147]

Es stellt sich dann aber sofort die Frage, wieso ausgerechnet in Deutschland die Nazis an die Macht kamen und der Antisemitismus zur Staatspolitik werden konnte. Goldhagen hält eine eigene Untersuchung dieser Frage für überflüssig, weil sie bereits genau erforscht sei. Selbstverständlich sei für die Erklärung dieser Ereignisse z.B. die wirtschaftliche Depression von großer Bedeutung. Zahlreiche Faktoren hätten eine wichtige Rolle gespielt, und insofern könne man den Holocaust keineswegs allein auf den Antisemitismus zurückführen. Allerdings sei es bei aller Pluralität der Faktoren, die am Zustandekommen der Mordtaten beteiligt waren, so, daß sich Motiv und Wille zu diesen Handlungen aus jenen Faktoren nicht ableiten ließen. Dafür sei vielmehr ausschließlich und ganz unabhängig von den äußeren Gegebenheiten der Antisemitismus verantwortlich.[148]

Mit anderen Worten: Goldhagen denkt nicht, daß – wie der Volksmund es will – die Gelegenheit die Diebe und Mörder macht, eher ist es ihm zufolge umgekehrt so, daß die Mörder und Diebe stets auf die Gelegenheit lauern und sich die Gelegenheiten, wenn irgend möglich, selber schaffen. Die Beziehung von Motiv und Gelegenheit muß sicherlich für jeden Einzelfall spezifisch gewichtet werden. Wenn es aber so ist, wie Goldhagen sagt, daß weder die Gelegenheit noch die Bereitschaft für sich allein genommen das Zustandekommen einer Tat erklären, dann kann man das Verhältnis von Gelegenheit und Motiv nicht in eine Hierarchie auflösen, sondern muß es als ein Bedingungsgeflecht gleichen Niveaus verstehen. Mithin ist die Frage nach den Gelegenheiten und ihrer Genese für die Erklärung des Holocaust nicht weniger wichtig als die Frage nach den Motiven der Täter. Und es wäre eine ganz unzulässige Vereinfachung, die Gelegenheiten ohne weitere Differenzierungen ihrerseits als Resultat der Motive zu verstehen, also auf den Antisemitismus zurückzuführen.

Hinter diesem Problem steckt die alte Frage nach dem Verhältnis von Soziologie und Psychologie bei der Erklärung des menschlichen Verhaltens im allgemeinen und des Holocaust bzw. der Grausamkeit im besonderen. Als Erben der Aufklärung und der abendländischen Sub-

---

147 Vgl. Goldhagen, Hitlers willige Vollstrecker, a.a.O., S. 8.
148 Vgl. ebda., S. 8, S. 487 ff.

jektphilosophie können wir uns mit der Differenz zwischen Bewußtsein und Verhalten nur schwer abfinden. Für die Rettung der Autonomie des Menschen wäre es hilfreich, wenn es dabei bleiben könnte, daß das Bewußtsein des Menschen sein Verhalten bestimmt. Das gilt nicht nur für das Gute, das wir auf gute, sondern auch für das Böse, das wir auf böse Motive zurückgeführt sehen möchten. Nicht zu leugnende Abweichungen von dieser idealen Einheit lassen sich dadurch auflösen, daß das Bewußtsein, das mit dem sichtbaren Handeln nicht übereinstimmt, als temporärer und logischer Vorgriff auf bevorstehende Verhaltensänderungen interpretiert wird. – Keine Frage: Dieses Modell klingt schön und vertraut, und es schmeichelt unserer Selbstliebe. Aber es dürfte an der Zeit sein, sich auch in der Erforschung der Zeitgeschichte von ihm zu verabschieden.

Code und Phantasma

So fraglos nach Goldhagen der Antisemitismus, der zentrale Wahn des Nationalsozialismus, für den Mord an den europäischen Juden verantwortlich ist, so fraglos sollen die Deutschen nach 1945 diesen Wahn abgelegt und sich zu mustergültigen Demokraten gemausert haben. Wie ist das zugegangen? Wie paßt das mit Goldhagens Behauptung zusammen, daß der Antisemitismus in Deutschland die Festigkeit eines kognitiven Musters angenommen hatte?
Es gibt zwei Antworten: In der ersten Antwort wird der Antisemitismus zu einem kulturellen »Code«, der seine Wirksamkeit sehr schnell verliert, wenn er kollektiv und durch die entscheidenden politischen Instanzen geächtet wird. Das sei wohl, meint Reemtsma, die Auffassung von Goldhagen: »Goldhagen beschreibt den Antisemitismus nicht als ein ›Etwas‹, das da ist oder fehlt, nicht als eine Eigenschaft, die jemanden, der sie hat, zum Antisemiten macht, sondern als einen Code, mit dem sich eine Gesellschaft über Präferenzen verständigt. … Es ist … die Selbstverständlichkeit eines solchen gemeinsamen Codes, die seine Gewalt in Zeiten ausmacht, wo er Mord sanktioniert. … Ein solcher Code kann verschwinden, wenn man seine Selbstverständlichkeit unterbindet. Wenn man ihn ächtet.«[149]

149 Reemtsma, Eine ins Lob gekleidete deutliche Mahnung, a.a.O., S. 695.

Die zweite Antwort sieht im Antisemitismus keinen »Code«, den man auf politischem Wege ins Leben rufen und wieder abschaffen kann, sondern ein »Phantasma«, das sich tief in die Antisemiten eingepflanzt hat, nahe am Unbewußten plaziert ist und deswegen von politischen Veränderungen und Aufklärungsprozessen kaum erreicht werden kann.[150] Das ist die Position, die Reemtsma favorisiert: »Andererseits – und ich fürchte, daß Goldhagen diese Dimension unterschätzt – gibt es kollektive Phantasmen, die unabhängig davon existieren, ob ein solcher Code in Gebrauch ist oder nicht. Sie sind besonders im Falle des Antisemitismus ein Problem, weil in ihnen die antijüdische Tradition des christlichen Abendlandes ... fortwirkt. ... Ein solches Phantasma ist nicht in demselben Sinne Teil einer politischen Kultur wie ein Code, der gesprochen werden muß, um erhalten zu bleiben, und der also Sanktionen zugänglich ist. Es wird auch nicht durch ›Aufklärung‹ irgendeiner Art erreicht.«[151]

Wer hat recht? Wie läßt sich die Geschichte der Bundesrepublik unter diesem Gesichtspunkt verstehen? Wie ist der Meinungs- und Einstellungswandel der Deutschen zustande gekommen, und wie stabil ist er?

Kommunikation und Bewußtsein

Zur Beantwortung dieser Fragen ist es sinnvoll, den Unterschied zwischen Kommunikation und Bewußtsein zu berücksichtigen. Um zu erklären, was damit gemeint ist, muß die Ausgangslage des Jahres 1945 in Erinnerung gerufen werden. Mit der Kapitulation waren Rassenideologie und Antisemitismus gleichsam über Nacht moralisch diskreditiert, ihre öffentliche Verbreitung und jedes daran ausgerichtete Verhalten wurde von den Alliierten verboten. Das ist die eine Seite, die – mit einigen graduellen Abstufungen – für die gesamte Geschichte der Bundesrepublik gültig blieb. Auf der anderen Seite ist es so, daß es für die persönlichen Einstellungen diese »Stunde Null« natürlich nicht gegeben hat. Zwar bestimmte die Distanzierung vom NS-Rassenantisemitismus von Anfang an die offizielle politische Praxis und die öffent-

---

150 Der Begriff »Phantasma« spielt in der Ethnopsychoanalyse eine gewisse Rolle. Vgl. z. B. Mario Erdheim, Die gesellschaftliche Produktion von Unbewußtheit, Frankfurt a. M. 1982.

151 Reemtsma, Eine ins Lob gekleidete deutliche Mahnung, a.a.O., S. 695.

liche Meinung, aber die traditionellen antijüdischen Vorurteile wurden davon zunächst kaum tangiert. Auf der Ebene unterhalb der öffentlichen Meinungsäußerungen lebte ein privatisierter Antisemitismus fort. Mit den Worten von Ruth Klüger: »In der deutschen Bevölkerung war der Judenhaß unterschwellig geworden, brodelte aber weiter, wie ein Ragout in einem Kochtopf guter Qualität eine Weile weiterbrodelt und warm bleibt, nachdem die Herdflamme längst abgedreht wurde.«[152] Weniger bildreich, dafür sozialwissenschaftlich korrekt und trocken ausgedrückt: Der Antisemitismus war in der Bundesrepublik öffentlich nicht kommunizierbar, aber in der Form ›kommunikativer Latenz‹ existierte er weiter.[153] Für große Teile der Bevölkerung war er nach wie vor prägend, zugleich durfte man sich öffentlich nicht zu ihm bekennen. Es gab mithin eine Schere zwischen der öffentlichen anti-antisemitischen Meinung und einer antisemitischen Bevölkerungsmeinung, eine Differenz zwischen Kommunikation und Bewußtsein – und das, wenn man den Demoskopen glauben darf, in erheblichem Ausmaß. Erste Befragungen im Dezember 1946 ermittelten einen Prozentsatz von 61 % Antisemiten und Rassisten. Im Herbst 1949 fanden die Demoskopen einen Anteil von einem Viertel bis zu einem Drittel Antisemiten. Im »Gruppenexperiment« des Frankfurter Institus für Sozialforschung von 1951 kam man auf 62 % extrem bzw. bedingt antisemitisch eingestellter Personen. Eine deutlich rückläufige Tendenz gab es erst seit Anfang der 60er Jahre. In den 80er Jahren ergaben Umfragen einen antisemitischen Bevölkerungsteil von 13–15 %. Dabei ist es bis heute im wesentlichen geblieben.

Seit 1945 wurde auf politischem Wege und unter dem erheblichen Druck der Alliierten die öffentliche Artikulation des Antisemitismus tabuisiert und unmöglich gemacht. Den Antisemiten machte man unmißverständlich klar, daß ihre Meinung nicht erwünscht war. Das ist ein für Demokratien vermutlich einzigartiger Fall von Mentalitätspolitik. Ihre Wirksamkeit dürfte unter anderem daran gebunden sein, daß sich alle relevanten gesellschaftlichen Gruppen einig sind und der Pluralismus der Meinungen an dieser Stelle durch den Konsens ersetzt ist. Im Fall des Anti-Antisemitismus war das nach 1945 zweifellos der Fall. Die Parteien, die Gewerkschaften, die Kirchen, die wichtigen

---

152 Ruth Klüger, weiter leben. Eine Jugend, Göttingen 1992, S. 193.
153 Vgl. zum folgenden Bergmann/Erb, Antisemitismus in der Bundesrepublik Deutschland, a.a.O.

Medien, die Meinungsträger in Wissenschaft und Kunst erklärten den Antisemitismus einhellig zum Tabu. Mit Abweichungen davon manövrierte man sich unvermeidlich ins politische Abseits. Bevor man den Effekt dieser Tatsache überschätzt, muß man sich jedoch klarmachen, daß auf diesem Wege nicht der Antisemitismus verboten und unmöglich gemacht wurde, sondern nur, daß er öffentlich artikuliert und kommuniziert werden kann. Das ist ein Unterschied. Öffentliche Kommunikation kann man steuern, regulieren, das individuelle Bewußtsein nicht, jedenfalls nicht auf kurzem, direktem Wege.

Läuterung oder Politik?

Der Systemtheorie zufolge ist der Unterschied zwischen Kommunikation und Bewußtsein für moderne Gesellschaften generell typisch. Ich lasse diese Frage offen. Sicher scheint mir jedoch, daß die Unterscheidung für unseren Zusammenhang, also für die Analyse von Gesellschaften, die den Übergang von der Diktatur zur Demokratie angetreten haben, von großem Nutzen ist.

In allen postdiktatorischen Gesellschaften stellt sich das Problem, was für den Neuanfang vordringlicher ist, die Veränderung des politischen und institutionellen Ordnungsgefüges oder die Veränderung des Bewußtseins. Um eben diesen Punkt drehte sich z. B. ein großer Teil der Diskussionen in der unmittelbaren deutschen Nachkriegszeit. Die sogenannte Schuld-Debatte zwischen 1945 und 1949 zielte, wie Karl Jaspers, einer ihrer wichtigsten Protagonisten, rückblickend schrieb, »allein auf die innere geistig-sittliche Verfassung als den Boden der Politik, der damit vorbereitet werden sollte«.[154] Damit war die logische und zeitliche Reihenfolge markiert: zuerst Einkehr, Läuterung, innere Reinigung, neuer Mensch, dann eine neue Politik.

In Wirklichkeit verlief die Entwicklung dann ganz anders. Die Räson des Politischen bestimmte sehr schnell den Gang der Dinge, ohne auf die sittlich-geistige Erneuerung der Deutschen zu warten. Angesichts der weltpolitischen Lage gab es dazu auch wohl kaum eine realistische Alternative.

Es blieb gleichsam nur der Ausweg, sich auf die Lehre des politischen

154 Karl Jaspers, Lebensfragen der deutschen Politik, München 1963, S. 10 f.

Liberalismus zu besinnen, nach der das praktisch-moralische Vermögen der Menschen bei der Begründung einer freiheitlichen Ordnung getrost vernachlässigt werden kann. Kant hatte dafür in seiner Schrift über den ewigen Frieden die berühmte Formulierung gefunden, daß »das Problem der Staatserrichtung ... selbst für ein Volk von Teufeln ... auflösbar« sei, »wenn sie nur Verstand haben«.[155]

Das ist keine schlechte Formel für das, worum es nach 1945 in Deutschland ging. Wenn man diese drastische Diktion aufnimmt, so ist in der Bundesrepublik in der Tat das Kunststück gelungen, in einem Volk von (ehemaligen) Teufeln eine demokratische Verfassung zu etablieren und zu stabilisieren. Die mehr oder weniger teuflische Vergangenheit der meisten »willigen Vollstrecker« und Mitläufer wurde zu diesem Zweck zu ihrer Privatangelegenheit erklärt und beschwiegen – vorausgesetzt, daß die entsprechenden Personen bereit waren, in ihren beruflichen und politischen Rollen die neue demokratische Ordnung nicht zu destruieren.

Diese Strategie war mit vielen Risiken und Zumutungen verknüpft, und sie war dazu angetan, auch wohlwollende Beobachter immer wieder erheblich zu irritieren. In der Tat ist die große Frage, wie weit die Schere zwischen Institutionen und Bewußtsein geöffnet sein darf, ohne eine demokratische politische Ordnung zu unterminieren. Viele Kritiker meinten, daß zwar an der demokratischen Qualität der institutionellen Ordnung kein Zweifel bestehe, daß aber die Mentalität der Bundesdeutschen weitgehend vordemokratisch geblieben und ganz und gar nicht vertrauenswürdig sei. Der Abstand zwischen dem tatsächlichen Bewußtsein und den demokratischen Erfordernissen sei bedenklich groß. Insgeheim, unbewußt schwelend und darum besonders mächtig, so fürchtete etwa Adorno,[156] bestehe die Bindung an die nationalsozialistische Ideologie fort und lauere auf die Gelegenheit, sich zu rehabilitieren und politisch wieder in Aktion zu treten. Dieses Nachleben des Faschismus in der Demokratie sei gefährlicher als der Kampf faschistischer Strömungen gegen die Demokratie. Eine Demokratie ohne Demokraten – das könne auf die Dauer nicht gutgehen. Die Außerparlamentarische Opposition seit Mitte der 60er Jahre ist später oft und mit plausiblen Argumenten als Rebellion gegen diese Schere interpretiert worden.

155 Immanuel Kant, Zum ewigen Frieden (1795), in: Ders., Werke Bd. VI, hg. von Wilhelm Weischedel, Darmstadt, 1983, S. 224.
156 Adorno, Was bedeutet: Aufarbeitung der Vergangenheit, a.a.O.

Schweigespirale und Antisemitismus

Wie ist die Situation der Bundesrepublik heute? Hat sich die Schere zwischen der Mentalität und dem demokratisch-institutionellen Ordnungsgefüge geschlossen? Bezogen auf den Antisemitismus: Hat die Ächtung des »Codes« auch die »Phantasmen« erreicht und aufgelöst? Daß es eine Differenz zwischen Kommunikation und Bewußtsein gibt, heißt keineswegs, daß beide nichts miteinander zu tun hätten. Die Vermutung fällt nicht schwer, daß die anti-antisemitische öffentliche Meinung in der Bundesrepublik das antisemitische nicht-öffentliche Bewußtsein erheblich irritiert hat. Daß der Anteil an Antisemiten in der Bevölkerung im Laufe von fünfzig Jahren deutlich zurückgegangen ist, kann auf diesen Meinungsdruck zurückgeführt werden. Wir haben es allem Anschein nach mit einer exemplarischen empirischen Bestätigung der von Noelle-Neumann entwickelten Theorie der »Schweigespirale« zu tun.[157] Danach ist der Anpassungsdruck auf die individuellen Meinungen und Einstellungen um so höher, je mehr die bestimmenden Akteure der öffentlichen Kommunikation in bezug auf ein Thema die gleiche Position vertreten und damit die Zahl der Personen erhöhen, die nolens volens mit dieser Position konfrontiert werden.

Damit scheint die Sache klar zu sein: Es gibt keinen Zweifel, daß die kollektive Ächtung des antisemitischen Codes zum Konsensbestand der politischen Ordnung und der politischen Kultur der Bundesrepublik gehört. Sie hat nach und nach ihre Wirkungen auch im Bereich der nicht-öffentlichen Meinungen und Phantasmen getan. Der Rest von ca. 13 % extremen Antisemiten, so könnte vermutet werden, wird weiter abnehmen, und mit dem geringen Prozentsatz der dann noch übrigbleibenden Unverbesserlichen muß man und kann man leben. Sie gehören zur ebenso unerfreulichen wie unvermeidlichen »normalen Pathologie westlicher Industriegesellschaften«.[158] Solange über die Ächtung des antisemitischen Codes Konsens besteht, geht von ihnen keine Gefahr aus.

---

157 Elisabeth Noelle-Neumann, Die Schweigespirale. Öffentliche Meinung – unsere soziale Haut, München/Zürich 1980.
158 Erwin K. Scheuch/Hans Dieter Klingemann, Theorie des Rechtsradikalismus in westlichen Industriegesellschaften, in: Hamburger Jahrbuch für Wirtschafts- und Gesellschaftspolitik, Tübingen 1967, S. 15.

Das klingt zwar plausibel, ist aber in Wirklichkeit fragwürdig und umstritten. Die Wirkungen des Kommunikationstabus in Sachen Antisemitismus sind nicht so eindeutig, wie es hier dargestellt wurde und wie es im Lichte der Theorie der »Schweigespirale« erscheint. Ausgeklügelte empirische Studien haben plausibel gemacht, daß z. B. die Annahme einer weiteren kontinuierlichen Abnahme des Antisemitismus eher Ausdruck von Wunschdenken ist. Ein durchaus erheblicher Teil der Bevölkerung hat es nämlich verstanden, sich gegen den Anpassungsdruck, der von der öffentlichen Kommunikation ausgeht, zu immunisieren. Hier wird zwar wahrgenommen, daß im allgemeinen Meinungsklima der Antisemitismus geächtet ist, aber die Konsequenz, die eigene Meinungsposition daran anzupassen, bleibt aus. Man empfindet das Thema Juden als »irgendwie unangenehm«, geht ihm in der Öffentlichkeit tunlichst aus dem Weg, hält mit seiner wahren Meinung hinter dem Berg – und bleibt bei seinen antisemitischen Phantasmen.[159]

Das führt zu der weiteren Frage, ob wir es – bezogen auf den Antisemitismus – nicht generell in der Bundesrepublik mit einer manipulierten Öffentlichkeit zu tun haben, die – ähnlich wie in den sozialistischen Staaten – zwar an der Oberfläche für Ruhe sorgen kann, aber ohne wirkliche Tiefenwirkung ist. Es könnte ja sein, daß sich im Falle des Antisemitismus die schweigende Mehrheit nur oberflächlich angepaßt hat und bei Fortfall der öffentlichen und staatlichen Aufsicht sogleich der alte Antisemitismus wieder zum Vorschein kommt. So wie der Antisemitismus ein Code war, dem man sich in Deutschland vor 1945 bereitwillig unterworfen hatte und den man abgedreht hatte, als er nicht mehr opportun war, so könnte sich auch der Anti-Antisemitismus der Bundesrepublik als Code entpuppen, den man bei entsprechender Gelegenheit als nun nicht mehr erforderlich ablegt und gegen einen anderen eintauscht.

Solche Vorbehalte und skeptischen Nachfragen werden durch die Befunde der psychoanalytisch inspirierten Politischen Psychologie vielfach gestützt. Hier wird ein ganzes Arsenal an Abwehrmöglichkeiten gegen die Zumutungen einer Einstellungs- und Bewußtseinsänderung namhaft gemacht. In der Tat darf man vermuten, daß viele Deutsche

---

159 Vgl. Werner Bergmann/Rainer Erb, »Mir ist das Thema Juden irgendwie unangenehm«. Kommunikationslatenz und die Wahrnehmung des Meinungsklimas im Fall des Antisemitismus, in: Kölner Zeitschrift für Soziologie und Sozialpsychologie, 43. Jg., 1991.

durch ihre Unterstützung und Duldung so hochgradig mit dem Nationalsozialismus identifiziert waren, daß sie nach 1945 für lange Zeit einem tiefgreifenden Einstellungswandel gegenüber unempfänglich blieben und sich ihm mit den wohlbekannten Abwehrmechanismen der selektiven Wahrnehmung, verzerrten Erinnerung, Leugnung, Regression, Verschiebung etc. entzogen.

Die Medienforschung, die sich für die Wirkung der öffentlichen Kommunikation auf die Einstellung der Rezipienten interessiert, kommt für ihr Gebiet zu vergleichbaren Ergebnissen.[160] Sie laufen auf die Annahme hinaus, daß die Annäherung zwischen Medienmeinung und eigener Position dann am wahrscheinlichsten ist, wenn der Abstand zwischen ihnen von vornherein nicht allzu groß war. Bei extremer Dissonanz dagegen kommt es eher zu einer Verhärtung der Einstellung des Rezipienten. Bezogen auf den Antisemitismus heißt dies, daß bei genuinen Antisemiten nicht einmal die geballte Geschlossenheit und Übereinstimmung der öffentlichen Meinung etwas ausrichten kann. Es gibt eine Reihe von einfachen Techniken, mit deren Hilfe der einzelne seine Einstellung gegenüber dissonanten Medieninformationen durchhalten kann. Er kann z. B. den Wert einzelner Medien anzweifeln, indem er sie als feindselig oder durch fragwürdige, im Zweifelsfall jüdische Interessen gesteuert betrachtet. Er kann ferner projektiv seine Meinung als Mehrheitsmeinung wahrnehmen, die in der Öffentlichkeit von einer Minderheit von Journalisten und Politikern absichtsvoll unterdrückt werde.[161] So sind von den extremen Antisemiten lediglich 10 % der Ansicht, daß in der Bundesrepublik nur ganz wenige gegen Juden eingestellt seien. In Wirklichkeit, so denken sie, sei die überwältigende Majorität antisemitisch, traue sich aber wegen des öffentlichen Meinungsdrucks nicht, dies auch nach außen zu erkennen zu geben. Kurz: Die extremen Antisemiten halten den Anti-Antisemitismus für Propaganda und glauben nicht an sie. Das Kommunikationsverbot über dem Antisemitismus wird von ihnen nicht als Beleg dafür genommen, daß sie als Antisemiten isoliert und nicht erwünscht sind, sondern im Gegenteil als Beleg dafür, daß ihr Antisemitismus in Wirklichkeit die Mehrheitsmeinung darstellt.

So kommt es bei der Beurteilung des Antisemitismus in der Bundesre-

---

160 Vgl. Bergmann, Antisemitismus in öffentlichen Konflikten, a.a.O., S. 35 ff.
161 Vgl. hierzu und zum folgenden Bergmann/Erb, Antisemitismus in der Bundesrepublik Deutschland, a.a.O.

publik zu einer eigentümlichen Konvergenz der Wahrnehmung zwischen den ansonsten gänzlich divergierenden Meinungslagern. Wer das Wiederaufleben des Antisemitismus befürchtet, traut dem angeblich eingetretenen Mentalitätswandel so wenig wie der, der das Wiederaufleben erhofft. In der Tat sind diejenigen, die immer wieder das Schreckbild eines wiederauflebenden Antisemitismus in der Bundesrepublik zeichnen, von einem ähnlich großen Prozentsatz an latenten Antisemiten überzeugt wie diejenigen, die das Wiederaufleben des Antisemitismus herbeisehnen.

Kommunikationstabu und Antisemitismus

In der öffentlichen Kommunikation, so viel steht fest, ist der Antisemitismus in der Bundesrepublik außer Gebrauch gesetzt worden. Viel schwieriger ist zu beurteilen, wie weit auf diesem Wege der Antisemitismus als nicht-öffentliche Meinung, als Phantasma tangiert worden ist. Anlaß zu begründeten Zweifeln an der Wirksamkeit der Ächtung des Antisemitismus auf der Ebene der individuellen Haltungen liefert gerade die Tatsache, daß die Überwindung des Antisemitismus nach 1945 nicht vom individuellen Bewußtsein ausging, sondern durch politische Vorgaben von der Ebene der öffentlichen Kommunikation her in Gang gesetzt wurde. Der Anti-Antisemitismus befand sich im Gepäck der Sieger, er wurde infolge einer militärischen Niederlage nach Deutschland gebracht und war zunächst nicht das Resultat eigener Erkenntnis und eigener Lernprozesse. Deswegen steht die Abwendung vom Antisemitismus unter dem Verdacht, nicht zustande gekommen zu sein, weil er als falsch und wahnhaft eingesehen wurde, sondern weil es sich erwies, daß er die schwächeren Bataillone auf seiner Seite hatte.

Daß immer wieder Zweifel an der demokratischen Kultur und Mentalität der Bundesrepublik geäußert und entsprechend begründet werden, dagegen ist nach dieser Lage der Dinge kein Kraut gewachsen. Es ist schon wahr, daß die Überwindung des Antisemitismus aufgrund von Eingriffen in die öffentliche und veröffentlichte Meinung stattgefunden hat, daß dieser Konsens zunächst von außen oktroyiert wurde. Erzwungene Meinungswechsel wirken weniger vertrauenerweckend als freiwillige. Daß der Anti-Antisemitismus verordnet werden mußte, begrenzt seine Glaubwürdigkeit. Gerade die Tatsache, daß der Antisemitismus gleichsam offiziell aus der öffentlichen Kommunikation zurückgezogen wurde, liefert denen Argumente, die sich ihr antisemitisches Phantasma nicht nehmen lassen wollen. Und es gibt durchaus Anlaß zu Fragezeichen an den individuellen Tiefenwirkungen der Einstellungsänderung. Es ist das unvermeidliche Dilemma der Mentalitätspolitik, daß sie die gewünschte Meinungsänderung als Resultat einer Anpassung auf äußeren Druck erscheinen läßt, dem man sich dann in Gottes Namen beugt, ohne von ihr wirklich überzeugt zu sein.

Goldhagens Urteil über die Bundesrepublik stimmt, wenn man es auf die Tatsache bezieht, daß der Antisemitismus in der Bundesrepublik einem Kommunikationstabu unterliegt und Abweichungen davon unweigerlich ins Abseits führen. Es stimmt nicht, wenn man die Welt der nicht-öffentlichen Meinungen und der halb-öffentlichen Stammtische hinzuzieht. Dort blühen die Phantasmen und wuchern die alten antijüdischen Klischees. Und diese Welt läuft nicht neben dem öffentlichen Kommunikationstabu her, sondern ist zugleich eine Reaktion auf dieses Tabu und wird von ihr für ihre Zwecke eingesetzt.

Bei seinen Aussagen über die Bundesrepublik vernachlässigt Goldhagen die Bedeutung des individuellen Bewußtseins und der bei einem Teil der Bevölkerung herrschenden Phantasmen. Bei seinen Aussagen über die Frage, wieso sich gewöhnliche Deutsche in willige Vollstrecker des Völkermords verwandelten, unterschätzt er umgekehrt die Bedeutung der Tatsache, daß mit dem Jahr 1933 der Antisemitismus zur Staatsdoktrin erhoben wurde und seitdem die öffentlichen Kommunikationen beherrschte. In der Antwort auf Briefe, die er als Reaktion auf sein Buch erhielt, schreibt Goldhagen: »Eine angemessene Erklärung des Holocaust trägt auch dazu bei zu erklären, warum die Bundesrepublik und die Deutschen von heute sich grundlegend von ihren Vorfahren vor über fünfzig Jahren unterscheiden.«[162] Das ist zweifellos richtig. Aber die Erklärung der beiden Transformationen – der von gewöhnlichen Deutschen in Mörder und der von willigen Vollstreckern in Demokraten – kann nur gelingen, wenn man sowohl die Divergenzen wie das Zusammenspiel von Bewußtsein, Kommunikation und Verhalten angemessen berücksichtigt.

162 Daniel Goldhagen, Briefe an Goldhagen. Eingeleitet und beantwortet von Daniel Jonah Goldhagen, Berlin 1997, S. 246 f.

6. Die Berliner Republik oder Die Zukunft der NS-Vergangenheit

In diesem Buch wird die These aufgestellt, daß die Vergangenheitsbewältigung in den 90er Jahren in der Bundesrepublik in eine neue Phase eingetreten ist und sich die Koordinaten für den Bezug auf die NS-Vergangenheit verschoben haben. In den vorhergehenden Kapiteln habe ich dies an einer Reihe von Ereignissen und Debatten zu zeigen versucht. In diesem Kapitel versuche ich, die Beobachtungen unter dem Stichwort Kommunikation zusammenzufassen, und behaupte, daß seit Beginn der 90er Jahre der Bezug auf die NS-Vergangenheit als Kommunikationsproblem erscheint und nicht mehr als Entscheidungsproblem. Behauptet wird nicht, daß die Bereitschaft zur Erinnerung an NS-Vergangenheit und Holocaust abnimmt – im Gegenteil: Diese Erinnerung beansprucht nach wie vor den zentralen Platz in der politischen Kultur der Bundesrepublik. Es gibt ungeahnt intensive Diskussionen über die NS-Vergangenheit und eine große öffentliche Aufmerksamkeit für dieses Thema. Das steht aber nicht im Widerspruch zu meiner These, sondern ist ein Beleg dafür. Die NS-Vergangenheit ist in dem Maße zum zentralen Thema der Kommunikation geworden, wie sie im Feld der materialen politischen Entscheidungen an Bedeutung abgenommen hat. Das hat Konsequenzen für die politischen Entscheidungen und für die politische Kommunikation. Sie werden in diesem Kapitel näher betrachtet.

Zwei Vergangenheiten

Mit dem Untergang der DDR, so schien es Anfang der 90er Jahre, wurde zugleich unter die NS-Vergangenheit in Deutschland ein dicker Schlußstrich gesetzt. Allgemein herrschte die Erwartung, daß die Auseinandersetzung mit der DDR und ihrer Hinterlassenschaft die Bedeutung annehmen werde, die die NS-Vergangenheit in der alten Bundesrepublik gehabt hatte. Mindestens werde die NS-Vergangenheit und ihre Rolle für das Selbstverständnis der Bundesrepublik in der DDR-Vergangenheit Konkurrenz bekommen. Die alte Bundesrepublik hatte nur *eine*, die NS-Vergangenheit. Die neue Bundesrepublik dagegen werde sich mit *zwei* Vergangenheiten auseinanderzusetzen haben.

Je nach politischer Überzeugung wurde diese Aussicht begrüßt oder bedauert. Wem die ganze Prozedur der Bewältigung der NS-Vergangenheit immer schon zu weit ging, freute sich über deren bevorstehendes Ende. Wer dagegen die Auseinandersetzung mit der NS-Vergangenheit für eine Kette von Peinlichkeiten, Halbheiten und faulen Kompromissen hielt, betrachtete mit Entsetzen, daß die neue Bundesrepublik sich anzuschicken schien, aus dem Schatten der NS-Vergangenheit herauszutreten und ihren Platz in der Sonne der Weltpolitik zu suchen.

Die Befürchtungen und Hoffnungen waren nicht aus der Luft gegriffen. Daß die neue Bundesrepublik ein neues Verhältnis zur Vergangenheit entwickeln würde und entwickeln mußte, lag auf der Hand. Schließlich hatte im Selbstbild der beiden deutschen Teilstaaten der Bezug auf die NS-Vergangenheit über 45 Jahre hinweg eine herausragende Rolle gespielt. Jede Seite hatte für sich in Anspruch genommen, die richtigen Lehren aus der Vergangenheit gezogen zu haben – freilich auf jeweils ganz unterschiedliche Weise. In der DDR war der Nationalsozialismus zu einem Produkt des Kapitalismus erklärt worden. Da man diesen durch die Einführung des Sozialismus mit Stumpf und Stiel ausgerottet hatte, galt nach eigener Einschätzung die Gefahr des Fortwirkens oder gar der Wiederkehr der NS-Vergangenheit ein für allemal als beseitigt. In der Bundesrepublik dagegen war nach vielen Konflikten und Widerständen die Auseinandersetzung mit der NS-Vergangenheit als normaler Bestandteil der politischen Kultur akzeptiert und damit gleichsam internalisiert worden.

Der Bezug auf die NS-Vergangenheit in den beiden deutschen Staaten kreuzte sich mit dem Bezug auf die Gegenwart des jeweils anderen Teilstaats. Die Frage der Vergangenheitsbewältigung avancierte schon bald nach der doppelten Staatsgründung zur zentralen Propaganda-Munition im Kalten Krieg zwischen der Bundesrepublik und der DDR. Die DDR behauptete, daß in der Bundesrepublik die Eliten aus der Zeit des NS-Regimes unverändert in Amt und Ehren standen, während man sich selber von ihnen radikal befreit hatte. In ihren Augen war die Bundesrepublik ein Hort für Reaktionäre und alte Nazis. Aus der Perspektive der Bundesrepublik dagegen erschien die DDR als die rote Ausgabe eines totalitären Staates, dem man im Westen Deutschlands erfolgreich abgeschworen hatte. So wurde die strikte Frontstellung gegen den jeweils anderen Teilstaat zum besten Ausweis dafür, daß man selber aus der NS-Vergangenheit die richtigen Lehren gezogen hatte. Gekoppelt an dieses Verhältnis zum anderen Teilstaat war der Umgang mit der eigenen inneren Opposition. Sie wurde als Parteinahme für die andere Seite des Kalten Krieges, d. h. als Verrat abgewehrt und delegitimiert.

In diesen starren Verlauf der Fronten kam seit Anfang der 60er Jahre Bewegung. Die entstehende Außerparlamentarische Opposition (APO) ließ sich den kritischen Blick auf die NS-Vergangenheit und ihre Nachwirkungen in der Bundesrepublik nicht durch den Hinweis auf die roten Diktatoren in Ost-Berlin neutralisieren. Sie drehte den Spieß um. Für sie war der westdeutsche Antikommunismus nicht der Beleg einer gelungenen Distanzierung von der NS-Vergangenheit, sondern der Versuch der Bundesrepublik, über den fundamentalen Mangel an demokratischer Substanz hinwegzutäuschen und vergessen zu machen, daß sie sich nur ganz unzulänglich und halbherzig mit ihrer NS-Vergangenheit auseinandergesetzt hatte und in ihrem Personal, in den Funktionseliten, in der Politik, in der Wissenschaft und in der Justiz erschreckende Kontinuitäten mit dem NS-Regime aufwies.

Die APO wurde bei ihrem Versuch, die Bundesrepublik wegen ihrer unzulänglichen Bewältigung der NS-Vergangenheit an den Pranger zu stellen, handfest durch die DDR unterstützt. Es versteht sich, daß die DDR dabei ihre eigenen Interessen, die nicht unbedingt auf die Demokratisierung der Bundesrepublik zielten, im Auge hatte. Aber zugleich gilt, daß die Dokumente, die die Tätigkeiten hochrangiger Vertreter der Bundesrepublik im Herrschaftsapparat des NS-Regimes belegten, nicht a priori dadurch falsch wurden, daß sie aus der DDR stammten, wiewohl wir zugleich wissen, daß die DDR auch vor plumpen Fälschungen nicht zurückschreckte. Umgekehrt wirft es aber auch ein grelles Licht auf die politische Konstellation der Bundesrepublik in dieser Zeit, daß sie sich lange Zeit weigerte, Angebote der östlichen Länder zur Zusammenarbeit bei der Verfolgung von NS-Verbrechern aufzugreifen.

Die DDR ihrerseits machte es sich ziemlich einfach: Indem sie den Faschismus zu einer Systemangelegenheit des Kapitalismus umdefinierte, erklärte sie jede weitere Beschäftigung mit möglichen Nachwirkungen im politischen Leben des eigenen Systems für überflüssig. Diese Art des Antifaschismus hatte, so simpel sie auch gestrickt war, in der DDR eine enorme integrative Wirkung. Sie brachte fast alle Intellektuellen dazu, sich auf die Seite der SED zu schlagen, und nahm der Kritik am Führungspersonal und politischen Kurs der Partei bis zum Schluß immer wieder erfolgreich den Wind aus den Segeln. Daß es noch 1989 in der intellektuellen Elite der DDR keine nennenswerte Opposition gab, dürfte u. a. hierin seinen Grund gehabt haben.

Wie auch immer die Einzelheiten zu gewichten sind: Angesichts dieser Vorgeschichte war es ganz unvermeidlich, daß mit der Vereinigung von Bundesrepublik und DDR das Verhältnis zur NS-Vergangenheit in Bewegung geriet. Die Diskussion entwickelte sich dann aber ganz anders als erwartet. Zwar schien Anfang der 90er Jahre die Beschäftigung mit der DDR-Vergangenheit tatsächlich alles andere in den Schatten zu stellen – insbesondere die Tätigkeit der Stasi geriet für geraume Zeit ins Zentrum der öffentlichen und politischen Aufmerksamkeit. Aber wenn man die 90er Jahre insgesamt in den Blick nimmt, dann wird klar, daß die DDR-Vergangenheit der NS-Vergangenheit in der öffentlichen Debatte nie den Rang ablaufen konnte. Im Gegenteil: So viel Auseinandersetzung mit der NS-Vergangenheit wie in den 90er Jahren war nie zuvor. Die Debatten über das Mahnmal in Berlin, die Woge der Gedenkveranstaltungen fünfzig Jahre nach dem Ende des Krieges im Jahre 1995, die Goldhagen-Debatte, die Auseinandersetzungen um die Wehrmachts-Ausstellung, die Resonanz auf die Klemperer-Tagebücher und die Walser-Bubis-Debatte sind dafür Belege. So ging das 20. Jahrhundert mit ungeahnt intensiven Diskussionen über die Gegenwartsbedeutung der NS-Vergangenheit zu Ende.

Diese Tatsache hängt nicht mit dem Ende des Sozialismus und der damit einhergehenden Öffnung der östlichen Archive zusammen. Zwar konnte eine Reihe von Vorgängen aufgrund neuer Quellen nun präzise und detailliert erforscht werden, vor allem die Vernichtung der Juden im Osten, etwa in Galizien.[163] Aber das Buch von Goldhagen und die

---

163 Vgl. z. B. Dieter Pohl, Nationalsozialistische Judenverfolgung in Ostgalizien 1941–1944. Organisation und Durchführung eines staatlichen Massenverbrechens, München 1996.

Wehrmachts-Ausstellung z. B. stützten sich nach wie vor auf Quellen und Materialien der zentralen Stelle der Landesjustizverwaltungen in Ludwigsburg, die seit langem zugänglich waren. Wichtiger als der Zugang zu neuen Materialien und Quellen war, daß neue Fragen gestellt wurden und sich die Perspektiven der Historiker und des interessierten Publikums änderten. Die Perspektive, die in den 90er Jahren in den Vordergrund rückte, war das Interesse für die Täter, für die Planung und Durchführung des Holocaust. Das setzte noch einmal ein gehöriges Maß an Emotionen frei. Aber die neue Intensität der Debatten über die NS-Vergangenheit in den 90er Jahren kann man damit nicht erklären. Die Erklärung dafür muß in systematischer und historischer Sicht etwas weiter ausholen.

Wege der Vergangenheitsbewältigung

Wodurch unterscheidet sich die Vergangenheitsbewältigung der 90er Jahre von den entsprechenden Bemühungen früherer Jahrzehnte? Zur Beantwortung dieser Frage liste ich nur kurz einige systematische Gesichtspunkte auf. Vergangenheitsbewältigung besteht im Kern aus fünf Aufgaben: 1. Verbot der belasteten Organisationen; 2. Bestrafung der Täter; 3. Disqualifizierung belasteter Personen; 4. Rehabilitierung und Entschädigung der Opfer; 5. Öffentliche ›Aufarbeitung‹ der Vergangenheit.[164] Versucht man, mit Hilfe dieser Unterscheidungen zusammenzufassen, was in der Bundesrepublik 45 Jahre lang unter dem Stichwort Vergangenheitsbewältigung geschehen ist, dann ergibt sich folgendes Bild.

Das *Verbot der belasteten Organisationen* des NS-Regimes war selbstverständlich eine der ersten Maßnahmen, zu denen die Alliierten nach dem Ende des Krieges griffen. In das politische Instrumentarium der Bundesrepublik fand dann die Möglichkeit Eingang, Organisationen in der Nachfolge der NSDAP zu verbieten. Der spektakulärste Fall, in dem sie davon Gebrauch machte, war das Verbot der Sozialistischen Reichspartei Ende 1952 durch das Bundesverfassungsgericht.

Was die *Bestrafung der Täter* angeht, so wurde der Löwenanteil von den Alliierten in den Nürnberger Prozessen übernommen. Als die

164 Vgl. zur Systematik ausführlicher das folgende Kapitel.

Kompetenz zur strafrechtlichen Ahndung der NS-Verbrechen an die deutsche Justiz überging, kamen die Prozesse zunächst so gut wie völlig zum Erliegen. In den 60er Jahren dagegen gab es eine Reihe von spektakulären Strafverfahren gegen NS-Verbrecher. Heute spielen sie keine Rolle mehr: Die meisten Täter sind tot, wenn sie noch leben, sind sie meist nicht mehr verhandlungsfähig.

Die strafrechtliche Ahndung der NS-Verbrechen wirft eine Fülle juristischer Probleme auf, und die Prozesse, die – spät genug – dann doch noch stattfanden, waren durch viele Peinlichkeiten und beschämende Ergebnisse gekennzeichnet. Das kann hier nicht ausgeführt werden. Erinnert sei jedoch daran, daß sich der Bundestag zwischen 1965 und 1979 dreimal mit der Frage der Verjährung von Mord und Völkermord beschäftigte und durch die Verlängerung und schließliche Aufhebung der Verjährungsfristen jeweils noch im letzten Augenblick die Voraussetzungen dafür herstellte, daß die strafrechtliche Ahndung der nationalsozialistischen Mordtaten weitergehen konnte. 1960 dagegen hatte das Parlament es noch nicht für nötig befunden, die damals endende Verjährungsfrist für Totschlag zu verlängern. Die Bundestagsdebatte dazu fand einen Tag nach der Bekanntgabe der Ergreifung Eichmanns statt, und die SPD-Opposition führte dieses Ereignis gegen das Auslaufen der Verjährungsfrist an. Aber sie hatte damit keinen Erfolg.

Bei der *Disqualifizierung belasteter Personen* geht es darum, auf politischem Wege das öffentliche Leben postdiktatorischer Gesellschaften von den Anhängern und Trägern des alten Regimes zu säubern. Die Mittel dazu sind Entlassungen, Suspendierungen, Entzug bürgerlicher Rechte. Die Alliierten haben nach 1945 im Rahmen der Entnazifizierung reichlich davon Gebrauch gemacht. In der Bundesrepublik wurde das jedoch nicht fortgesetzt, sondern im Gegenteil wieder rückgängig gemacht. Eine der ersten Gesetzgebungsinitiativen der Regierung Adenauer im September 1949 war eine Amnestie. Zur Begründung seines Vorhabens erklärte der Kanzler im Kabinett: »Wir haben so verwirrte Zeitverhältnisse hinter uns, daß es sich empfiehlt, generell tabula rasa zu machen.«[165] Nur in Ausnahmefällen wurden belastete Personen auf Dauer von ihren Positionen ferngehalten. In der akademischen Welt war das z. B. bei Carl Schmitt der Fall, der nach dem Krieg nicht mehr auf seinen Lehrstuhl zurückkehren durfte. Die meisten Beamten aber

165 Zit. nach Frei, Vergangenheitspolitik, a.a.O., S. 31.

erhielten im Rahmen der sogenannten 131er Regelungen ihre Positionen zurück. Dieser bewußte Verzicht auf das Instrument der Disqualifizierungen und die dadurch bewirkte personelle Kontinuität der Funktionseliten wurden in der Geschichte der Bundesrepublik zu einer fortdauernden Quelle von Konflikten und Skandalen. Ob die Wiedereinsetzung ganzer Berufsgruppen in ihre alten Positionen, z. B. im Auswärtigen Amt, zum »Fall«, zum Skandal wurde, hing freilich von der Sensibilität des deutschen Publikums ab, die zu den verschiedenen Zeitpunkten in der Geschichte der Bundesrepublik ganz unterschiedlich ausfiel.[166]

Bei der *Rehabilitierung und Entschädigung der Opfer* geht es im wesentlichen um materielle Leistungen, aber auch um den symbolischen Weg der öffentlichen Anerkennung und Wertschätzung z. B. durch die Aufhebung von Unrechts-Urteilen. Die Frage der materiellen Leistungen war Gegenstand des Bundesentschädigungsgesetzes, das in erster Fassung 1953 verabschiedet wurde und die »Wiedergutmachung« der rassisch, religiös und politisch Verfolgten für ihre Schäden an Leben, Körper und Gesundheit, Freiheit und beruflichem Fortkommen regelte. In jüngster Zeit ist die Entschädigung für die Millionen von Zwangsarbeitern, die während des Krieges in Deutschland in Industrie, Landwirtschaft, Kirchen und staatlichen Stellen eingesetzt worden waren, auf die politische Tagesordnung gekommen und abschließend geregelt worden.

Die bislang hier erwähnten vier Wege der Vergangenheitsbewältigung sind durch zwei Bedingungen charakterisiert: Zum einen sind sie an die zeitliche Nähe zum untergegangenen Regime gebunden, d. h., die entsprechenden Maßnahmen haben nur Sinn, wenn sie zu Lebzeiten der Opfer und Täter ergriffen werden. Zum zweiten handelt es sich jeweils um Handlungen, die auf Entscheidungen des politischen Systems zurückgehen. Sie beruhen auf kollektiv verbindlichen Entscheidungen, die direkt in die Lebensgeschichte der Täter und Opfer eingreifen. In diesem Sinne sind sie zu Recht unter dem Stichwort Vergangenheits*politik* zu rubrizieren.

Für die fünfte Aufgabe der Vergangenheitsbewältigung, die Aufarbeitung der Vergangenheit, treffen diese Bedingungen dagegen nicht zu.

---

166 Vgl. Michael Kohlstruck, Der Fall Mehnert, in: König (Hg.), Der Fall Schwerte im Kontext, a.a.O.

Weder ist die Aufarbeitung daran gebunden, daß sie zu Lebzeiten von Opfern und Tätern stattfindet, noch ist sie auf politischem oder gesetzlichem Weg direkt steuerbar. Generell können Prozesse der Aufklärung und der Selbstreflexion nicht per Dekret verordnet oder gefordert werden. Freilich lassen sich indirekt auf politischem und administrativem Weg Bedingungen schaffen, die der Aufarbeitung der Vergangenheit und der Etablierung einer Erinnerungskultur förderlich sind. Aber im Kern beruht die Aufarbeitung der Vergangenheit nicht auf kollektiv verbindlichen Entscheidungen, sondern ist gebunden an eine öffentliche Diskussionskultur. In ihr werden die Erforschung der NS-Vergangenheit und die Aufklärung über ihre Praktiken, Mechanismen und Funktionsweisen zu Elementen eines Diskurses, in dem sich die Bundesrepublik über ihr Bild der Geschichte und damit über ihre Absichten für Gegenwart und Zukunft verständigt. Die Aufarbeitung kann in einer breit entfalteten Erinnerungs- und Gedenkkultur mit Mahnmalen, Gedenktagen, Erinnerungsorten, Museen und Ausstellungen ihren Ausdruck finden. Mit einem Wort und zugespitzt: In diesem Bereich geht es nicht um die Herstellung und Durchsetzung kollektiv verbindlicher Entscheidungen, sondern um die Prozesse freier öffentlicher Kommunikation.

In der Geschichte der Vergangenheitsbewältigung haben sich politische Entscheidungen und politische Kommunikation keineswegs synchron entwickelt. In den 50er Jahren war die NS-Vergangenheit in der öffentlichen Kommunikation kein Thema, die Disqualifizierungen belasteter Personen wurden zurückgenommen, die NS-Prozesse kamen zum Erliegen. Zugleich kam es – gegen viele Widerstände – zur Verabschiedung der Entschädigungsgesetze. Und es spricht einiges dafür, daß diesem eigentümlichen Policy-mix in Sachen Vergangenheitsbewältigung in der Anfangsphase der Bundesrepublik eine bewußte Strategie Adenauers zugrunde lag, der von der Unvereinbarkeit von Demokratiebegründung und gleichzeitiger Erinnerung an die NS-Vergangenheit überzeugt war.[167] In den 60er und 70er Jahren wurde die Auseinandersetzung mit der NS-Vergangenheit zu einem hoch umstrittenen, umkämpften und konflikthaften Gegenstand der politischen Kommunikation. Keineswegs kann aber für diese Zeit bereits von einer

---

167 Vgl. Jeffrey Herf, Zweierlei Erinnerung. Die NS-Vergangenheit im geteilten Deutschland, Berlin 1998.

durchgesetzten Erinnerungskultur die Rede sein. Die Thematisierung der NS-Vergangenheit wirkte als Provokation, sie war die Sache von Einzelnen, von Außenseitern und Intellektuellen. Nirgendwo wurden die Anstöße von den Institutionen, Organisationen oder Standesvereinigungen aufgegriffen und in Form einer selbstkritischen Analyse der eigenen Geschichte und des eigenen Verhaltens unter dem Nationalsozialismus weitergeführt. Im politischen System und in den dominanten Strömungen der politischen Öffentlichkeit traf die Auseinandersetzung mit der NS-Vergangenheit immer noch auf taube Ohren. Zur gleichen Zeit begannen aber immerhin die Prozesse gegen NS-Verbrecher, und der Bundestag ebnete dafür mit seinen Gesetzen gegen die Verjährung den Weg. Wie in der öffentlichen Kommunikation gingen auch die Aktivitäten im politischen System und in der Justiz von einzelnen Personen aus und nicht von den Institutionen. Es war die Zeit der »engagierten Demokraten«[168], die die Sache der Vergangenheitsbewältigung voranbrachten.

Erst seit den 80er Jahren wurde die NS-Vergangenheit zum beherrschenden und weithin akzeptierten Zentralthema der politischen Kommunikation. Die großen Debatten entzündeten sich seitdem vor allem an der Frage, wie man über die NS-Vergangenheit reden soll, welche Formen der Kommunikation diesem Ereignis angemessen sind und wie man einen akzeptablen öffentlichen Umgang mit dem Holocaust finden kann. Es ging nun um Erinnerung und Erinnerungspolitik, um die Darstellung eines eigentlich undarstellbaren Grauens, um die Suche nach sinnvollen Formen des Ausdrucks und des Gedenkens. Den Beginn dieser Entwicklung kann man auf den Januar 1979 datieren, als die Ausstrahlung des Holocaust-Films im deutschen Fernsehen aus der Judenvernichtung ein Medienereignis ersten Ranges machte. Alle großen Konflikte um die NS-Vergangenheit sind seitdem Konflikte um Fragen des Stils, der Symbole, der Glaubwürdigkeit, der Rolle der Medien und der richtigen Interpretation gewesen. Das gilt für die Bitburg- und die Fassbinder-Affäre (1985), für den Historikerstreit (1986) und für den Sturz des Bundestagspräsidenten Jenninger (1988) wegen seiner Rede zum 50. Jahrestag der »Reichskristallnacht«. Das hat sich verstärkt fortgesetzt in den Debatten und Kontroversen der 90er Jahre:

---

168 Vgl. Claudia Fröhlich/Michael Kohlstruck (Hg.), Engagierte Demokraten. Vergangenheitspolitik in kritischer Absicht, Münster 1999.

in der Debatte über Goldhagen, der Walser-Bubis-Debatte, der Diskussion über die Klemperer-Tagebücher, der Mahnmal-Debatte. Auch in anderen Teilsystemen der Gesellschaft, in Erziehung, Kunst, Film, Wissenschaft, ja selbst im Bereich der Ökonomie nahm seit Beginn der 80er Jahre die Beschäftigung mit der NS-Vergangenheit, mit Fragen von Erinnerung und Gedächtnis kontinuierlich zu. Auch hier ging es um die richtigen Formen der Thematisierung, des Sprechens, des Gedenkens, Trauerns, Bedauerns, Ausdrückens und um die jeweils zugehörigen Affekte.

Vergangenheitsbewältigung in den 90er Jahren

Die Hochkonjunktur der NS-Vergangenheit in der öffentlichen Kommunikation der 80er und vor allem der 90er Jahre wird ganz unterschiedlich bewertet, und die wissenschaftliche und publizistische Diskussion darüber ist in vollem Gange. Vier Positionen kann man unterscheiden.

Erstens wird der Aufstieg der NS-Vergangenheit zum allgegenwärtigen Thema der politischen Kommunikation als eine Geschichte fortschreitender Annäherung an die einzig angemessene Umgangsweise mit der NS-Vergangenheit verstanden. Die Geschichte der Vergangenheitsbewältigung erscheint hier als ein Lernprozeß mit glücklichem Ausgang. Nach langen Um- und Irrwegen hat sich danach in den 90er Jahren endlich doch noch der richtige Umgang mit der NS-Vergangenheit durchgesetzt. Jetzt kommt alles darauf an, diese Errungenschaften gegen Kritiker und Revisionisten zu verteidigen. Die weitere Entwicklung in der Auseinandersetzung mit der NS-Vergangenheit kann in dieser Perspektive nur darin bestehen, »more of the same« zu praktizieren.

Dieser Blick auf die Geschichte der Vergangenheitsbewältigung als fortschreitendem Lernprozeß dominiert z. B. bei Dubiel und Reemtsma. Aber auch Raulff kann sich mit der Vergangenheitsbewältigung anfreunden, seit sie in den 90er Jahren die »Züge einer verfeinerten ›Geschichtskultur‹« angenommen hat.[169]

---

169 Vgl. Helmut Dubiel, Niemand ist frei von der Geschichte, München/Wien 1999; Ulrich Raulff, Bigband Zeitgeschichte. Die Republik der Historiker: Fünfzig Jahre im alten Sound, in: FAZ, 21. 5. 1999; Jan Philipp Reemtsma, »Wie hätte ich mich verhalten?« und andere nicht nur deutsche Fragen, München 2001.

Zweitens wird die Allgegenwärtigkeit des Holocaust in der politischen Kultur mit einem gehörigen Schuß Skepsis betrachtet. Das Unbehagen, die kritischen Nachfragen werden unterschiedlich begründet. Einer Form dieser Skepsis hat Martin Walser in seiner Rede vom Herbst 1998 noch einmal Ausdruck gegeben. Walser erhebt Einspruch gegen die zunehmende Banalisierung und Instrumentalisierung der grausamen Verbrechen durch die Inflation des Redens über sie. Und er äußert damit einen Gedanken, der kaum von der Hand zu weisen ist. Der Gedanke ist auch nicht neu, sondern vor Walser schon von vielen anderen formuliert worden. Hinter ihm steckt das ungläubige Erstaunen darüber, daß das, was früher als unsäglich begriffen und als undarstellbar verstanden wurde, heute überall munter im Munde geführt wird. Es drängt sich der Verdacht auf, daß die Leichtigkeit, mit der seit zwanzig Jahren aus dem Holocaust ein Medienereignis gemacht wird, das getreue Pendant zu der »gewissen Stille« (Lübbe) der ersten zwanzig Jahre nach dem Ende des Holocaust ist.

Drittens wird die herausragende Bedeutung, die die öffentliche Diskussion über die leidvolle Vergangenheit angenommen hat, von einigen Autoren als im Kern romantische und nationalstaatlich bestimmte Reaktion auf die Prozesse der Globalisierung interpretiert. In dieser Sicht hat das inflationäre Reden über das richtige Gedenken an Leid und Unrecht vor allem die Funktion, einen Kontrapunkt gegen den ökonomischen und gesellschaftlichen Beschleunigungsschub der letzten Jahrzehnte zu setzen. Daß Gedenken und Erinnern weit über die Auseinandersetzung mit der NS-Vergangenheit hinaus in vielen Ländern zu zentralen Obsessionen der Gegenwart geworden sind, hat nach Andreas Huyssen eben hierin seinen Grund. Nicht nur in der Bundesrepublik, auch in Staaten wie Südafrika und Rußland oder Chile, Argentinien und den USA werde die öffentliche Diskussion wesentlich von Vergangenheitsaufarbeitung bestimmt. In dieser weltweit beobachtbaren neuen Praxis der »Memo-History« fungiere der Holocaust als Universalmeßlatte für jeden Diskurs über Verbrechen und Gerechtigkeit.[170]

Ian Buruma deutet den allgegenwärtigen Rückbezug auf die leidvolle Vergangenheit in ähnlicher Weise als Versuch der Wieder-Verwurzelung in einer Welt, der alle einheits- und gemeinschaftsstiftenden Be-

---

170 Vgl. den Bericht über eine Tagung an der Universität Princeton im »Tagesspiegel« vom 20.4.1999.

züge verlorengegangen sind. Er sieht darin einen Indikator für »ein neues romantisches Zeitalter, das antirational, sentimental und kommunitaristisch sein wird«.[171] Cora Stephan beurteilt den Sachverhalt ganz ähnlich. Nach dem Ende des religiösen Universalismus der Kirchen, nach dem Ende der modernen Religionen des Sozialismus und Kommunismus, dem Ende des Nationalstaats und seiner Identifikationsangebote, dem Ende der privaten Sicherheiten des Berufs und der lebenslangen Einehe blieben heute nur noch die jeweiligen Herkunftsbeziehungen als ganz und gar unbezweifelbare Gewißheiten übrig, auf die sich die Menschen in einer beschleunigten Welt beziehen können. Nur vor dem Hintergrund bloßer Familiengeschichten seien die Nachfahren der Opfer und Täter identisch mit diesen. »Die modernen Identitätserzählungen konterkarieren die Globalisierung: Sie nehmen das, worauf sich Menschen noch beziehen können, immer weiter zurück. Bis die Urhorde übrigbleibt. Nur ein beschädigtes historisches Gedächtnis kann darin Trost finden, daß damit auch die Deutschen wieder auf einem Niveau weit vor Bismarck angelangt wären – auf der Ebene der Blutsbande.«[172]

Zweifellos findet in diesen Überlegungen die Tatsache gebührende Beachtung, daß Fragen des Gedächtnisses und die öffentliche Kommunikation über Vergangenheiten seit etwa zehn Jahren in vielen Ländern zu einem zentralen Thema geworden sind. Aber völlig übersehen wird hier, daß es bei den Auseinandersetzungen mit den belastenden Vergangenheiten keineswegs um positive Geschichtsbildpflege geht, sondern um die Markierung von Brüchen, um kritische Reflexion und Distanz zu einer Geschichte, die von Verbrechen, Unrecht und Leid geprägt ist. Was sich in der Bundesrepublik durchgesetzt hat, ist ja gerade die Denationalisierung des Gedächtnisses. Die Erinnerung gilt nicht den eigenen Toten, sondern den Toten der anderen Seite, ja sogar den Toten, die man selber produziert hat.

In der *vierten* Position wird eben dieser Aspekt ins Zentrum gerückt. Hier avanciert die öffentliche Auseinandersetzung mit NS-Vergangenheit und Holocaust zum Gründungsprozeß, aus dem die Demokratie der Bundesrepublik ihre Legitimität und Identität schöpft bzw. schöpfen sollte.

171 Ian Buruma, Olympiade des Leidens. Globalisierung der Vergangenheitspolitik, in: FAZ, 6. 1. 1999.
172 Cora Stephan, Schuldstolz, in: Merkur, 53. Jg., 1999, Heft 5, S. 466.

Außenminister Fischer hat dieses Verständnis präzise formuliert. Er wird von Bernard-Henri Lévy mit den Sätzen zitiert: »Alle Demokratien haben eine Basis, einen Boden. Für Frankreich ist das 1789. Für die USA die Unabhängigkeitserklärung. Für Spanien der Spanische Bürgerkrieg. Nun, für Deutschland ist das Auschwitz. Das kann nur Auschwitz sein. Die Erinnerung an Auschwitz, das ›Nie-mehr-Auschwitz‹, kann in meinen Augen das einzige Fundament der neuen Berliner Republik sein.«[173]

Ähnlich argumentiert Helmut Dubiel, indem er die Verbrechen des NS-Regimes als »Gründungsverbrechen« der Bundesrepublik charakterisiert. Bernhard Giesen sieht in der Absetzung der Bundesrepublik von der NS-Vergangenheit den prägnantesten Fall kollektiver Identitätsstiftung durch postnationale Gedächtnisformen. Jürgen Habermas hat diese Bestimmungen aufgegriffen und in der öffentlichen Beschäftigung mit Auschwitz das Modell eines allgemeinen Trends gesehen, der sich überall dort zeigt, wo die negativen Kehrseiten der eigenen Geschichte in das jeweilige Selbstbild aufgenommen werden, z.B. in Spanien, Südafrika und den USA, auch in Frankreich, Italien und Holland und sogar in der Schweiz und Schweden. Rüdiger Bubner schließlich bezeichnet die NS-Verbrechen als den »negativen Mythos«, von dem der Rechtsstaat der Bundesrepublik seine Stabilität und seine Dauerhaftigkeit erhält.[174]

Auschwitz – ein Gründungsverbrechen?

Unter den vier hier unterschiedenen Bewertungen ist die letzte Position zweifellos die ambitionierteste. Wie tragbar und plausibel ist sie? Häufig wird das große Defizit der Demokratie in Deutschland darin gesehen, daß es ihr an einheitsstiftenden und tragenden Legenden fehlt. Die Demokraten in der deutschen Geschichte konnten nicht auf heroische Gründungsereignisse zur Legitimation ihres Unternehmens

---

173 Bernard-Henri Lévy, Ein paar Versuche, in Deutschland spazierenzugehen, in: FAZ, 17. und 18. 2. 1999.

174 Vgl. Helmut Dubiel, Niemand ist frei von der Geschichte, a.a.O., S. 180; Bernhard Giesen, Kollektive Identität, Frankfurt a. M. 1999, S. 67 f.; Jürgen Habermas, Der Zeigefinger. Die Deutschen und ihr Denkmal, in: Die Zeit, 31. 3. 1999; Rüdiger Bubner, Drei Studien zur politischen Philosophie, Heidelberg 1999, S. 40.

zurückgreifen. Das gilt sowohl für die Weimarer Zeit als auch für die Bundesrepublik. In beiden Fällen war die Demokratie zunächst lediglich die Quittung der Sieger für die militärische Niederlage. Generell gilt, daß in Deutschland seit dem ausgehenden 18. Jahrhundert die Einheit der Gesellschaft nicht durch das demokratische, sondern durch das nationale Gedächtnis hergestellt wurde. Das nationale Gedächtnis ist dadurch charakterisiert, daß idealisierte Sichtweisen und Geschichtsbilder kanonisiert und jeglicher Auseinandersetzung entzogen werden. Diejenigen, die Fragen stellen, werden zu Außenseitern gestempelt. Stets geht mit nationaler Einheitsstiftung die Ausgrenzung und Unterdrückung von Minderheiten einher. Und auch diejenigen, die zur nationalen Gemeinschaft dazugehören, werden mit vielfältigen symbolischen und realen Opferforderungen konfrontiert.

In diesem Kontext bedeutet der Aufstieg der NS-Vergangenheit zum zentralen Thema der politischen Kommunikation in den letzten zwanzig Jahren, daß sich die Bundesrepublik von nationaler Einheitsstiftung abgewendet hat und nun solche Einheitsstiftungen favorisiert, die genuin demokratischer Couleur sind. So jedenfalls sehen es die Vertreter der vierten Position. Die Geschichte der Vergangenheitsbewältigung in der Bundesrepublik ist aus dieser Perspektive die Geschichte der Überwindung der Vorherrschaft des nationalen Gedächtnisses. Es ist die Einsicht, daß Übernahme der Schuld aus der NS-Vergangenheit nicht lähmt, schwächt und angreifbar macht, sondern umgekehrt: befreit. Damit wird die Distanz zum nationalen Gedächtnis deutlich. Die Abwendung vom nationalen Triumphalismus und die öffentliche Kommunikation und Reflexion der eigenen Schuld und des eigenen Unrechts sind für das nationale Gedächtnis eine unvorstellbare Zumutung.

Kein Zweifel, daß die offene Auseinandersetzung mit der NS-Vergangenheit ein guter Indikator für den Zustand des demokratischen Bewußtseins in der Bundesrepublik ist und umgekehrt die Tabus über der NS-Vergangenheit mit vordemokratischen Formen der Mentalität einhergehen. Dieser Gedanke ist theoretisch plausibel und auch empirisch für die Geschichte der Bundesrepublik gut belegbar.[175] Aber die Idee, die Untaten des NS-Regimes in den Rang von ›Gründungsverbrechen‹ zu erheben und sie zum ›negativen Mythos‹ der Bundesrepublik zu

---

175 Vgl. dazu oben Teil I.

machen, stellt demgegenüber noch einmal eine gehörige Steigerung dar. In dieser gesteigerten Form jedoch ist die Idee einer Reihe von triftigen Einwänden und Bedenken ausgesetzt. Zwei davon will ich kurz skizzieren.

Erstens wird auf diese Weise das Grauen von Auschwitz für die Legitimität der Bundesrepublik in Anspruch genommen und funktionalisiert. Das ist ein Akt der Instrumentalisierung und nachträglichen Vereinnahmung, der hoch problematisch ist.

Der Einwand läßt sich erläutern, indem man zwischen zwei unterschiedlichen Arten des Gedächtnisses unterscheidet. Einmal hat das Gedächtnis den Zweck, die Wiederholung, die Neuauflage der furchtbaren Vergangenheit unmöglich zu machen. Zu einem Zeitpunkt, an dem der Nationalsozialismus aus einem Stück Zeitgeschichte zu einem Thema der Geschichte wird, erhält dieser Aspekt besondere Bedeutung. Dann rückten die Tradierung des Wissens und die Weitergabe der Erfahrung an die folgende Generation in den Vordergrund und damit zugleich die didaktisch-pädagogische Frage nach den Techniken der Vermittlung. Hier steht das Gedächtnis im Dienste der Lebenden, und es kann sich dann nicht der Notwendigkeit entziehen, die Tradierung seiner Inhalte mit den Techniken der modernen Vermittlungskunst zu pädagogisieren und zu inszenieren.

Dieses Urteil gilt dann für den zu pädagogischen Zwecken in Gang gesetzten Erinnerungsbetrieb insgesamt. Die Toten, um die es geht, werden mit der Frage, ob alles für die Konsumenten der modernen Medienwelt auch richtig ›rüberkommt‹, noch einmal zum Verschwinden gebracht.

Davon zu unterscheiden ist das Gedächtnis als Gedenken, das nicht im Dienste der Lebenden, sondern der Toten steht. Das Gedächtnis ist das einzige, heißt es einmal bei Adorno, das wir den Ermordeten schenken können. Und im gleichen Sinn hat Walter Benjamin die Verpflichtung zur Erinnerung in seinen »Thesen über den Begriff der Geschichte« formuliert: Die Toten haben Anspruch auf die messianische Kraft der lebenden Generation, wie schwach auch immer diese Kraft sein mag.[176] Die Hintergründe dieses Motivs sind religiöser Natur. In Dantes »Göttlicher Komödie« haben diejenigen, die im Fegefeuer sind, nur

---

176 Walter Benjamin, Thesen über den Begriff der Geschichte, in: Ders., Gesammelte Schriften, Bd. I. 2, Frankfurt a. M. 1974, S. 694.

dann noch Aussicht auf Erlösung, wenn sie von den Lebenden nicht vergessen werden.

Wenn man in diesem Sinn Gedächtnis als Eingedenken versteht, kann man den Versuch, aus der Erinnerung an Auschwitz den Gründungsakt der Demokratie in der Bundesrepublik zu machen, nur als Sakrileg und Betrug an den Gemordeten bezeichnen. Bei der Umdeutung der NS-Verbrechen zu »Gründungsverbrechen« der Bundesrepublik ist zu viel Dialektik im Spiel. Sie kann sich in nichts auf reale Taten oder Intentionen stützen, weder auf seiten der Täter noch auf seiten der Ermordeten. Der Bezug auf Auschwitz trägt dadurch die Züge einer beschwörenden Selbstbestätigung. Auschwitz wird auf diese Weise mythologisiert und sakralisiert.

Der zweite Einwand greift Überlegungen auf, die ich oben in anderem Zusammenhang bereits erörtert habe. Der Einwand fragt nach dem politischen Gebrauchswert und bezweifelt, daß durch die Erhebung der NS-Vergangenheit in den Rang eines negativen Mythos für die Politik der Bundesrepublik eine klare Orientierung gewonnen werden kann. Zwar wissen die Wissenschaftler heute über die NS-Vergangenheit immer mehr, und die Nachgeborenen diskutieren heute immer heftiger über sie, aber direkte und eindeutige politische Konsequenzen sind damit nicht verbunden. Auf das »Nie-wieder-Auschwitz« kann man sich leicht verständigen, und es mag zur Festlegung des zivilisatorischen Minimums hingehen. Aber wenn man darüber hinaus will, ist es schwierig, daraus konkretere Folgerungen herzuleiten. Unter Berufung auf Auschwitz kann man zum Pazifisten so gut werden wie zum Bellizisten. Der Bezug auf Auschwitz wird zur vielfältig einsetzbaren Chiffre, mit der politische Argumente unterschiedlichster Art unterfüttert werden.

Die gleiche Uneindeutigkeit bei der Antwort auf die Frage, welche konkrete Lehre die NS-Zeit der Gegenwart erteilen kann, sieht man auch bei weniger spektakulären Ereignissen. Bei der Entscheidung des Bundesverfassungsgerichts von 1975 zur Abtreibung beispielsweise nahm sowohl die Senatsmehrheit wie die davon abweichende Meinung für ihre jeweilige Position in Anspruch, die richtigen Lehren aus der NS-Vergangenheit gezogen zu haben. Auch hier also wurden mit dem Hinweis auf die NS-Vergangenheit ganz unterschiedliche, ja geradezu gegensätzliche Folgerungen verbunden.

Entscheidung oder Kommunikation

Die Gründe dafür, daß die NS-Vergangenheit ins Zentrum der deutschen Erinnerung gerückt ist, liegen anderswo. Ich stütze meine Einschätzung auf die Beobachtung, daß die Bedeutung der NS-Vergangenheit in der öffentlichen Kommunikation der Bundesrepublik um so größer wurde, je stärker die Notwendigkeit politischer Entscheidungen über den Umgang mit der Hinterlassenschaft des NS-Regimes abnahm. Zeitgleich mit dem Aufstieg der NS-Vergangenheit zum Zentralthema der politischen Kommunikation wurde es zunehmend entbehrlich, über politische Entscheidungen den Umgang mit der personellen und politischen Hinterlassenschaft des NS-Regimes zu regeln. Die einzige Ausnahme davon war in den 90er Jahren die Entschädigung der Zwangsarbeiter. Wo heute kollektiv verbindliche vergangenheitspolitische Entscheidungen getroffen werden, die öffentliches Interesse hervorrufen, handelt es sich um Entscheidungen, die ihrerseits die politische Kommunikation über die Vergangenheit zu regulieren versuchen. Per Gesetz werden die Sprachregelungen und die Formen der Erinnerung und des Gedenkens festgelegt. So z. B. im Gesetz über die Auschwitz-Lüge, das der Bundestag im April 1985 nach heftigem Parteienstreit mit einer Änderung des § 195 StGB beschloß und damit die Leugnung des Völkermords zu einem Offizialdelikt machte. So aber auch in der Entscheidung des Bundestages im Sommer 1999 über die Errichtung eines zentralen Mahnmals zur Erinnerung an die Ermordung der europäischen Juden. Unter demokratietheoretischen und rechtsstaatlichen Gesichtspunkten sind das zugleich Entscheidungen, die durchaus fragwürdig sind. Denn man kann mit vielen guten Gründen geltend machen, daß politische Kommunikation eine Angelegenheit der (Zivil-)Gesellschaft ist und der Gesetzgeber seine Kompetenzen überschreitet, wenn er mit den Mitteln von Gebot und Verbot in die Formen der Kommunikation und des Redens eingreift.

Man kann diese Beobachtung der Asymmetrie zwischen Kommunikation und Entscheidung verallgemeinern: Freie öffentliche Kommunikation über belastende Vergangenheiten ist daran gebunden, daß keine vergangenheitspolitischen Entscheidungen mehr anstehen. Das ist unter zwei Bedingungen der Fall: Entweder ist der nötige zeitliche Abstand zu der belasteten Vergangenheit eingetreten und damit jede materiale Entscheidung, die unmittelbar in das Leben von Tätern und

Opfern eingreift, unmöglich bzw. unnötig geworden – wie im großen und ganzen in der Bundesrepublik seit Beginn der 80er Jahre. Oder der Gesetzgeber erklärt, daß er von vornherein auf strafrechtliche Ahndung und Dequalifizierung verzichtet.

Die Einsicht, daß öffentliche Kommunikation und Entscheidung einander ausschließen, steckt hinter den Strategien der Vergangenheitsbewältigung, wie sie mit der Einrichtung von Wahrheitskommissionen in einigen Ländern Südamerikas und in Südafrika eingeschlagen wurden. Weil man nicht Kommunikation und strafrechtliche Ahndung zugleich haben kann, wurde hier das eigentümliche Junktim hergestellt, nach dem der Verzicht auf Strafverfolgung an die Bedingung der förmlichen öffentlichen Kommunikation über die Taten geknüpft ist. Ob das ein sinnvoller Weg ist und wie z. B. die Tätigkeit der südafrikanischen Wahrheits- und Versöhnungskommission zu bewerten ist, steht auf einem anderen Blatt.

Der Gegensatz zwischen Vergangenheitspolitik und Kommunikation dürfte der Grund dafür sein, daß die DDR-Vergangenheit in der Bundesrepublik nicht zum Gegenstand einer wirklichen öffentlichen Debatte geworden ist. Dadurch, daß der Einigungsvertrag vom Instrument der Dequalifizierungen intensiv Gebrauch machte und die strafrechtliche Ahndung der sogenannten Staatskriminalität vorschrieb, war zugleich darüber entschieden, daß es vorerst zu einer breiten gesellschaftlichen Diskussion über die DDR nicht kommen würde. Wo strafrechtliche Konsequenzen oder berufliche Dequalifizierungen drohen, wird der öffentliche Diskurs verständlicherweise von den strategischen Gesichtspunkten des Selbstschutzes und der Anklage dominiert und nicht von der Orientierung an Wahrheit, Aufklärung und Verständigung.

Von hier aus erklärt sich die oben angesprochene Entwertung der NS-Vergangenheit und insbesondere des Holocaust zur abstrakten und geschichtslosen Chiffre für die Existenz des Bösen in der Welt. Die Diskussion über die Gegenwartsbedeutung der NS-Vergangenheit teilt das Schicksal vieler anderer öffentlicher Debatten: Ihre Beziehung zu den Institutionen des politischen Systems, die für die kollektiv verbindliche Entscheidungsfindung zuständig sind, und zu den Prozessen der Meinungs- und Willensbildung der jeweiligen Amtsinhaber ist nicht eindeutig festgelegt. So wäre es eine Überforderung und Überdehnung, wenn man aus dem negativen Bezug auf die NS-Vergangenheit etwa konkrete Imperative für die Organisation der Ökonomie oder die Struktur des Steuersystems herleiten wollte. Die gesellschaftlichen Teilsysteme gehorchen ihrer eigenen Logik und haben ihre eigenen Prozeduren. Die von der NS-Vergangenheit dominierte politische Kommunikation findet in einer davon mehr oder weniger abgetrennten Sphäre statt. Selbst Habermas beschreibt diese Sphäre der politischen Öffentlichkeit mittlerweile so, daß ihr Kreisen um sich selbst kaum noch hinter den anderen gesellschaftlichen Teilsystemen zurücksteht. Er spricht von der »merkwürdigen Selbstbezüglichkeit der zivilgesellschaftlichen Kommunikationspraxis« und von ihrem performativen Sinn.[177] Das soll heißen, daß die öffentlichen Debatten nicht auf Handlungen verweisen, nicht Handlungen und Entscheidungen ankündigen, sondern bereits selber Handlungen sind. So beschrieben, geht es in der öffentlichen Kommunikation nicht um Einflußnahmen auf den Kernbereich des politischen Systems, sondern um die selbstbezügliche Stabilisierung und Erweiterung der öffentlichen Kommunikation und um die Vergewisserung der eigenen Reflexivität und Identität.

Nun sind die Prozesse kollektiver Selbstverständigung in der Sphäre der politischen Öffentlichkeit selbst dann, wenn aus ihr keine eindeutigen politischen Folgerungen abzuleiten sind, nicht geringzuschätzen, – erst recht nicht, wenn es um Fragen der Vergangenheitsbewältigung geht. Schließlich ist die öffentliche Anerkennung des Unrechts, das den Verfolgten und Opfern angetan wurde, eine der Voraussetzungen dafür, daß diese vielleicht ein Stück jenes Weltvertrauens zurückgewinnen können, das ihnen die Täter mit ihren Verbrechen geraubt haben. Und auch für die Ausbildung und Wiedergewinnung moralischer Standards auf seiten der Täter und ihrer Nachfahren ist die ethisch-politische Selbstverständigung über die Vergangenheit unverzichtbar. Sie markiert den Raum, in dem sich die Gesellschaft darüber verständigt, was in einer demokratischen Zivilisation erlaubt ist und was nicht.

Aber diesseits des damit festgelegten zivilisatorischen Minimums bleiben, was die Suche nach Antworten auf konkrete politische Konflikte angeht, alle Fragen offen. Das gilt um so mehr, je größer der zeitliche Abstand zur NS-Vergangenheit wird. Der Kernbereich des politischen Systems mit seinen formalisierten Prozessen der Findung und Durchsetzung von Entscheidungen läßt sich heute durch die externen Ge-

---

177 Vgl. Jürgen Habermas, Faktizität und Geltung, Frankfurt a. M. 1992, S. 447.

sichtspunkte des negativen Bezugs auf die NS-Vergangenheit kaum noch beeindrucken.

Wenn nicht alles täuscht, wird eben das die Signatur sein, durch die die Vergangenheitsbewältigung zu Beginn des 21. Jahrhunderts charakterisiert ist. In der Amtszeit von Bundeskanzler Schröder hat sie bereits klarere Konturen angenommen. Es wird weiterhin lebhafte Debatten über die Gegenwartsbedeutung der NS-Vergangenheit und über die Frage geben, wie man ihrer gedenken soll. Aber das wird politisch immer weniger bedeuten. Welche Züge unter diesem Vorzeichen ihrer politischen Folgenlosigkeit die öffentlichen Debatten annehmen können, hat der lange Streit über das Mahnmal gezeigt. Die Fülle von gegenseitigen Unterstellungen, Mißverständnissen und erbitterten Vorwürfen, die die Diskussion charakterisiert, dürfte ihre Ursache nicht zuletzt darin haben, daß die Beteiligten insgeheim von der Selbstbezüglichkeit ihrer Debatte wußten und sie durch gesteigerte Erbitterung vergessen machen wollten. Der Mechanismus ist bekannt: Je mehr sich Diskussionen um sich selber drehen, je selbstbezüglicher Debatten werden, um so mehr laufen sie heiß.

Bundeskanzler Schröder hat im ersten Jahr seiner Amtszeit deutlich genug gemacht, wie er sich den Umgang mit dem historischen Erbe der Bundesrepublik vorstellt. Bei dem Versuch, zu einer angemessenen Rede über den Nationalsozialismus zu kommen, die Worte und Wendungen korrekt zu benutzen, hielt er sich nicht lange auf. Auch in Zukunft wird er diese Mühe getrost anderen überlassen, z.B. dem Bundespräsidenten Johannes Rau. Schröders Äußerungen zeigen, daß er von den aufgeregten Debatten der 90er Jahre über die NS-Vergangenheit nicht viel hält. Auch der Bau des Berliner Mahnmals erscheint ihm eigentlich als überflüssig. Die Sache interessiert ihn im Grunde nicht und langweilt ihn. Aber er hütet sich auch, das allzu laut zu sagen. Aus Rücksicht auf das Ausland und die empfindliche Öffentlichkeit der Bundesrepublik fügte er sich den Mahnmalsbefürwortern, willigte in das Unvermeidliche ein und ließ es geschehen.[178] Wo es dagegen in seinen Augen ernst wird, z.B. im Bereich der Außen- und Europapolitik, folgt daraus nichts. Schon in seiner Rede auf dem Wahlparteitag der SPD in Leipzig im April 1998 sprach Schröder davon, daß Deutschland »stark« und »selbstbewußt« werden muß, daß es

178 Vgl. das Gespräch mit Schröder, das in der »Zeit« vom 4.2.1999 abgedruckt ist.

nicht »der Zahlmeister Europas ist«, daß die »europäische Währung nicht der Preis für unsere Geschichte« sein und der Euro nicht zur »Bewältigung unserer Vergangenheit« dienen kann.[179]

Mit dieser Doppelstrategie aus resignativer Fügsamkeit gegenüber dem hochsensiblen Thema der NS-Vergangenheit und einer davon reichlich unbeeindruckten Verfolgung politischer Ziele und Interessen sucht Schröder dem »deutschen Dilemma« zu entkommen. Sie ist seine Antwort darauf, daß die Bundesrepublik durch ihre Vergangenheit an einem unbelasteten Auftritt auf der Bühne der Weltpolitik gehindert wird und durch ihre strukturelle Machtfülle gleichzeitig eben dazu genötigt ist.[180]

Es wäre sehr kurzsichtig, diese Strategie auf das Unvermögen, die mangelnde historische Sensibilität und die besonderen Animositäten des ersten Bundeskanzlers der Berliner Republik zurückzuführen. Dahinter steckt mehr. Dahinter steckt die Erschöpfung der politischen Antriebs- und Orientierungskraft, die die Bundesrepublik bis in die 80er Jahre hinein aus dem Willen zur Überwindung der NS-Vergangenheit und der Konfrontation mit dem Osten bezogen hat. Die Abgrenzung gegenüber äußeren Feinden und gegenüber einem verbrecherischen Regime der Vergangenheit trägt nicht mehr. Die »Berliner Republik« muß sich auf die Suche nach anderen Begründungen begeben.

179 Zitiert nach Klaus Hartung, Übergangsregierung oder Regierung des Übergangs, in: Merkur, 1999, Heft 7, S. 622.
180 Vgl. Andrei S. Markovits/Simon Reich, Das deutsche Dilemma. Die Berliner Republik zwischen Macht und Machtverzicht, Berlin 1998.

III. Schlußfolgerungen

7. Vergangenheitsbewältigung statt Revolution

Mit dem Einschnitt, der durch das Ende der »langen Welle« markiert wird, ist zugleich der Zeitpunkt gekommen, in dem es zum erstenmal möglich wird, die Geschichte und Elemente, die Leistungen und Grenzen der Vergangenheitsbewältigung in der Bundesrepublik zum Gegenstand wissenschaftlicher Reflexion zu machen. Erst jetzt, mehr als fünfzig Jahre nach dem Ende des NS-Regimes, kann die Art, in der sich die Bundesrepublik mit der Erbschaft des Nationalsozialismus auseinandergesetzt hat, distanzierter und systematischer in den Blick genommen werden. Das geht eher zufällig mit der Tatsache einher, daß durch die große Welle der Demokratisierung Anfang der 90er Jahre eine ganze Reihe von neuen demokratischen Staaten vor der Aufgabe stand, Entscheidungen über den Umgang mit den Hinterlassenschaften ihrer jeweiligen Vorgängerregime zu fällen und schon deswegen die Erfahrungen der Bundesrepublik im Umgang mit der nationalsozialistischen Vergangenheit auf gesteigerte Aufmerksamkeit stießen. Dieses Kapitel macht den Versuch, die Erfahrungen der Bundesrepublik in systematischer Absicht zu resümieren und daraus einen konzeptionellen Vorschlag abzuleiten, der vielleicht für vergleichende Analysen der Übergänge von Diktaturen zu Demokratien nützlich sein kann.

Vergangenheitsbewältigung und Demokratisierung

Es kann heute keine Rede mehr davon sein, daß Vergangenheitsbewältigung eine spezifisch bundesrepublikanische Angelegenheit und nur im Blick auf die NS-Vergangenheit von Belang wäre. Das gilt höchstens in dem Sinn, daß die Bundesrepublik im Umgang mit einer belastenden Vergangenheit und der Hinterlassenschaft eines verbrecherischen Regimes vermutlich die meisten Erfahrungen hat und das einzige Land ist, dessen Fremd- und Selbstbild über fünf Jahrzehnte von der Auseinandersetzung mit dieser Vergangenheit entscheidend geprägt worden ist. Mehr und mehr ist in den letzten Jahren deutlich geworden, daß die Frage der Vergangenheitsbewältigung in den allgemeinen Zusammenhang extremen politischen Wandels hineingehört. Die Aufgabe, die Hinterlassenschaften der Vergangenheit zu bewältigen, stellt sich überall dort, wo ein abrupter Übergang von vordemokratischen bzw. autokratisch-diktatorischen Verhältnissen zu einem demokratischen politischen System stattfindet. Unter Vergangenheitsbewältigung ist die Gesamtheit jener Handlungen und jenes Wissens zu verstehen, in der sich die jeweiligen neuen demokratischen Systeme zu ihren nichtdemokratischen Vorgängerstaaten verhalten. Es geht dabei vor allem um die Frage, wie die neu etablierten Demokratien mit den strukturellen, personellen und mentalen Hinterlassenschaften ihrer Vorgängerstaaten umgehen und wie sie sich in ihrer Selbstdefinition und in ihrer politischen Kultur zu ihrer jeweiligen belastenden Geschichte stellen.

So definiert, ist Vergangenheitsbewältigung ein Thema, das in den vier Wellen der Demokratisierung im 20. Jahrhundert[181] eine wichtige Rolle gespielt hat bzw. spielt. Die erste Welle ereignete sich nach dem Ersten Weltkrieg, als z. B. in Deutschland und Österreich die konstitutionelle Monarchie durch die republikanische Staatsform ersetzt wurde. Für die Stabilität und Instabilität der Weimarer Republik war die Frage von großer Bedeutung, wie stark die alten politischen und funktionalen Eliten weiterhin bestimmend blieben und ob die alten Strukturen etwa im Verhältnis zwischen Militär und Politik ungebrochen weiterexistierten. Die politische Mentalität der Weimarer Republik hatte von Anfang bis Ende ihr zentrales Thema in der Frage, wer den Ausbruch des Krieges und die Niederlage Deutschlands zu verantworten hatte. Die schon bald nach Kriegsende in Umlauf gesetzte Dolchstoßlegende war ein beklemmendes Beispiel mythisierender Geschichts- und Mentalitätspolitik mit verheerenden Folgen für die politische Kultur der Weimarer Republik. Daß die militärischen und politischen Eliten von ihrem Versagen ablenken konnten und ihre Führungsansprüche erfolgreich erneuerten und daß es gelang, mit dem Mythos des Frontsoldaten noch einmal eine ganze Gesellschaft auf die Heroisierung von

181 Vgl. Klaus v. Beyme, Systemwechsel in Osteuropa, Frankfurt a. M. 1994, S. 11 ff.

Krieg, Gewalt und Opfer einzuschwören, hat entscheidend zum Fiasko der ersten deutschen Demokratie beigetragen. In diesen Zusammenhang einer gänzlich mißlingenden Vergangenheitsbewältigung gehören auch die von den Alliierten im Versailler Vertrag geforderten Strafprozesse wegen deutscher Kriegsverbrechen, die – als sie in deutscher Verantwortung vor dem Leipziger Reichsgericht begannen – nicht nur im Sande verliefen, sondern in Deutschland weithin für Hohn und Spott gegen die Alliierten sorgten.

Die zweite Welle der Demokratisierung nach 1945 war so etwas wie ein neuer Anlauf nach dem völligen Scheitern der Demokratien in den Zwischenkriegsjahren. Sie betraf nicht nur Deutschland, sondern auch Italien und – mit besonderen Konditionen – Österreich. Mehr oder weniger nachdrücklich wurden hier die Besiegten bzw. Befreiten des Zweiten Weltkriegs von den Siegern zur Demokratisierung gezwungen und zur Bewältigung der Vergangenheit angehalten.

Von einer dritten Welle der Demokratisierung durch Systemwechsel kann man im Blick auf Südeuropa (Portugal, Spanien) und Lateinamerika sprechen. Auch in diesen Fällen spielten die Fragen der Vergangenheitsbewältigung eine entscheidende Rolle, freilich mit ganz unterschiedlichen Antworten. In Spanien z. B. wurde 1976 als erster Schritt in Richtung Demokratie nach dem Tode Francos eine allgemeine Amnestie für alle politischen Straftaten verkündet. Diese Form der nationalen Versöhnung und des politischen Neuanfangs wurde von allen Seiten, links wie rechts, gleichermaßen positiv aufgenommen und unterstützt.[182] Man setzte darauf, daß auch treue Diener einer Diktatur sich wie Demokraten verhalten können und daß die schlimmsten Verbrechen Francos so weit zurücklagen, daß das Bedürfnis nach ihrer Bestrafung geschwunden war.[183] – In Südamerika, in Argentinien und Chile z. B., wurde dagegen nicht der Weg der Straflosigkeit und des Vergessens beschritten, sondern mit der Einrichtung von Kommissionen, die das Ausmaß der politischen Gewalt und der Menschenrechtsverletzungen ermittelten, der Weg der Offenlegung.[184]

---

182 Vgl. Ignacio Sotelo, Vergangenheitsbewältigung: Spanien – ein unpassendes Beispiel, in: Sühl (Hg.), Vergangenheitsbewältigung 1945 und 1989, a.a.O.

183 Vgl. Rosenberg, Die Rache der Geschichte, a.a.O., S. 458.

184 Vgl. Luis Roniger/Mario Sznajder, Menschenrechtsverletzungen in Argentinien: Kollektives Erinnern und Vergessen nach der Redemokratisierung, in: Smith/Margalit (Hg.), Amnestie oder Die Politik der Erinnerung in der Demokratie, a.a.O.

Die vierte Welle der Demokratisierung schließlich wurde vom Untergang des realen Sozialismus in Mittel- und Osteuropa ausgelöst. Hinzu kommt der Spezialfall des Übergangs zur Demokratie in Südafrika. Diese Welle ereignet sich vor unseren Augen, wir sind ihre unmittelbaren Zeitgenossen.

Vergangenheitsbewältigung im Zusammenhang dieser Demokratisierungswellen sollte nicht mit der Tatsache verwechselt werden, daß die untergegangenen Systeme über den Zeitpunkt ihres Untergangs hinaus Wirkungen zeitigen und mitunter in durchaus erheblichem Umfang die neuen politischen Systeme prägen, die sich ihrerseits als Negation ihrer Vorgänger begreifen. Dieses Faktum ist wohlbekannt: Politische und gesellschaftliche Strukturen sowie habituelle Gewohnheiten sind langlebig und hören mit dem Ende der ihnen korrespondierenden politischen Systeme keineswegs zu existieren auf. Bei der Sache der Vergangenheitsbewältigung handelt es sich aber um jene Bemühungen, mit denen sich die neuen politischen Systeme aus dem Bann der Vergangenheit aktiv zu lösen und einen neuen Anfang zu machen versuchen. Es geht also nicht um die Kurz- und Langzeitwirkungen von geschichtlichen Ereignissen, sondern um das Bündel von Maßnahmen und Initiativen, das der fortwährenden und negativ bewerteten Macht der Vergangenheit ein Ende setzen soll. Das ist immer mit der Thematisierung der Schuld- und Verantwortungsfrage verbunden, sowohl im juristisch-strafrechtlichen wie im politischen, moralischen oder metaphysischen Sinn.[185] Die Verkündigung von Amnestien bildet da keine Ausnahme. Amnestien attestieren nicht Schuldfreiheit, sondern nur, daß auf Strafe verzichtet werden soll.[186]

Im einzelnen sind die Maßnahmen und Wege der Vergangenheitsbewältigung sehr vielfältig und unterschiedlich. Das zeigt schon der oberflächliche Blick auf die neuen Demokratien der jüngsten Vergangenheit, in Ost- und Mitteleuropa, in Lateinamerika oder in Südafrika. So viele Systemwechsel, so viele Strategien des Umgangs mit der Vergangenheit: von Schlußstrichen und Amnestien über Dequalifizierungen, Strafverfahren und Lustrationen bis zu Wahrheitskommissionen. Diese

---

185 Vgl. Jaspers, Die Schuldfrage, a.a.O.; Schwan, Politik und Schuld, a.a.O.; Kohlstruck, Zwischen Erinnerung und Geschichte, a.a.O.

186 Vgl. Klaus Günther, Der strafrechtliche Schuldbegriff als Gegenstand einer Politik der Erinnerung in der Demokratie, in: Smith/Margalit (Hg.), Amnestie oder Die Politik der Erinnerung in der Demokratie, a.a.O.

Unterschiede sind nicht das Resultat voraussetzungsloser, freier politischer Entscheidung, sondern ihrerseits abhängig von den Strukturen der überwundenen autoritären bzw. totalitären Regime, von den Verschiedenheiten in ihrer Dauer, von der Reichweite und dem Ausmaß ihrer Verbrechen, von der Art ihres Endes (gewaltsam oder per Verhandlung, von außen oder von innen) und vom internationalen Umfeld.[187]

Wenn man Vergangenheitsbewältigung in dieser Form bestimmt und allgemein auf den Systemwechsel von der Diktatur zur Demokratie bezieht, stellt sich sofort die Frage nach der Vergleichbarkeit. Bereits die Zuordnung der Vergangenheitsbewältigung zu den vier Demokratisierungswellen fordert den Einwand heraus, daß Unvergleichbares in eine zu große Nähe zueinander gerückt wird. In der Tat scheint es so, daß durch den Vergleich der Vergangenheitsbewältigungen notwendigerweise die Unterschiede zwischen den jeweiligen Vergangenheiten, um deren Bewältigung es geht, nivelliert werden. Für die deutsche Geschichte im 20. Jahrhundert würden hier z. B. das Kaiserreich bzw. der Erste Weltkrieg mit dem Nationalsozialismus und dem realen Sozialismus in eine Reihe gesetzt.

Die Standardantwort auf diesen Standardvorwurf lautet, daß Vergleichen nicht zu verwechseln ist mit Gleichsetzen und daß Vergleiche dazu dienen, Gemeinsamkeiten und Unterschiede herauszuarbeiten und die jeweiligen Gegenstände schärfer zu erkennen, als es ohne Vergleich möglich wäre. So richtig diese Antwort ist, so sehr übersieht sie freilich, daß schon in der Wahl der Vergleichsgröße eine inhaltliche Aussage enthalten ist. Die inhaltliche Aussage, die im Fall der Vergangenheitsbewältigung unterstellt ist, lautet, daß es ein klar angebbares tertium comparationis gibt, nämlich den Systemwechsel zur Demokratie. Daß sie jeweils dem Wechsel zur Demokratie vorangehen, das haben diese Vergangenheiten, bei allen sonstigen Unterschieden, miteinander gemeinsam. Und nur im Blick darauf, nicht ›an sich‹, sind sie gleich.

187 Die politikwissenschaftliche Transformationsforschung, die sich intensiv und in vergleichender Perspektive vor allem mit der dritten und vierten Welle der Demokratisierung beschäftigt, hat sich für Fragen der Vergangenheitsbewältigung bislang so gut wie gar nicht interessiert. Vgl. aber aus jüngerer Zeit: Ruti G. Teitel, Transitional Justice, Oxford 2000; A. James McAdams (Hg.), Transitional Justice and the Rule of Law in New Democracies, Notre Dame/London 1997. Siehe ferner die umfangreiche Dokumentation und Materialsammlung von Neil Kreil (Hg.), Tansitional Justice. How emerging democracies reckon with former regimes, 3 Bde., Washington, DC 1995.

Daß damit die logischen Schwierigkeiten des Vergleichens nicht beendet sind, ist offenkundig. Sie können aber hier nicht weiter verfolgt werden. Wichtiger als die reine Logik ist ohnedies das einfache Faktum, daß die jeweils später liegenden Versuche der Vergangenheitsbewältigung stets auch Konsequenzen aus den früheren Erfahrungen ziehen. Wenn das so ist, dann stellen nicht erst die (wissenschaftlichen) Beobachter diese Bezüge der verschiedenen Vergangenheiten und der entsprechenden Bewältigungsversuche zueinander her, sondern die Akteure der Vergangenheitsbewältigung selber sind es, die die Bezüge auf frühere Erfahrungen anderer Akteure herstellen. Und es ist dann an denjenigen, die die verschiedenen Vergangenheitsbewältigungen analysieren, diese Bezüge so genau wie möglich zu beschreiben. Würden sie das unterlassen, würden sie ein wichtiges Stück ihres Gegenstandes verfehlen.

Daß es mittlerweile eine Geschichte der Vergangenheitsbewältigungen gibt, in der die späterliegenden Versuche auf die früheren reagieren, sieht man am deutlichsten in der Bundesrepublik. Bei der Frage, wie man mit den Hinterlassenschaften der DDR umgehen soll, spielte immer wieder die Frage eine Rolle, wie die Bundesrepublik mit der NS-Vergangenheit umgegangen war. Dazu gibt es zwei ganz konträre Haltungen. Die eine Position behauptet, daß die Härte, mit der heute im Blick auf die DDR abgerechnet werde, im wesentlichen dazu diene, die Mängel der Auseinandersetzung mit der NS-Vergangenheit in der Bundesrepublik ungeschehen zu machen. Die Bundesrepublik wolle nun die nach 1945 versäumte Abrechnung am neuen Objekt nachholen, wobei ein schlechtes Gewissen gegenüber der eigenen Aufarbeitungsleistung und ein gutes antikommunistisches Gewissen als doppeltes Motiv verstärkend zusammenwirkten.

Die andere Position argumentiert umgekehrt und behauptet, daß die Bundesrepublik heute an einer wirklichen Vergangenheitsbewältigung im Blick auf die DDR gehindert sei, weil die Vergangenheitsbewältigung gegenüber dem Nationalsozialismus so unzulänglich ausgefallen ist. Eigentlich, so meint z. B. der Berliner Generalstaatsanwalt Schaefgen, müßte die Justiz der Bundesrepublik gegen DDR-Richter härtere Strafen verhängen, was aber wegen der unzulänglichen Bewältigung der NS-Vergangenheit nicht möglich sei. Anklagen wegen Rechtsbeugung gegen DDR-Richter etwa könnten nicht angemessen behandelt werden, wenn NS-Richter in den 50er Jahren für weit schlimmere Fälle straffrei ausgingen.[188] Wie dem auch im einzelnen sei – für unseren Zusammenhang genügt die Feststellung, daß die Politik der Vergangenheitsbewältigung nirgendwo mehr präzedenzlos geschieht, sondern die Erfahrungen ähnlicher Bemühungen an anderen Orten und zu anderen Zeiten einbezieht.

Was ist Vergangenheitsbewältigung? – Ein Vorschlag zur Konzeption

In der Bundesrepublik ist viel über Vergangenheitsbewältigung gesprochen und geschrieben worden. Über die Bedeutung des Themas besteht also kein Zweifel. Um so erstaunlicher ist, daß es bislang trotz einiger Bemühungen in diese Richtung[189] keine umfassende Darstellung zur Geschichte der Vergangenheitsbewältigung in der Bundesrepublik gibt. Erst recht fehlt es an Konzepten und Analysen in allgemeiner und systematischer Absicht.[190] Die Autoren beschränken sich durchweg darauf, den Begriff Vergangenheitsbewältigung als unzulänglich abzulehnen, ohne sich weiter um die Klärung des Problems, der Begriffe, der Bedeutungen und Kontexte zu bemühen. Im folgenden versuche ich diesem Mangel abzuhelfen, indem ich eine Reihe systematischer und konzeptioneller Überlegungen vorstelle, die das nach wie vor sehr unübersichtliche Terrain des Themas Vergangenheitsbewältigung aufschlüsseln sollen.

Ich unterscheide zwischen Ziel, Aufgaben, Ebenen und Akteuren.

(a) Ziel: Das Ziel der Vergangenheitsbewältigung besteht darin, eine Wiederholung der Vergangenheit unmöglich zu machen und einen wirklichen politischen Neubeginn herbeizuführen. Darin steckt die Implikation, daß man eine klare Vorstellung von den Ursachen und Funktionsweisen der Vergangenheit haben muß, deren fortwirkende Macht beendet werden soll. Einfache Antworten auf diese Frage gibt es nicht.

188 Vgl. Der Tagesspiegel, 22. 12. 1996.
189 Graf Kielmansegg, Lange Schatten, a.a.O.; Heinz Bude, Bilanz der Nachfolge. Die Bundesrepublik und der Nationalsozialismus, Frankfurt a. M. 1992; Reichel, Vergangenheitsbewältigung, a.a.O.
190 Das gilt trotz Helmut Quaritsch, Theorie der Vergangenheitsbewältigung, in: Der Staat, 1992, Heft 3; Ders., Über Bürgerkriegs- und Feind-Amnestien, in: Der Staat, 1992, Heft 4.

Lepsius hat gezeigt, daß z. B. die drei Nachfolgestaaten des Großdeutschen Reiches jeweils ganz unterschiedliche Ursachen für die zu bewältigende Vergangenheit ausgemacht haben und folgerichtig auch zu ganz unterschiedlichen Umgehensweisen mit dieser Vergangenheit gekommen sind.[191] Das gilt entsprechend auch für die belastenden Vergangenheiten anderer Länder. Der Aufwand, der für den Neuanfang getrieben werden muß, hängt von den konkreten Umständen und von der Struktur und der Dauer des alten Regimes ab.

(b) Wege: Damit die Belastungen aus der Vergangenheit den politischen Neubeginn nicht unterminieren, werden – wie im vorangegangenen Kapitel beschrieben – im allgemeinen fünf Wege eingeschlagen: 1. Abschaffung der belasteten Organisationen; 2. Bestrafung der Täter; 3. Dequalifizierung belasteter Personen; 4. Rehabilitierung und Entschädigung der Opfer; 5. Öffentliche ›Aufarbeitung‹ der Vergangenheit.

(c) Politische Ebenen: An der konkreten Festlegung und Durchsetzung der Wege sind drei politische Ebenen beteiligt.
1. Das politische System. Gemeint sind institutionelle Regelungen, Gesetze und Normen, Initiativen und Aktivitäten der Legislative, der Regierungen und der Justiz sowie die Tätigkeit der Administration.
2. Die politische Kultur. Hier operiert eine Vielzahl gesellschaftlicher Gruppierungen und Organisationen, die an Diskussionen, Bewußtseins- und Willensbildungsprozessen beteiligt sind: Wissenschaft, Zeitgeschichtsforschung, Kirchen, Universitäten, Medien, Gewerkschaften, Parteien, Verbände etc.
3. Die politische Mentalität. Hier geht es um die empirisch feststellbaren Einstellungen, Meinungen, Attitüden und Verhaltensweisen der Bevölkerung zum Thema Vergangenheitsbewältigung.
Für alle drei Ebenen gilt, daß sie jeweils nicht nur in sich selbst kreisen, sondern zugleich auf die anderen politischen Ebenen einwirken. Die erste Ebene läßt sich mit den Mitteln der Politikfeldanalyse untersuchen; die zweite Ebene kann man mit den klassischen Mitteln der quellen- und textkritischen Methoden analysieren; die politische Mentalität ist greifbar in Umfragen, aber auch Biographieforschung, Oral

191 Lepsius, Das Erbe des Nationalsozialismus, a.a.O.

History und andere Formen qualitativer Sozialforschung sind heranzuziehen.

(d) Akteure: Die drei Ebenen der Vergangenheitsbewältigung sind nicht identisch mit den konkreten Akteuren, sondern bezeichnen die Felder, in denen diese tätig sind. Mit der Frage nach den individuellen Akteuren ist eine eigene Untersuchungsdimension angesprochen, die sich in die einfache Frage fassen läßt: Wer sind diejenigen, die auf dem Gebiet der Vergangenheitsbewältigung handeln und sprechen, mit welcher Legitimation handeln und sprechen sie, und von welchem Ort aus sprechen und handeln sie?

Die Tatsache, daß die Akteure ganz unterschiedliche Erfahrungen, Identifikationen und Interessen verkörpern und mobilisieren, ist in vielen Fällen der Hintergrund für die großen Polarisierungen, die in den Diskussionen über die Vergangenheit und die Vergangenheitsbewältigung immer wieder anzutreffen sind. Die einfache wissenssoziologische Frage danach, wer von welchem Ort aus mit welchem Selbstverständnis spricht und handelt, ist für die Erhellung des Hintergrundes ein wichtiger Schlüssel. Sie sollte an die Stelle der großen erkenntnistheoretischen und moralischen Frage nach wahr und falsch bzw. gut und böse treten.

Erläuterungen

Sinn, Plausibilität, Zweckmäßigkeit, Fragwürdigkeit und Grenzen dieser Unterscheidungen können hier nicht in aller Breite behandelt werden. Ich begnüge mich mit einigen Erläuterungen, die sich vor allem auf die Wege beziehen und das Ziel, die politischen Ebenen und Akteure nur kurz streifen.

(a) Das *Ziel* dürfte kaum umstritten sein. Generell gilt, daß Auseinandersetzungen mit der Vergangenheit in einer Gesellschaft deswegen stattfinden, weil man entweder von ihrer Linie nicht abweichen will oder umgekehrt gerade deswegen, weil man ihrer Macht entkommen will. Im ersteren Fall geht es um die Verankerung der Gegenwart in bestimmten Traditionsbeständen der Vergangenheit, und es ist ohne weiteres einsehbar, daß diese Art des Bezugs auf die Geschichte für die Zwecke der Identitätsstiftung sehr dienlich und zweckmäßig ist. Es geht den Kollektiven wie den Individuen: Man erinnert sich lieber an die Vergangenheiten, auf die man stolz und ohne Scham und Schuld zurücksehen kann, also an jene Phasen, die das Selbstwertgefühl nicht in Frage stellen, sondern stabilisieren.

Dieses simple Faktum ist dafür verantwortlich, daß Individuen wie Kollektive im Falle der Divergenz von Selbstbild und geschichtlichen Fakten nicht das Selbstbild relativieren, sondern die Erinnerung manipulieren und auf diese Weise Vergangenheit und Gegenwart einander annähern. Legenden sind angenehmer als die Wirklichkeit. Sie stellen das Selbstbild nicht in Frage, sondern bestätigen es. Das macht ihre Attraktivität aus. In ihnen kann das Wunschprinzip beinahe unbehindert durch widerstreitende Realwahrnehmungen operieren. Nietzsche hat in »Jenseits von Gut und Böse« diesen Mechanismus prägnant festgehalten: »Das habe ich getan, sagt mein Gedächtnis. Das kann ich nicht getan haben – sagt mein Stolz und bleibt unerbittlich. Endlich – gibt das Gedächtnis nach.«[192] Die Neigung zur Umdeutung der Vergangenheit, zu ihrer Angleichung an die politischen Bedürfnisse der Gegenwart ist universal. Wo diese Tendenz zum Inhalt offizieller Politik wird, haben wir es mit Geschichtspolitik zu tun. Die Weimarer Republik mit der Durchsetzung der Dolchstoßlegende ist dafür ein klassischer Fall.

Ein besonderer Fall manipulativer Umdeutung der Geschichte besteht in dem Versuch, die Last der Vergangenheit dadurch abzuschütteln, daß man sie einem Erinnerungsverbot unterwirft. Dieses Verfahren ist aus der Politikgeschichte wohlbekannt. Die Macht der belastenden Vergangenheit loszuwerden, dafür schien es am besten, alles, was auch nur entfernt an sie erinnern konnte, zu negieren, zu meiden, zu verbannen. Das Vorhaben, etwas Neues zu beginnen, war in der Geschichte häufig damit verknüpft, das Alte aus der Erinnerung zu streichen. Von der logischen Paradoxie, daß die Aufforderung zum Vergessen des Alten immer zugleich die Erinnerung an das Alte bedeutet, hat sich diese Strategie nicht aufhalten lassen. Vielleicht liegt darin aber der Grund dafür, daß sie vermutlich nie erfolgreich gewesen ist. Ex negativo steckt hinter dem Erinnerungsverbot ein deutliches Bewußtsein von

192 Friedrich Nietzsche, Jenseits von Gut und Böse (1885), in: Werke, Bd. III, hg. von Karl Schlechta, Frankfurt a. M./Berlin/Wien 1972, S. 71.

der fortwirkenden Stärke der Vergangenheit. Das Neue, so scheint es, wird schon durch die pure Erwähnung des Alten gefährdet. Diese Strategie trägt zweifellos Züge einer magischen Praxis.

Mit Vergangenheitsbewältigung ist etwas anderes gemeint. Hier geht es nicht um die reflexionslose oder manipulative Einordnung in die Geschichte, sondern umgekehrt darum, den fortwirkenden Bann einer negativ bewerteten Vergangenheit dadurch aufzulösen, daß sie aufgeklärt und aufgearbeitet wird, die für Verbrechen und Vergehen verantwortlichen Täter strafrechtlich zur Rechenschaft gezogen und andere belastete Personengruppen dequalifiziert werden. Mithin ist das Ziel nicht die ungebrochene Einordnung in eine Tradition, sondern die Abstoßung von ihr, es geht nicht um die Verklärung der Geschichte, sondern darum, sie realistisch wahrzunehmen. Dahinter steckt die Überzeugung, daß die Macht der Vergangenheit nur negiert werden kann, wenn man ihr ins Auge blickt, wenn man sie vergegenwärtigt, aufdeckt, zutage fördert und der ungeschönten Erinnerung zugänglich macht. Nur die Offenlegung eröffnet die Chance, sich ihrer fortwirkenden Macht zu entledigen.

Diese Überlegung hat Vorläufer in der jüdischen Wertschätzung der Erinnerung[193] und in der christlichen Bindung der Verzeihung an das Bekenntnis von Sünde und Schuld.[194] Freud hat die Idee säkularisiert, theoretisch durchdacht und für die Zwecke der Neurosentherapie mit einer Behandlungstechnik verbunden. Danach sind eine Gesellschaft und eine Person nicht nur in der Wahrnehmung ihrer Umgebung, sondern auch für sich selbst dann zu Selbstsicherheit und Stabilität fähig, wenn sie um ihre Vergangenheit und die aktuellen Folgen früheren Handelns wissen.[195]

Nach dem Zweiten Weltkrieg ist die Auffassung vorherrschend geworden, daß man nur durch die aufmerksame und ungeschönte Vergegenwärtigung der Vergangenheit und durch die Bestrafung der für die Verbrechen verantwortlichen Täter ihrer zerstörerischen Macht entkommen kann. Wieso diese Vorstellung so dominant geworden ist, wieso sich die völkerrechtlich festgehaltenen Kriminalisierungen staatlichen Handelns und die allgemeine Aufwertung der Erinnerung

---

193 Vgl. Josef Hayim Yeruschalmi, Zachor: Erinnere Dich! Jüdische Geschichte und jüdisches Gedächtnis, Berlin 1988.

194 Vgl. Hannah Arendt, Vita activa oder Vom tätigen Leben, München/Zürich 1958, S. 231 ff.

195 Vgl. Dubiel, Über moralische Souveränität, Erinnerung und Nation, a.a.O., S. 887.

durchgesetzt haben, ist bislang meines Wissens nirgendwo untersucht worden.

(b) Entscheidend für die Erreichung des Ziels sind die Wege, die beschritten werden. Was die *Abschaffung der belasteten Organisationen* angeht, so erscheint hier die Sache zunächst einfach und klar: Es ist regelmäßig eine der ersten Maßnahmen nach dem Ende diktatorischer Regime, verbrecherische Organisationen und Institutionen aufzulösen. Im einzelnen aber ist natürlich stets umstritten, welche Organisationen verbrecherisch sind und wer die Instanz ist, die darüber entscheidet.

Im Nürnberger Prozeß ist der Versuch gemacht worden, bestimmte Organisationen des NS-Regimes auf gerichtlichem Wege für verbrecherisch zu erklären. Dabei ging es aber nicht um deren Verbot. Die NS-Organisationen (und mögliche Nachfolger) sind nicht von Gerichten, sondern von den Alliierten auf politischem Wege verboten worden. Die Anklage gegen bestimmte Organisationen im Nürnberger Prozeß hatte nur den Sinn, den Besatzungsmächten mit einem entsprechenden Urteil das Recht zu geben, die Mitglieder verbrecherischer Organisationen vor Gericht zu stellen. Generell gilt, daß man Organisationen nur abschaffen bzw. verbieten, nicht jedoch bestrafen kann – bestrafen kann man nur Mitglieder der Organisationen. Die Frage ist dann freilich sofort, ob der Tatbestand der puren Mitgliedschaft in einer solchen Organisation bereits Grund für eine Verurteilung sein kann.

Ein wichtiger Weg zur Erreichung des Ziels ist die *strafrechtliche Ahndung von Verbrechen* und Vergehen des alten Regimes. Die Probleme sind dabei zunächst die gleichen wie bei allen Strafprozessen: Wer ist der Täter, worin besteht die Tat, wie kann man sie dem Täter zurechnen, und welches Strafmaß ist angebracht? Die Beantwortung dieser Fragen im Kontext der Vergangenheitsbewältigung ist außerordentlich schwierig. Denn in diesem Fall geht es nicht um ›normale‹, sondern um sogenannte Staats-Kriminalität, d. h. um eine Kriminalität, die von Staats wegen auf gesetzlichem Weg oder per Anordnung in die Wege geleitet worden ist und damit zum Zeitpunkt der Tat nicht gegen das geltende positive Recht verstoßen hat. Deswegen ist die Frage, ob wir es bei den Taten des alten Regimes, z. B. der DDR, überhaupt mit Untaten, d. h. mit strafbarem Unrecht zu tun haben, heftig umstritten.[196] Die Diskussion um das Rückwirkungsverbot, das in der Bundesrepublik im Art. 103 des Grundgesetzes einen hohen Rang hat, aber z. B. in der angelsächsischen Rechtstradition ganz anders behandelt wird, spielt dabei eine entscheidende Rolle. Das habe ich oben gezeigt.

Umstritten ist also bereits die Frage, ob Strafprozesse wegen Staatskriminalität überhaupt möglich sind. Nicht minder umstritten ist die Frage, ob sie sinnvoll und nötig sind. Für ihre Durchführung werden im allgemeinen vier Argumente ins Feld geführt: Strafprozesse sollen erstens der Aufarbeitung der Vergangenheit dienen, sie fördern Dokumente über die Vergangenheit zutage und haben generell eine aufklärerische Wirkung. Zweitens sollen die Prozesse auf öffentlich wirksame Weise markieren, daß eine neue Epoche begonnen hat, in der andere Normen gelten als in der Vergangenheit. Drittens versprechen sich die Befürworter von der Durchführung der Prozesse und der Verhängung von Strafen eine abschreckende Wirkung und damit Schutz vor der Gefahr der Wiederholung; viertens schließlich wird in Strafprozessen häufig eine Alternative für Rache und wilde Abrechnungen gesehen, ein Mittel also, das auf zivile Weise einen Ausweg aus dem ewigen Kreislauf von Gewalt und Rache weisen soll.

Die Argumente sind von sehr unterschiedlichem Gewicht. Die Durchführung von Prozessen damit zu rechtfertigen, daß sie der allgemeinen Aufklärung dienen, ist prekär. Zwar erzielen Strafprozesse häufig eine große öffentliche Aufmerksamkeit, sie provozieren heftige Debatten und Auseinandersetzungen. Und in der Geschichte der Vergangenheitsbewältigung in der Bundesrepublik spielen die großen Prozesse zweifellos eine herausragende Rolle. Aber man sollte Strafprozesse nicht mit Geschichtslektionen verwechseln. Historische Aufklärung mag ein Effekt sein, der mit ihnen einhergeht, ihr Zweck ist sie nicht. Historische Fakten und historisches Wissen werden vor Gericht so weit einbezogen, wie es um die Zurechnung bestimmter Handlungen zu Situationen oder zu Personen geht.[197] Das ist unter kriminologischen Gesichtspunkten zweifellos zentral. Aber um diese Frage zu erörtern, braucht man nicht unbedingt Strafprozesse. Für die Bildung von histo-

196 Vgl. etwa Wolfgang Naucke, Die strafjuristische Privilegierung staatsverstärkter Kriminalität, Frankfurt a. M. 1996; Klaus Lüdersen, Der Staat geht unter – das Unrecht bleibt? Regierungskriminalität in der ehemaligen DDR, Frankfurt a. M. 1992.
197 Vgl. Günther, Der strafrechtliche Schuldbegriff, a.a.O.

rischem Bewußtsein wäre es angemessener und erfolgversprechender, die Frage nicht im Zusammenhang von Strafprozessen zu erörtern, in denen es um individuelle Schuld und Unschuld geht, sondern im Rahmen einer allgemeinen Diskussion über das kollektive postdiktatorische Selbstverständnis.

Mit dem zweiten Argument steht es nicht besser. Wer Strafprozesse damit begründet, daß sie die Gültigkeit neuer Normen und Gesetze öffentlich demonstrieren, bringt sie in die Nähe von Schauprozessen. Beim dritten Argument, also dem Hinweis auf die präventiven Wirkungen der Prozesse, muß bedacht werden, daß häufig die Gefahr der Wiederholung schon wegen des Alters der angeklagten Personen ziemlich gering ist. Vor allem aber ist zu bedenken, daß wir es bei dieser Art von Kriminalität per definitionem mit Systemunrecht zu tun haben, d. h. mit solchen Tätern, die in den meisten Fällen kriminelle Handlungen nur dann begehen, wenn sie von Staats wegen dazu angehalten werden. Solange rechtsstaatliche Verhältnisse herrschen, geht von ihnen keine Gefahr aus.

Bleibt das letzte Argument, das mit Strafprozessen die Wiederherstellung der allgemeinen politischen Ordnung und generell eine zivilisierende Wirkung verbindet. Die Täter seien zu bestrafen, weil das der einzige Weg sei, mit dem der Kreislauf von Gewalt und Rache gestoppt werden könne. Die juristische Normdurchsetzung, mit der die verletzte politische Ordnung wiederhergestellt und der Kreislauf von Gewalt und Rache durchbrochen werde, leiste einen entscheidenden Beitrag zur Pazifizierung der Gesellschaft, weil nur das Prinzip der politischen Gerechtigkeit und der Wiederherstellung gerechter politischer Verhältnisse den Leidtragenden der vergangenen Verbrechen die ihnen gebührende Anerkennung zukommen und sie von Selbstjustiz Abstand nehmen lasse.

Mit einem Argument dieser Art hat Hannah Arendt seinerzeit das Todesurteil gegen Eichmann gerechtfertigt: Es könne den Menschen nicht zugemutet werden, mit jemandem zusammenzuleben, der einem Teil der Menschheit das Recht auf Leben abgesprochen hat und an seiner Ausrottung maßgeblich beteiligt war.[198] Richard Goldstone, von 1994 bis 1996 Chefankläger am Haager Kriegsverbrechertribunal der

---

198 Hannah Arendt, Eichmann in Jerusalem. Ein Bericht von der Banalität des Bösen, Reinbek 1987, S. 329.

Vereinten Nationen für das frühere Jugoslawien, hat diesen Gedanken jüngst erneut ins Zentrum gerückt. Jene Gesellschaften, so meint er, die Verbrechen gegen die Menschlichkeit und Menschenrechtsverletzungen in ihrer Vergangenheit ignorierten und ungeahndet ließen, bezahlten dafür den Preis, daß sie den Kreislauf der Gewalt nicht zu durchbrechen vermochten und die friedenstiftende Rolle des Politischen nicht zur Geltung kommen konnte.[199]

Über Strafprozesse hinaus gibt es die Möglichkeit, auf politischem Wege *Disqualifizierungen gegen belastete Personenkreise* zu verfügen und das öffentliche Leben postdiktatorischer Gesellschaften auf diesem Wege der »Säuberung« von den Anhängern und Trägern des alten Regimes zu unterziehen. Maßnahmen dieser Art, also Entlassungen, Suspendierungen, der Entzug bürgerlicher Rechte, richten sich zumeist auf die Gesamtheit einer Statusgruppe und sind nicht, wie Strafprozesse, an den Nachweis individuellen Fehlverhaltens gebunden. Von solchen Dequalifizierungen haben die Alliierten nach 1945 in Deutschland bei ihrer Entnazifizierungspolitik reichlich Gebrauch gemacht – die Direktive Nr. 24 des Alliierten Kontrollrats vom 12. 1. 1946 gibt davon eindrucksvoll Zeugnis. Auch im deutsch-deutschen Einigungsprozeß sind solche Maßnahmen zum Zuge gekommen. Der Einigungsvertrag und das Stasi-Unterlagen-Gesetz haben dafür die Rahmenbedingungen festgelegt.

Freilich ist auch mit diesem Weg eine Reihe von Nebeneffekten und Problemen verbunden. Offe hat sie im Blick auf die Transformation in Mittel- und Osteuropa eindringlich erörtert.[200] So ist z. B. zu bedenken, daß man bei den Betroffenen Ressentiments und Gegenreaktionen erzeugt, die bis zur Entfaltung offensiver Zersetzungstätigkeiten gehen können und auf die Unterminierung der neuen politischen Ordnung zielen. Das war vor allem immer ein Problem beim Umgang mit dem Militär in Lateinamerika. Ferner ist das Verfahren dem Verdacht ausgesetzt, mit pauschalisierenden Mitteln mißliebige Personen und Optionen zu diskreditieren, und die Befürchtung ist nicht von der Hand zu weisen, daß das für die Zukunft Schule machen könnte. Ferner muß man darauf hinweisen, daß die Indikatoren, nach denen hier verfahren

199 Vgl. Richard J. Goldstone, Frieden und Gerechtigkeit – Ein unvereinbarer Gegensatz? In: Smith/Margalit (Hg.), Amnestie oder die Politik der Erinnerung in der Demokratie, a.a.O.
200 Claus Offe, Der Tunnel am Ende des Lichts, Frankfurt a. M./New York 1994.

wird, unscharf und zufällig sind. Mitgliedschaft bzw. Status sind nicht immer wirklich aussagekräftig, wenn es um die Frage geht, wie sich jemand in der Vergangenheit verhalten hat. Und schließlich haben wir es mit einem pauschalisierenden Verfahren zu tun, das offenkundig das rechtsstaatliche Prinzip des individualisierenden Schuldnachweises gravierend verletzt und die Beweislast umkehrt. Normalerweise gilt unter rechtsstaatlichen Bedingungen der Verdächtige als unschuldig, und die Verdächtiger müssen die Schuld nachweisen. Bei Dequalifizierungen ist es dagegen umgekehrt so, daß den Betroffenen die Aufgabe zufällt, sich zu entlasten.

Aus diesen Gründen sind die Verfahren nicht-strafrechtlicher Dequalifizierung sehr problematisch. Gleichwohl wird auf sie im Prozeß der Vergangenheitsbewältigung kaum je verzichtet. Wie kein anderes Mittel können sie deutlich machen, daß mit der Vergangenheit gebrochen werden und eine neue Ära mit neuen Personen beginnen soll.

Die Maßnahmen zur *Rehabilitierung und Entschädigung der Opfer* sind nicht strafrechtlicher, sondern zivilrechtlicher Art. Sie erstrecken sich auf materielle Leistungen, aber umfassen auch den symbolischen Weg der öffentlichen Anerkennung und Wertschätzung, z. B. durch die Aufhebung von Unrechts-Urteilen. Das Problem bei den materiellen Entschädigungen ist, daß ihre Berechtigung häufig in einem langwierigen und gelegentlich entwürdigenden bürokratischen Verfahren nachgewiesen werden muß. Besonders grotesk und unzumutbar wird das in jenen Fällen, in denen die Verfolger von gestern an den Entscheidungen über Entschädigung für die Verfolgung mitwirken. Dafür gibt es in der Geschichte der Bundesrepublik nicht wenige Beispiele. Aber auch auf dem Gebiet der Symbolpolitik und in der Sphäre der Anerkennung gibt es viele Empfindlichkeiten und Schwierigkeiten. Emigranten, die zurückkehren, Oppositionelle und Personen, die Widerstand leisteten, müssen häufig um ihre Anerkennung kämpfen. Sie sind den postdiktatorischen Gesellschaften oft durch ihre pure Existenz ein Dorn im Auge, weil sie die Möglichkeit eines nicht angepaßten und nicht opportunistischen Verhaltens unter den Diktaturen handgreiflich vor Augen führen.

Die Maßnahmen zur Rehabilitierung und Entschädigung der Opfer und zur Bestrafung bzw. Dequalifizierung der Täter nach einem Systemwechsel haben über das Individuelle hinaus den Zweck, das Verhältnis zwischen Tätern und Opfern generell zu revidieren. Der Status von Opfern und Tätern, von Verfolgten und Verfolgern, von Schikanierten und Begünstigten, von Oppositionellen und Opportunisten muß neu bestimmt, ihr Verhältnis zueinander neu balanciert werden, und zwar sowohl in rechtlich-politischer Sicht wie im weiten Feld der öffentlichen Bewertungen in der Sphäre der politischen Kultur und der politischen Mentalität.

Der letzte der hier unterschiedenen Wege, die *Aufarbeitung der Vergangenheit,* ist gebunden an das Medium der öffentlichen Diskussion. Die Erforschung der Vergangenheit und die Aufklärung über ihre Praktiken, Mechanismen und Funktionsweisen werden zu Elementen eines Diskurses, in dem sich die postdiktatorischen Gesellschaften über ihr Verständnis der Geschichte und damit über ihre Absichten für Gegenwart und Zukunft Rechenschaft geben.[201] Das unmittelbare Ziel besteht in der möglichst tiefgehenden Delegitimierung des alten Systems. Die Aufarbeitung kann in einer breit entfalteten Erinnerungs- und Gedenkkultur mit Mahnmalen, Gedenktagen, Museen, Ausstellungen und Verlagsprogrammen ihren Ausdruck finden. Gedenken und Erinnern kann man jedoch nicht auf direktem politischen Wege durchsetzen oder rechtsförmig steuern. Generell können Prozesse der Aufklärung und der Selbstreflexion und die Änderung des politischen Bewußtseins nicht per Dekret verordnet oder gefordert werden. Aber indirekt lassen sich auf politischem und administrativem Wege doch Bedingungen schaffen, die der Aufarbeitung der Vergangenheit förderlich sind.

Die fünf Wege der Vergangenheitsbewältigung, die hier unterschieden wurden, sind nicht gleichrangig, und sie werden meistens auch nicht alle zur gleichen Zeit eingeschlagen. Die Verteilung und die Intensität variieren von Fall zu Fall. Einige Wege haben einen Zeitindex: Strafrechtliche Konsequenzen, Dequalifizierungen und Entschädigungsleistungen sind an die zeitliche Nähe zum untergegangenen Regime gebunden. Sie machen nur Sinn, wenn sie zu Lebzeiten der Opfer und Täter stattfinden. Die Aufarbeitung der Vergangenheit dagegen unterliegt nicht dieser Begrenzung. Sie kann auch dann noch fortgesetzt werden, wenn die anderen Wege bereits obsolet geworden sind. In der Bundesrepublik erreichte die Aufarbeitung ihre größte Intensität zu ei-

---

201 Vgl. Wöll, Vergangenheitsbewältigung in der Gesellschaftsgeschichte der Bundesrepublik, a.a.O.

nem Zeitpunkt, als Konsequenzen direkter persönlicher Art für die Täter wegen des größer gewordenen zeitlichen Abstands damit nicht mehr verbunden waren, also die Vergangenheit aus Zeitgeschichte bereits in ein Stück Geschichte transformiert worden war.

(c) Die Unterscheidung der verschiedenen politischen Ebenen soll klarmachen, daß wir es bei der Vergangenheitsbewältigung mit einem politischen Feld zu tun haben, an dem unterschiedliche Instanzen mit jeweils eigener Logik beteiligt sind. Sofern die Maßnahmen und Wege in die Gestaltungs- und Steuerungskompetenz des *politischen Systems* fallen, werden sie automatisch zu einem Gegenstand von Verhandlungen zwischen Parteien und Verbänden, sind abhängig von Einfluß- und Kräfteverhältnissen und von innerem und äußerem Druck. Sie sind wie alle anderen zur Entscheidung anstehenden Materien ein Element, an dem sich die Konkurrenz der Parteien um Stimmen, Einfluß und Macht entzündet. Das führt dazu, daß im Kalkül der Parteien auch diejenigen angesprochen und mit ihren Interessen berücksichtigt werden, die das alte Regime getragen haben, von ihm profitierten und ihm immer noch anhängen. In Demokratien, die auf die Loyalität und Zustimmung ihrer Bevölkerungen angewiesen sind, ist das kaum anders denkbar. In welchem Ausmaß daraus Belastungen für die neuen Demokratien entstehen, kann man an der Frühgeschichte der Bundesrepublik und gegenwärtig in Mittel- und Osteuropa eindringlich beobachten.

Was die Rolle der Justiz angeht, so ist die Frage der Vergangenheitsbewältigung durch Recht die erste große Bewährungsprobe für die Rechtsstaatlichkeit und Unabhängigkeit der dritten Gewalt. Daran hängt die generelle Frage nach dem Stellenwert des Rechts und der Rechtsstaatlichkeit für eine demokratische bzw. sich demokratisierende Gesellschaft. Ferner muß eine Antwort darauf gefunden werden, ob politisches Handeln überhaupt ein Fall für das Strafrecht sein kann. Das berührt regelmäßig die grundsätzliche Frage nach der Differenz zwischen positivem Recht und naturrechtlich verstandener Gerechtigkeit, auf die nach 1945 in der Bundesrepublik die berühmte Radbruch-Formel eine Antwort zu geben versuchte. Hinzu kommt natürlich das große praktische Problem, daß das Personal der Justiz meist am Unrechtsregime der vorangegangenen Diktaturen aktiv beteiligt war und also auch die eigenen Untaten auf der Tagesordnung der strafrechtlichen Vergangenheitsbewältigung stehen müssen. Vor dieser Aufgabe der Selbstreinigung und Selbstreflexion hat etwa die Justiz der Bundesrepublik völlig versagt.

In der *politischen Kultur* werden Standards für Auseinandersetzungen entwickelt, an denen eine demokratische Gesellschaft sich orientieren will. Die Zugangsmöglichkeiten zum Markt der Meinungen sind in Demokratien selbstverständlich formell frei. Gleichzeitig gilt, daß auch in Demokratien das Spektrum der akzeptablen politischen Positionen begrenzt ist. In gut funktionierenden Demokratien verfügt die politische Öffentlichkeit über die Fähigkeit, illiberale politische Meinungen mit ihren eigenen Mitteln zu ächten und zu bekämpfen. In der Geschichte der Bundesrepublik kann man das am Beispiel des Antisemitismus beobachten: Antisemitische öffentliche Äußerungen wurden von Anfang an mit einem Tabu belegt, und Zuwiderhandlungen führten stets zu entsprechenden Konsequenzen.[202]

In die Debatten der politischen Öffentlichkeit sind im Prinzip alle gleichberechtigt einbezogen. Es geht in ihnen nicht um Anklagen gegen einzelnen Personen oder ihre Verteidigung, es geht auch nicht um die Mehrung von politischer Macht und politischem Einfluß, sondern es geht, im Idealfall, um Wahrheit und Verständigung. Die Debatten der politischen Öffentlichkeit unterscheiden sich also von Wahlkämpfen und Gerichtsverhandlungen. Die Motive der Rede eines Angeklagten vor Gericht sind ganz andere als die Motive eines Teilnehmers an einem offenen und freien Diskurs. Das Interesse des Angeklagten ist darauf gerichtet, und zwar völlig legitimerweise, einer Verurteilung zu entgehen – es ist nicht gerichtet auf Aufklärung und Erinnerung. Die konträren Wahrnehmungen von Anklägern und Angeklagten prallen vor Gericht nach den Regeln der Strafprozeßordnung aufeinander, nicht nach den Regeln wahrheits- und verständigungsorientierter Diskurse.[203]

Für wahrheits- und verständigungsorientierte Diskurse gelten nach Habermas anspruchsvolle Bedingungen. Die Beteiligten müssen sich als gleichberechtigt anerkennen, sie müssen sich am Ziel der Verständigung orientieren (sollen also nicht etwa strategische Interessen ver-

---

202 Vgl. Bergmann, Antisemitismus in öffentlichen Konflikten, a.a.O.
203 Vgl. Regina Ogorek, Diskussionsbeiträge, in: Smith/Margalit (Hg.), Amnestie oder Die Politik der Erinnerung in der Demokratie, a.a.O., S. 237.

treten), und schließlich haben sie individuell die Verantwortung für die von ihnen vorgebrachten Argumente zu übernehmen. Die politische Öffentlichkeit kann eine Debatte in Sachen Vergangenheit, die diesen Bedingungen entspricht, wohl erst dann führen, wenn das politische System den größten Teil seiner Arbeit bereits getan hat, d. h. direkter Handlungs- und Entscheidungsbedarf hier nicht mehr besteht.

Die politische Kultur ist nicht mit der *politischen Mentalität* bzw. der Bevölkerungsmeinung identisch. Was jemand öffentlich äußert, kann durchaus von seinem Bewußtsein abweichen, und noch einmal davon zu unterscheiden ist die Frage, wie sich jemand de facto verhält (siehe 5. Kapitel). Generell lautet die weithin akzeptierte Annahme, daß die Stabilität eines politischen Systems dann am größten ist, wenn die Institutionen den subjektiven Einstellungen möglichst weitgehend entsprechen. Der Übergang von der Diktatur zur Demokratie zeichnet sich aber gerade dadurch aus, daß in den meisten Fällen eine erhebliche Divergenz von Einstellungen und politischen Institutionen festzustellen ist. Das Problem des politischen Neuanfangs besteht dann darin, wie weit diese Tatsache den Demokratisierungsprozeß und seine Konsolidierung beeinträchtigt.

(d) Was schließlich die konkreten Akteure angeht, lassen sich hier zwei grobe, aber sehr erkenntnisfördernde Unterscheidungen treffen, nämlich erstens, ob die Akteure zur Gruppe der Opfer und Gegner oder zur Gruppe der Täter gehören bzw. mit welcher dieser Gruppen sie sich identifizieren, und zweitens, welcher Generation sie zuzurechnen sind. So geht in die individuellen Handlungs- und Redeweisen der Akteure auf dem Gebiet der Vergangenheitsbewältigung eine Reihe überindividueller Bestimmungen konstitutiv ein. Für die Angehörigen der 68er Generation z. B. war die moralisch-politische Auseinandersetzung mit der NS-Vergangenheit der Elterngeneration fraglos von zentraler Bedeutung,[204] mit weitreichenden Konsequenzen für ihr Politikverständnis. Die Umgangsweisen mit der NS-Vergangenheit bei heutigen jungen Deutschen der sogenannten dritten Generation sind davon deutlich unterschieden.[205]

---

204 Vgl. Heinz Bude, Das Altern einer Generation. Die Jahrgänge 1938 bis 1948, Frankfurt a. M. 1995.
205 Vgl. Kohlstruck, Zwischen Erinnerung und Geschichte, a.a.O.

In diesen Zusammenhang gehört auch die Frage nach der Weitergabe von Erfahrungen aus der Zeit des Nationalsozialismus an die nachfolgenden Generationen, sowohl auf seiten der Täter wie auf seiten der Opfer. Dabei steht meist das Problem im Vordergrund, wie die Vergessensgefahr, die mit dem Generationswechsel verbunden ist, gebannt werden kann. Dieses Thema ist auch in literarischer Form behandelt worden, z. B. in dem Roman »Vergessen« von Eli Wiesel. Harald Weinrich hat an die Interpretation dieses Romans die Bemerkung geknüpft: »Das Gedächtnis, so lernt der Erzähler an sich selber, ist im letzten so individuell wie das Leben. Also hat vielleicht auch das Vergessen ein Daseinsrecht? Steht es wirklich ganz auf der Seite des Todes oder auch ein bißchen auf der des Lebens?«[206] Damit mündet die Frage nach den Akteuren und ihrer Generationszugehörigkeit in das allgemeine Problem des Zusammenhangs von Geschichte, Erinnerung und Gedächtnis ein.

Vergangenheitsbewältigung statt Revolution

Die Kritik an den Unzulänglichkeiten der Vergangenheitsbewältigung ist so alt wie diese selbst. Was die Geschichte der Bundesrepublik angeht, so läßt sich allerdings beobachten, daß die Kritik mittlerweile zu einem Teil des Kritisierten geworden ist. Sie hat die Vergangenheitsbewältigung selber beeinflußt, verändert und immer wieder neu in Gang gebracht.

Der plausibelste Grund für die Kritik liegt in der Diskrepanz zwischen der Vergangenheitsbewältigung und jener furchtbaren Vergangenheit, auf deren Folgen sich diese Maßnahmen beziehen. Wenn Auschwitz etwas Einzigartiges und Absolutes ist, dann ist jede Form der Bearbeitung unzulänglich, weil sie ihrerseits nicht absolut, sondern nur endlich sein kann.

Diese »konstitutive Unangemessenheit«[207] ist unaufhebbar. Eine pragmatische Form der Reaktion auf sie besteht in der Temporalisierung, in der Ausdehnung ins Zeitliche und im Versuch der Steigerung der jeweiligen Maßnahmen. Eine radikale Reaktion auf die Unangemes-

---

206 Weinrich, Lethe, a.a.O., S. 235.
207 Michael Kohlstruck, Der Umgang mit dem Nationalsozialismus. Zu einigen neueren Untersuchungen, in: Politische Vierteljahreszeitschrift 1997, S. 346.

senheit ist die Forderung nach wilder, blutiger Säuberung und Abrechnung, die nach 1945 in Deutschland sehr zum Schaden der Bundesrepublik ausgeblieben seien. Die langwierigen, formalisierten, verrechtlichten Verfahren der Vergangenheitsbewältigung gelten in dieser Perspektive als völlig unzulänglich und unfruchtbar, so sehr man sie auch zu steigern versucht. Ein politischer Neubeginn, ein politischer Gründungsakt müsse radikal und gewalttätig sein, müsse in einem großen Akt der Befreiung und mit einem Schlage das Alte beseitigen und dem Neubeginn Platz schaffen.

Was in dieser Perspektive als Vorbild der Vergangenheitsbewältigung dient, dem diese nie genügen kann, erscheint anderen als Schreckbild, dem die Politik der Vergangenheitsbewältigung viel zu nahe ist. Der polnische Verfassungsrechtler Viktor Osiatynski sagt: »Jede Revolution muß sich drei Fragen stellen. Erstens, was soll mit dem König geschehen? Zweitens, was soll mit den Höflingen geschehen? Und drittens und bei weitem am schwierigsten, was soll mit den enttäuschten Erwartungen der Bevölkerung geschehen? Und dann fällt es den neuen Führern ein – Moment! Wir haben ja einen König, der noch nicht guillotiniert wurde. … Und dann kommt die Revolution erneut in Bewegung. Die Entscheidung zwischen Schlußstrich und Hexenjagd, Amnestie und Amnesie, Gerechtigkeit und Rache ist häufig überhaupt nicht klar zu treffen.«[208]

Aus diesen Überlegungen folgt, daß das Problem der Vergangenheitsbewältigung in den Zusammenhang der Revolutionsgeschichte hineingehört. Nach Hannah Arendt hat im 20. Jahrhundert die Revolution den Krieg als Mittel zum Umsturz bestehender politischer Verhältnisse abgelöst.[209] Der Krieg sei als politisches Instrument überholt. An seine Stelle sei die Revolution getreten. Kriege beriefen sich auf die Notwendigkeit, Revolutionen auf die Freiheit. Ihr Zusammenhang werde über die Gewalt gestiftet.

Vielleicht müssen wir heute die Ergänzung vornehmen, daß auch die Revolution als politisches Instrument und damit zugleich als Maßstab der Kritik überholt ist. An ihre Stelle treten als eine Art künstlicher Revolution die aufwendigen und langwierigen Verfahren der Vergangenheitsbewältigung, die die Aufgaben übernehmen, von denen man

208 Zit. nach: Rosenberg, Die Rache der Geschichte, a.a.O., S. 18.
209 Hannah Arendt, Über die Revolution, München 1963, S. 9 ff.

früher annahm, daß sie im Zuge von Revolutionen spontan und gleichsam nebenbei mit erledigt würden. Im Vergleich zu ›wirklichen‹ Revolutionen sind die rechtsförmigen und rechtsstaatlich gebundenen Versuche, die Macht der Vergangenheit und die Fortwirkungen des alten Regimes klein zu halten, natürlich ganz unspektakulär und unheroisch. Aber vielleicht sind sie alles in allem am Ende nicht nur rationaler, sondern auch erfolgreicher.

Ausgewählte Literatur

Aly, Götz: Macht Geist Wahn. Kontinuitäten deutschen Denkens, Frankfurt a. M. 1999

Arning, Matthias: Späte Abrechnung. Über Zwangsarbeiter, Schlußstriche und Berliner Verständigungen, Frankfurt a. M. 2001

Bergmann, Werner: Antisemitismus in öffentlichen Konflikten. Kollektives Lernen in der politischen Kultur der Bundesrepublik 1949–1989, Frankfurt a. M./New York 1997

Bergmann, Werner/Rainer Erb: Antisemitismus in der Bundesrepublik Deutschland. Ergebnisse der empirischen Forschung von 1946–1989, Opladen 1991

Brochhagen, Ulrich: Nach Nürnberg. Vergangenheitsbewältigung und Westintegration in der Ära Adenauer, Hamburg 1994

Broszat, Martin: Nach Hitler. Der schwierige Umgang mit unserer Geschichte, München 1988

Bude, Heinz: Bilanz der Nachfolge. Die Bundesrepublik und der Nationalsozialismus, Frankfurt a. M. 1992

Dubiel, Helmut: Niemand ist frei von der Geschichte, München/Wien 1999

Frei, Norbert: Vergangenheitspolitik, München 1996

Fröhlich, Claudia/Michael Kohlstruck (Hg.): Engagierte Demokraten. Vergangenheitspolitik in kritischer Absicht, Münster 1999

Habermas, Jürgen: Die Normalität einer Berliner Republik, Frankfurt a. M. 1995

Haug, Wolfgang Fritz: Der hilflose Antifaschismus, Frankfurt a. M. 1967

Henke, Klaus-Dietmar/Hans Woller (Hg.): Politische Säuberung in Europa, München 1991

Heil, Johannes/Rainer Erb (Hg.): Geschichtswissenschaft und Öffentlichkeit. Der Streit um Daniel J. Goldhagen, Frankfurt a. M. 1998

Herf, Jeffrey: Zweierlei Erinnerung. Die NS-Vergangenheit im geteilten Deutschland, Berlin 1998

Jaspers, Karl: Die Schuldfrage (1946), München 1987

Jeismann, Michael: Auf Wiedersehen Gestern. Die deutsche Vergangenheit und die Politik von morgen, München 2001

Kielmansegg, Peter Graf: Lange Schatten. Vom Umgang der Deutschen mit der nationalsozialistischen Vergangenheit, Berlin 1989

Klee, Ernst: Was sie taten – Was sie wurden. Ärzte, Juristen und andere Beteiligte am Kranken- oder Judenmord, Frankfurt a. M. 1986

König, Helmut/Michael Kohlstruck/Andreas Wöll (Hg.): Vergangenheitsbewältigung am Ende des zwanzigsten Jahrhunderts, Opladen/Wiesbaden 1998

Kohlstruck, Michael: Zwischen Erinnerung und Geschichte. Der Nationalsozialismus und die jungen Deutschen, Berlin 1997

Kreil, Neil (Hg.): Transitional Justice. How emerging democracies reckon with former regimes, 3 Bde., Washington DC 1995

Lepsius, Rainer M.: Das Erbe des Nationalsozialismus und die politische Kultur der Nachfolgestaaten des ›Großdeutschen Reiches‹, in: Max Haller et al. (Hg.), Kultur und Gesellschaft, Frankfurt a. M./New York 1989

Levy, Daniel/Natan Sznaider: Erinnerung im globalen Zeitalter: Der Holocaust, Frankfurt a. M. 2001

Loewy, Hanno (Hg.): Holocaust. Die Grenzen des Verstehens. Eine Debatte über die Besetzung der Geschichte, Reinbek 1992

Loth, Wilfried/Bernd-A. Rusinck (Hg.): Verwandlungspolitik. NS-Eliten in der westdeutschen Nachkriegsgesellschaft, Frankfurt a. M./New York 1998

Lübbe, Hermann: Der Nationalsozialismus im deutschen Nachkriegsbewußtsein, in: Historische Zeitschrift, Bd. 236, 1983

Markovits, Andrei S./Simon Reich: Das deutsche Dilemma. Die Berliner Republik zwischen Macht und Machtverzicht, Berlin 1998

Mitscherlich, Alexander und Margarete: Die Unfähigkeit zu trauern, München 1967

Novick, Peter: Nach dem Holocaust. Der Umgang mit dem Massenmord, Stuttgart/München 2001

Pehle, Walter H. (Hg.): Der historische Ort des Nationalsozialismus (Frankfurter Historik Vorlesungen), Frankfurt a. M. 1990

Pehle, Walter H./Peter Sillem (Hg.): Wissenschaft im geteilten Deutschland. Restauration oder Neubeginn nach 1945?, Frankfurt a. M. 1992

Reichel, Peter: Politik mit der Erinnerung, München/Wien 1995

Reichel, Peter: Vergangenheitsbewältigung in Deutschland, München 2001

Schneider, Michael: Den Kopf verkehrt aufgesetzt oder Die melancholische Linke, Darmstadt/Neuwied 1981

Schneider, Peter: Extreme Mittellage. Eine Reise durch das deutsche Nationalgefühl, Reinbek 1990

Schornstheimer, Michael: Bombenstimmung und Katzenjammer. Vergangenheitsbewältigung, Quick und Stern in den 50er Jahren, Köln 1989

Schulze, Winfried/Otto Gerhard Oexle (Hg.): Deutsche Historiker im Nationalsozialismus, Frankfurt a. M. 1999

Schwan, Gesine: Politik und Schuld. Die zerstörerische Macht des Schweigens, Frankfurt a. M. 1997

Smith, Gary/Avishai Margalit (Hg.): Amnestie oder Die Politik der Erinnerung in der Demokratie, Frankfurt a. M. 1997

Welzer, Harald/Moller, Sabine/Tschuggnall, Karoline: »Opa war kein Nazi«. Nationalsozialismus und Holocaust im Familiengedächtnis, Frankfurt a. M. 2002